法律相談
個人情報保護法

岡村久道 著

Act on the Protection of Personal Information

商事法務

はじめに

法律専門家向けの拙著『個人情報保護法〔第４版〕』（商事法務）は、おかげさまで法曹、企業法務、研究者など法律専門家の方々から好評を得ている。

これと同時に、それらの方々から、個人情報保護法の基本的枠組を理解するため、より簡潔な書籍を要望するご意見を相次いで頂戴したことから、本書を出版する運びとなった。簡潔といっても、拙著『個人情報保護法の知識〔第５版〕』（日経BP）が一般読者向けの入門書であるのに対し、本書は専ら法曹、企業法務などの方々を対象とした法律専門家向けのものという点で違いがある。そのため、法律専門用語については、紙幅を考慮して解説を省略したのでご容赦願いたい。また、個人情報保護法に関する網羅的な情報内容については、シンプル化を優先した本書の性格上、記載できないので、『個人情報保護法〔第４版〕』をご覧いただくほかない。他方、同書では膨大な情報量のため必ずしも把握が容易とはいえない全体像について、見通しが利くよう本書では流れを重視した。Q&Aという形式は取っているが、実質は実務的な観点に立った教科書のつもりである。さらに、紙数の関係上、同書では割愛せざるをえなかったプライバシーポリシー、会社法上の内部統制、内部組織の構築方法、内部規程に関する作成の視点など、事業者の実務対応について、同書に代わって、本書において解説を加えることができた。実務対応を行うためには、避けては通れない番号法、公益通報者保護法等との関係についても触れている。

今回も『個人情報保護法〔第４版〕』と同様に、校正等に際しては愚息・岡村憲道弁護士の力を借りた。

恩師である元個人情報保護委員会委員長の堀部政男先生、長年にわたってご一緒してきた株式会社商事法務の石川雅規社長、同書に続いて本書をご担当いただいた同社の澁谷禎之氏、そして何よりも拙著の読者の皆さま方に、心よりお礼を申し上げたい。

令和５年２月吉日

岡村　久道

目　次

第１章　総　　論

第２章　事業者の義務等

第３章　行政機関等の義務

第４章　本法遵守のために必要な事業者の実務対応

凡　例

〈組織名〉

略称	正式名称
委員会	個人情報保護委員会

〈法令等〉

＊個情法・施行令・施行規則については令和３年改正全面施行時の条項を対象にしている。

略称	正式名称
個情法・本法・法	個人情報の保護に関する法律〔個人情報保護法〕（平成 15 年法律第 57 号）
行個法	行政機関の保有する個人情報の保護に関する法律〔行政機関個人情報保護法〕（平成 15 年法律第 58 号）
独個法	独立行政法人等の保有する個人情報の保護に関する法律〔独立行政法人等個人情報保護法〕（平成 15 年法律第 59 号）
デジタル社会形成関係法律整備法	デジタル社会の形成を図るための関係法律の整備に関する法律（令和３年法律第 37 号）
デジタル手続法	情報通信技術を活用した行政の推進等に関する法律（平成 14 年法律第 151 号）
番号法	行政手続における特定の個人を識別するための番号の利用等に関する法律（平成 25 年法律第 27 号）
住基法	住民基本台帳法（昭和 42 年法律第 81 号）
次世代医療基盤法	医療分野の研究開発に資するための匿名加工医療情報に関する法律（平成 29 年法律第 28 号）
旧行個法	行政機関の保有する電子計算機処理に係る個人情報の保護に関する法律（昭和 63 年法律第 95 号）
施行令・政令・令	個人情報の保護に関する法律施行令（平成 15 年政令第 507 号）
行個法施行令	行政機関の保有する個人情報の保護に関する法律施行令（平成 15 年政令第 548 号）

独個法施行令	独立行政法人等の保有する個人情報の保護に関する法律施行令（平成 15 年政令第 549 号）
施行規則・委員会規則・規	個人情報の保護に関する法律施行規則（平成 28 年個人情報保護委員会規則第 3 号）
個条例	個人情報保護条例

〈公的指針・QA 等〉

略称	正式名称
基本方針	個人情報の保護に関する基本方針（平成 16 年 4 月 2 日）（平成 30 年 6 月 12 日一部変更）
通則 GL	個人情報保護委員会「個人情報の保護に関する法律についてのガイドライン（通則編）」（平成 28 年 11 月）（令和 3 年 10 月一部改正）
外国提供 GL	個人情報保護委員会「個人情報の保護に関する法律についてのガイドライン（外国にある第三者への提供編）」（平成 28 年 11 月）（令和 3 年 10 月一部改正）
確認記録 GL	個人情報保護委員会「個人情報の保護に関する法律についてのガイドライン（第三者提供時の確認・記録義務編）」（平成 28 年 11 月）（令和 3 年 10 月一部改正）
仮名加工等 GL	個人情報保護委員会「個人情報の保護に関する法律についてのガイドライン（仮名加工情報・匿名加工情報編）」（平成 28 年 11 月）（令和 3 年 10 月一部改正）
認定団体 GL	個人情報保護委員会「個人情報の保護に関する法律についてのガイドライン（認定個人情報保護団体編）」（令和 3 年 8 月）（令和 3 年 10 月一部改正）
行政機関等 GL	個人情報保護委員会「個人情報の保護に関する法律についてのガイドライン（行政機関等編）」（令和 4 年 1 月 28 日パブコメ案）
行政機関等事務ガイド	個人情報保護委員会事務局「個人情報の保護に関する法律についての事務対応ガイド（行政機関等向け）」（令和 4 年 2 月）
金融 GL	個人情報保護委員会・金融庁「金融分野における個人情報保護に関するガイドライン」（令和 4 年 4 月）
金融安全管理実務 GL	個人情報保護委員会・金融庁「金融分野における個人情報保護に関するガイドラインの 安全管理措置等についての実務指針」（令和 4 年 4 月）

信用GL	個人情報保護委員会・経済産業省「信用分野における個人情報保護に関するガイドライン」(平成29年2月)
債権管理回収業GL	個人情報保護委員会・法務省「債権管理回収業分野における個人情報保護に関するガイドライン」(平成29年2月)
医療介護GD	個人情報保護委員会・厚生労働省「医療・介護関係事業者における個人情報の適切な取扱いのためのガイダンス」(平成29年4月14日)(令和4年3月一部改正)
健保組合GD	個人情報保護委員会・厚生労働省「健康保険組合等における個人情報の適切な取扱いのためのガイダンス」(平成29年4月14日)(令和4年3月一部改正)
国保GD	個人情報保護委員会・厚生労働省「国民健康保険組合における個人情報の適切な取扱いのためのガイダンス」(平成29年4月14日)(令和4年3月一部改正)
国保連GD	個人情報保護委員会・厚生労働省「国民健康保険団体連合会等における個人情報の適切な取扱いのためのガイダンス」(平成29年4月14日)(令和4年3月一部改正)
電気通信GL	個人情報保護委員会・総務省「電気通信事業における個人情報保護に関するガイドライン」(令和4年3月31日)
放送GL	個人情報保護委員会・総務省「放送受信者等の個人情報保護に関するガイドライン」(令和4年3月31日)
郵便GL	個人情報保護委員会・総務省「郵便事業分野における個人情報保護に関するガイドライン」(令和4年3月31日)
信書便GL	個人情報保護委員会・総務省「信書便事業分野における個人情報保護に関するガイドライン」(令和4年3月31日)
個人遺伝情報GL	個人情報保護委員会・経済産業省「経済産業分野のうち個人遺伝情報を用いた事業分野における個人情報保護ガイドライン」(平成29年3月29日)(令和3年3月23日一部改正、令和4年3月23日一部改正)
番号法GL事業者編	個人情報保護委員会「特定個人情報の適正な取扱いに関するガイドライン(事業者編)」(平成26年12月11日)(令和3年8月一部改正)
委員会QA	個人情報保護委員会「『個人情報の保護に関する法律についてのガイドライン』に関するQ&A」(平成29年2月16日)(令和3年9月10日更新)

行政機関等QA	個人情報保護委員会事務局「個人情報の保護に関する法律についてのＱ＆Ａ（行政機関等編）」（令和４年２月）
医療介護QA	個人情報保護委員会事務局・厚生労働省「「医療・介護関係事業者における個人情報の適切な取扱いのためのガイダンス」に関するＱ＆Ａ（事例集）」（平成29年５月30日）（令和２年10月一部改正）
健保組合QA	個人情報保護委員会事務局・厚生労働省「「健康保険組合等における個人情報の適切な取扱いのためのガイダンス」を補完する事例集（Ｑ＆Ａ）」（平成30年１月15日（令和２年10月一部改正））
金融QA	個人情報保護委員会事務局・金融庁「金融機関における個人情報保護に関するＱ＆Ａ」（令和４年４月）
電気通信GL解説	個人情報保護委員会・総務省「電気通信事業における個人情報保護に関するガイドライン（令和４年個人情報保護委員会・総務省告示第４号）の解説」（令和４年３月）
補完的ルール	個人情報保護委員会「個人情報の保護に関する法律に係るEU及び英国域内から十分性認定により移転を受けた個人データの取扱いに関する補完的ルール」（平成30年９月）
雇用管理分野留意事項	雇用管理分野における個人情報のうち健康情報を取り扱うに当たっての留意事項（平成29年５月29日、個情第749号・基発0529第３号）

（外国法等）

略称	正式名称
ＥＵ一般データ保護規則	個人データの取扱いに係る自然人の保護及び当該データの自由な移転に関する欧州議会及び欧州理事会規則（一般財団法人日本情報経済社会推進協会の仮訳に準拠）
GDPR	European Union　General Data Protection Regulation
ＯＥＣＤプライバシーガイドライン	OECD GUIDELINES GOVERNING THE PROTECTION OF PRIVACY AND TRANSBORDER FLOWS OF PERSONAL DATA

第1章

総　論

Q1-1　個人情報保護法の目的

Q　個人情報保護法は、何を目的として、何を定めている法律か。

A　個人情報の有用性に配慮しつつ、個人の権利利益を保護することを目的とする。個人情報が適正に取り扱われるために、国・地方公共団体が果たすべき役割等を定めるとともに、事業者・行政機関等が遵守すべき義務等を定めている。

解説

1　個人の権利利益保護と個人情報の有用性との調和

本法の冒頭に置かれた法1条（目的）が上記趣旨を明記する。個人の権利利益の保護と、個人情報の有用性との調和を目的に、個人情報の適正な取扱いについて定める法律である。

2　個人の権利利益の保護

法1条（目的）は、本法が「個人の権利利益を保護することを目的とする」ことを明記している。法律名から誤解を受けることがあるが、この文言に示されているように、本法は個人情報それ自体の保護を目的とするものではない。

IT・ICTが進展・普及したデジタル社会（デジタル社会形成基本法2条が定義）では、個人情報が大量に取得・蓄積・処理され、本人が想定しない目的で利用される事態や、本人が知らないうちに広く流通してしまうなどの事態が生じており、しかもその流れは加速している。本法は、こうした背景の下で、個人情報の不適正な取扱いによって発生する「個人の権利利益」の侵害を未然防止するため、その適正な取扱いについて定めるものである。

「個人の権利利益」の主要なものはプライバシーである（**Q1-2**参照）。しかし、これに限らず、名誉権など他の人格的利益、さらには財産的利益も含む。その具体例として、各種のカード情報が不正漏えいし、その悪用によって個人に財産的損害が及ぶような事態を未然防止することも、本法の目的の一つである。ただし、この法律の性格上、「個人の権利利益」は無限定なものではなく、個人情報の適正な取扱いによって保護されるべきものに限られる。これに対し、個人情報の適正な取扱いと無関係な事柄は本法の対象外である。

しかも、プライバシー侵害や名誉毀損に対する差止請求・損害賠償請求のような事後的救済措置ではなく、未然防止措置を定めることを基本としている（ただし開示等の請求は本人の具体的権利）。いわばクルマの適正な運転ルールに関する道路交通法（道交法）のような役割といえよう。違反行為が主として行政処分の対象となる点でも道交法と同様である（道交法違反は基本的に運転免許停止など行政処分の対象）。実際に交通事故が発生した場合における被害者の事後的救済措置は、道交法ではなく、他の法制度（例：民法・自動車損害賠償保障法による損害賠償請求等）による点でも、本法と類似する。

他方、本法以外の法令にも、特定の種類の個人情報に関する適正な取扱いによる個人の権利利益の保護を図るものがある。例えば番号法は本法の特例を定めている（番号法1条）。

3　個人情報の有用性への配慮

デジタル社会では、個人の権利利益の保護のみを図れば足りるものではない。各種のカードやスマートフォン（スマホ）アプリを用いた電子決済など各種のサービスから、感染爆発に関する医療情報や、難病の遺伝子治療に至るまで、現代の社会は個人情報の多様な利活用によって成り立っている。

このような見地から、法1条は「個人情報の有用性」に配慮すべきことを規定した上、有用性として「行政機関等の事務及び事業の適正かつ円滑な運営を図り、並びに個人情報の適正かつ効果的な活用が新たな産業の創出並びに活力ある経済社会及び豊かな国民生活の実現に資するものであること」を例示する。

この中の「行政機関等の……図り」という部分は、行政機関等が個人情報を取り扱う場合を念頭に置いている。この例示は令和3年改正前の同条には存在せず、行政機関個人情報保護法（行個法）・独立行政法人等個人情報保護法（独個法）の目的規定が掲げていた例示を、同年改正によって本法に統合・一本化する際に継受したものだからである。その他の例示は公的部門・民間部門に共通するものである。一本化前の保護3法（行個法・独個法・本法の総称）に共通して規定されていたものだからである。

個人の権利利益保護との関係について、それが個人情報の有用性に優越するとする見解もある。しかし、個人情報といっても、五十音別電話帳に掲載された情報からヒトゲノム情報に至るまで多種多様で軽重に大きな幅があり、権利利益の内容も同様である。その一方、有用性についても、公益的なものもあれば、救急救命・難病治療のように、個人の権利利益の中で最も重要な生命の保護に必要なものや、憲法上の表現の自由等のように重要なものが含まれている。したがって、両者の優劣は一律には決せられない性格のものである。

4　本法上の各規定との関係

以上の目的を達成するために、本法は〔**図表Q1-1-1**〕のとおり定めている。

まず、法1条は「個人情報の適正な取扱いに関し、基本理念及び政府による基本方針の作成その他の個人情報の保護に関する施策の基本となる事項を定め、国及び地方公共団体の責務等を明らかに」すると規定する。この部分は通称「基本法部分」と呼ばれており、法第1章から第3章までの規定によって具体化されている。

次に、同条は「個人情報を取り扱う事業者及び行政機関等についてこれらの特性に応じて遵守すべき義務等を定める」と規定する。この部分は「一般法部分」と呼ばれている。この文言が示しているように、「事業者」と「行政機関等」を対象に、個人情報を適正に取り扱うために遵守すべき義務等を定めるものである。「事業者」の義務は法第4章、「行政機関等」の義務は第5章の規定が具体化している。そこでは「事業者」と「行政機関等」を同視することなく、両者の「特性に応じて」定めているので（同条）、この両者が遵守すべき義務等の内容も異なることは当然である（**Q1-5**参照）。ただし、学術研究機関・医療機関については、官民によって規制内容を区別する合理性に乏しいだけでなく、規制内容の不整合による弊害も生じてきたので、例外的に規制内容の原則共通化が図られている（**Q1-6**参照）。以上は令和3年改正によるものである。

形式的な個人情報の保護が却って個人の権利利益の保護や公益に反する場合など、有用性に配慮すべき場合に対応するため、義務等の包括的適用除外規定（**Q2-29**参照）に加えて、いくつかの条項に個別的適用除外規定が置かれている（例：救命等のための個人情報の目的外利用）。さらに、仮名加工情報・匿名加工情報等のように、個人の権利利益の保護に配慮しつつ、個人情報の有用性を図るための制度も設けられており、本書の各関係箇所で詳論する。

これに続いて法１条は「個人情報保護委員会を設置する」と定める。両者に対する一元的な監督監視機関（番号法に基づく特定個人情報に関する監督監視を含む）として、法第６章が個人情報保護委員会（以下「委員会」という）について規定する。本法は、主にこの監督監視と「罰則」（法第８章）を、実効性を確保するための手段として、個人情報等の適正な取扱方法を実現しようとするものである。他に「雑則」（法第７章）が置かれている。

以上の枠組を具体化した内容について、以下、さらに踏み込んで解説する。

〔図表Ｑ1-1-1〕本法の目的と全体像

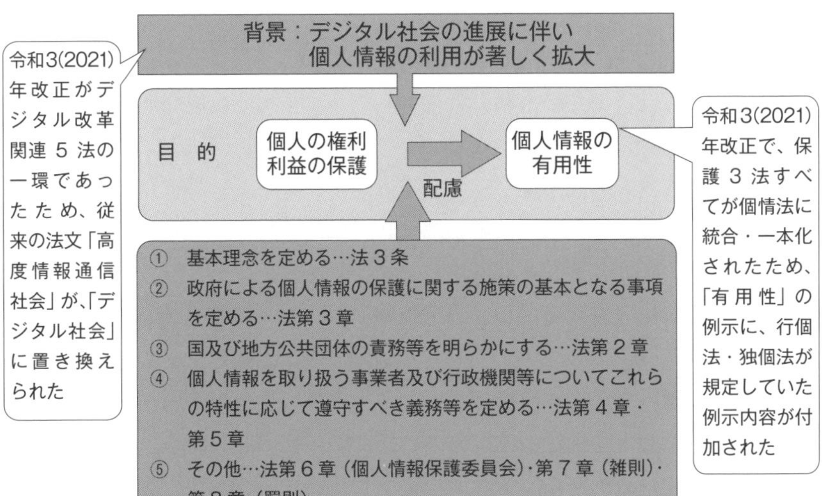

背景：デジタル社会の進展に伴い
個人情報の利用が著しく拡大
令和3(2021)年改正がデジタル改革関連５法の一環であったため、従来の法文「高度情報通信社会」が、「デジタル社会」に置き換えられた
目　的
個人の権利利益の保護
配慮
個人情報の有用性
令和3(2021)年改正で、保護３法すべてが個情法に統合・一本化されたため、「有用性」の例示に、行個法・独個法が規定していた例示内容が付加された
①　基本理念を定める…法３条
②　政府による個人情報の保護に関する施策の基本となる事項を定める…法第３章
③　国及び地方公共団体の責務等を明らかにする…法第２章
④　個人情報を取り扱う事業者及び行政機関等についてこれらの特性に応じて遵守すべき義務等を定める…法第４章・第５章
⑤　その他…法第６章（個人情報保護委員会）・第７章（雑則）・第８章（罰則）

Q1-2 個人情報保護法とプライバシーの関係

Q　本法が保護すべき「個人の権利利益」（法１条）は、プライバシーと、どのような関係に立つか。

A　その主要なものはプライバシーであるが、それに限られない（Q1-1 参照）。プライバシーの対象も個人情報のそれと必ずしも同一ではない。個人の権利利益につき、本法違反は原則として委員会による事前規制（未然防止）措置としての監督監視（行政処分等を含む）の対象である（本人の請求権も一部存在）。これに対し、判例法理で認められてきたプライバシーは、その侵害に対する事後的救済（事後的責任追及）措置たる本人による差止請求・損害賠償請求の対象であり、効果の点でも異なっている。このように両者は密接な関係にあるが、別個の法制度である。

解説

1　米国におけるプライバシーの生成・発展

プライバシーは、個人の権利、人権として主に米国で生成発展した。

米国では、当初は「一人で放っておいてもらう権利」として19世紀末に提唱された。それは有名人のゴシップを狙ったイエロージャーナリズムへの対抗策という性格のものであった。いわばマスメディアプライバシーであり、静穏プライバシーと呼ばれることもある。

これに対し、第二次大戦後は、自己情報コントロール権とする考え方（情報プライバシー権）が有力となった。コンピュータの登場・普及により、個人情報を一元的に握った政府や組織の手で、個人の権利や自由が屈従を強いられるデータバンク社会・監視社会の到来への懸念から提唱されたものである。マスメディアプライバシーからコンピュータプライバシーへと変容を遂げたものといえよう。その重要性はICTの進展によって急加速しており、いまやオンラインプライバシーと呼ばれることもある。さらには自己決定権として捉える考え方も有力である。人工妊娠中絶の可否等を本人が決定する権利とするものである（ただし米国の2022〔令和4〕年の連邦最高裁判決によって揺らいでいる）。

他方、物理的侵入がなく有体物も対象としない盗聴捜査に対し、米国の連邦最高裁は合衆国憲法の令状主義が及ぶとして、盗聴内容や、それによって得られた証拠を刑事訴訟における有罪認定の証拠とすることを排除している。

以上のとおり、プライバシーは個人の人権、権利として生成・発展してきたものであるが、「ごった煮」のように多様な内容を含んでおり（ただし相互に矛盾・排斥する関係ではない）、人工妊娠中絶等に関する自己決定権のように個人情報と無関係なものも含んでいる。

プライバシーの対象を情報に限定して検討しても、そこでは他の人権等との協調（例：自由な言論を阻害する監視社会への防御壁としての役割）と、自由な情報流通等との対立（例：プライバシーを名目にした「知る権利」の阻害要因）という相互矛盾する両側面が並立する。

2　わが国におけるプライバシーの生成・発展

わが国にも判例法理として受け継がれ、現在では多くの最高裁判例でも認められている。また、近時は無断GPS捜査が憲法上の令状主義の原則に違反するとの司法判断も示されている（最大判平29・3・15刑集71巻3号13頁）。ただし、不法行為・国家賠償における損害賠償責任の対象は法的保護利益であれば足りるため、プライバシーが権利として正面から争点となるのは差止請求の場合である。その場合、私人間であればプライバシーの権利は人格権として構成されることが通常であり、有責性の認定は、公表によって得られる利益（例：表現の自由）との利益衡量によって決せられる。

3　本法との関係

本法が保護しようとする「個人の権利利益」の主要なものがプライバシーであることは前述したが、それは多様なプライバシー概念のうち、情報プライバシー権的な意味におけるプライバシーである。

この点との関係で、本法制定時の国会審議では、自己情報コントロール権という言葉を明記すべきか議論となった。その際における政府答弁は、これを否定した。その理由として、①その概念が確立しておらず不明確であること、②諸外国の法文上も、その文言を規定している例がないこと、③自己に関連する情報すべてをコントロールしうる権利として認めると、誤解・誇張のおそれがあり、表現の自由等との調整原理に抵触しうること、④本人関与の規定を具体的に盛り込んでいるので問題はないこと等が指摘されてきた。

とはいえ、前記④にも示されているとおり、目的外利用、要配慮個人情報の取得、個人データの第三者提供等については本人の同意取得を原則としており、これらの規定や開示等の請求に関する規定については、自己情報コントロール権の考え方が実質的に取り入れられているものといえよう。さらに、2021（令和3）年改正時の立案担当者は、「コントロール」の意味が、自己情報の取扱いが適正か、本人が把握しうるということであれば、開示等の請求に関する規定により、その趣旨は実現しているとする。

要件の点で、本法違反はプライバシー侵害等の認定基準と必ずしも直結しない。本法は主として取締規定にとどまるからである。効果の点でも、本法は損害賠償請求について定めることなく、主として委員会による監督監視によって実効性確保を図ろうとする一方、開示等の請求のような本人の権利を設けているなど、プライバシーとは異なっている。

いずれにしても、インターネットなどICTの進展によって、プライバシーそれ自体の重要性が増している一方、本法が保護しようとする「個人の権利利益」は、財産的利益も含めて多様化の一途を辿っている点で（**Q1-1**参照）、ICTが普及していなかったOECD理事会勧告（**Q1-3**参照）が採択された時代（1980〔昭和55〕年）から、世界は大きく変容を遂げている。EUのGDPR1条（対象事項及び目的）も「個人データの取扱いと関連する自然人の保護に関する規定……を定める」とした上、「自然人の基本的な権利及び自由、並びに、特に、自然人の個人データの保護の権利を保護する」として、保護対象となる権利等を、プライバシーに限定することなく広く定めている。

以上のとおり、本法が保護すべき「個人の権利利益」（法1条）は、その主要なものがプライバシーである点で、この両制度には密接な関係があるが、それに尽きるものではなく、また、未然防止措置を定めるという位置付けからも、本法を含めて個人情報保護法制はプライバシーとは別の法制度である。

Q1-3 個人情報保護法制の制定・改正の経緯

Q　わが国における個人情報保護法制の制定・改正の経緯について説明されたい。

A　1980年代に各地方公共団体が個人情報保護条例（個条例）の制定を開始し、1988（昭和63）年の行政機関保有電子計算機処理個人情報保護法（旧行個法）の制定を経て、2003（平成15）年に保護3法が成立した。その後における数度の改正を経て、2021（令和3）年に抜本的に改正された。この改正によって、従来の「保護3法＋個条例」という基本的枠組がはじめて抜本的に見直された。保護3法すべてが本法に統合・一本化され（行個法・独個法は廃止）、地方公共団体についても全国的な共通ルールが本法に定められた。以上の概要は〔図表Q1-3-1〕のとおりである。

解説

1　OECDプライバシーガイドライン

OECDは1980（昭和55）年に「プライバシー保護と個人データの流通についてのガイドラインに関する理事会勧告」を採択した。この勧告に付属するガイドラインは、OECDプライバシーガイドラインと呼ばれており、有名なOECD8原則が示された。それまで各国でバラバラであった個人情報保護法制を、できる限り国際的に共通内容化することによって、個人データの流通との調和を図ろうとする趣旨のものである（2013〔平成25〕年に一部改正）。

2　わが国における保護3法の制定

この勧告を受けて、わが国でも、多くの地方公共団体で電算機条例、それを衣替えした個条例が制定された。

国のレベルでも、1988（昭和63）年に、国の行政機関に関する旧行個法が成立したが、国の行政機関による電子計算機処理に限定するなど不十分性が指摘されていた。その一方、この当時は民間部門を対象とする個人情報保護法制は制定に至らず、自主規制に委ねられていた。

その後、EU（欧州連合）は1995（平成7）年に個人データ保護指令（95年EU保護指令）を採択した（後にGDPRへと発展的に衣替え）。これによって、十分なレベルの保護措置を講じていないEU域外諸国への個人データの越境移転が制限されたので、わが国としても対応が必要となった。

1999（平成11）年になると、住民基本台帳ネットワークシステム（住基ネット）を導入するため住民基本台帳法の改正案を政府が提出することになった。当時、前述したOECD勧告と95年EU保護指令への対応を迫られる一方、民間部門における個人情報の大量漏えい事件が頻発していたこともあり、民間部門の保護法制を3年内に法制化することを条件に、住基ネットの導入を図る前記改正案が可決された。これを受けて2003（平成15）年に保護3法が成立した。この保護3法は、本法のほか、旧行個法を全面改正した行個法、及び、独立行政法人通則法の制定（1999〔平成11〕年）に伴い新設された独個法を中心とするものであった。保護3法は個人情報の取扱主体によって区分されており、制定時の本法の一般法部分は専ら民間部門だけを対象としていた。

3　保護3法の改正

その後におけるICTの飛躍的な進歩を踏まえ、本法は2015（平成27）年に改正された。新たに個人識別符号が個人情報の概念に含められ、要配慮個人情報制度・匿名加工情報制度等も新設されるとともに、民間事業者に対する監督機関も、主務大臣制から委員会に一本化されるなど大幅な改正であった。行個法・独個法も翌2016（平成28）年に改正され、監督監視機関を除き、ほぼ類似した改正内容であった。しかし、従来の「保護3法による区分 + 各地方公共団体の個条例」という枠組は、なおも維持されたままであった。

本法の2020（令和2）年改正を経て、デジタル社会形成整備法の一環として、2021（令和3）年に抜本的な改正が行われた。同年改正によって、従来の前記枠組がはじめて抜本的に見直され、保護3法すべてが本法に統合・一本化された。それに伴い行個法・独個法は廃止された（令和3年附則2条）。地方公共団体についても全国的な共通ルールが定められた。これら全体の監督監視機関も委員会に一元化された。保護３法ごとに制定されていた政令・規則（省令）も、同年改正によって、本法の政令・規則へと一本化された。

これによって基本法部分は官民統合方式、一般法部分は官民分離方式をベースとする従来の「保護３法 ＋ 個条例」という同年改正前の基本的枠組に一応は別れを告げて、一般法部分も含めて本法へと統合・一本化された。その限度では、EU の GDPR のような統合方式に向けて移行したといえよう。とはいえ、一般法部分はなおも官民の間で内容的に大きく異なっており（**Q1-5** 参照）、その限りでは、極めて緩やかな官民統合方式に移行したにとどまる（なお **Q1-6** 参照）。EU の GDPR も、３条・23 条など官民で個別に違いを設けており、両者を完全に一本化したものとはいえない。官民の立場の違いを考えると、今後における本法の改正によって、完全な一本化は妥当でないとしても、どの限度で一本化を図ることが適切か、さらなる検討を要する。

その中でも地方公共団体についても全国的な共通ルールが定められたことは、EU の 95 年指令が加盟各国の国内法で違いを生じさせ、GDPR という直接適用方式へと切り替えざるをえなかったことを「他山の石」としたものといえよう。とはいえ、憲法上の地方自治の保障との関係、地方ごとに実情が異なることは否めないという事実を考えると、この点も完全に統一することが適切か否かについては議論があって当然であり、条例要配慮個人情報その他の例外を一部であっても認めざるをえなかったことも首肯しうるところである。

4　2020（令和２）年改正・2021（令和３）年改正の施行期日

2020（令和２）年改正と 2021（令和３）年改正の大半は一部先行施行部分を除き 2022（令和４）年４月１日に同時施行された（行個法・独個法の廃止も同日）。残された 2021（令和３）年改正の地方公共団体関係の部分は 2023（令和５）年４月１日に施行され、もって全面施行となる。以下、2021（令和３）年改正の全面施行後における本法の規定内容を対象に、さらに掘り下げて解説する。

〔図表Q1-3-1〕 個人情報保護法制の制定・改正の経緯

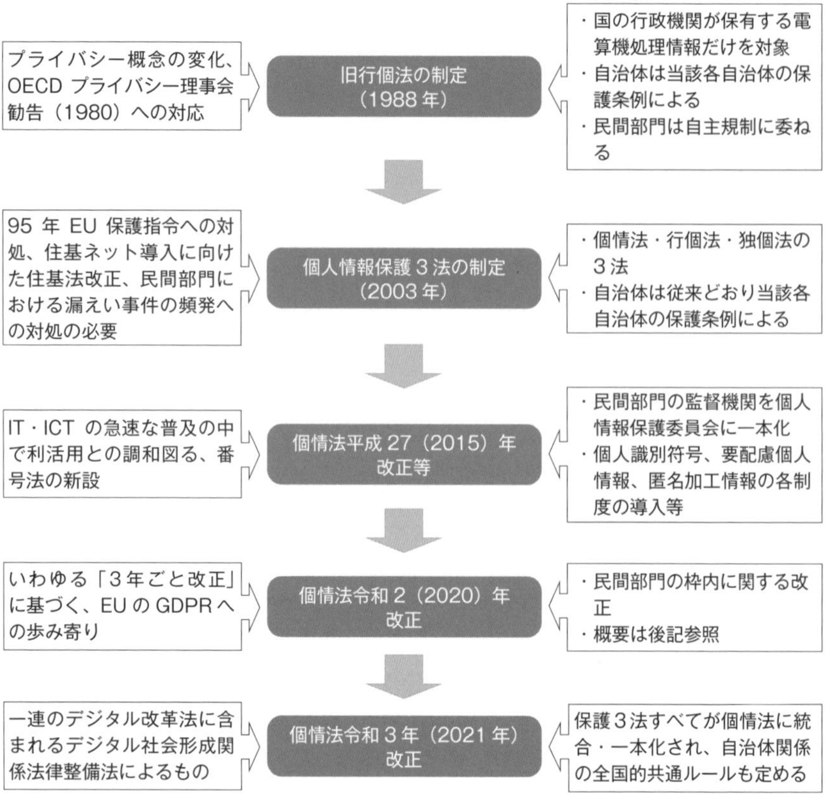

プライバシー概念の変化、OECDプライバシー理事会勧告（1980）への対応
旧行個法の制定（1988年）
・国の行政機関が保有する電算機処理情報だけを対象
・自治体は当該各自治体の保護条例による
・民間部門は自主規制に委ねる
95年EU保護指令への対処、住基ネット導入に向けた住基法改正、民間部門における漏えい事件の頻発への対処の必要
個人情報保護3法の制定（2003年）
・個情法・行個法・独個法の3法
・自治体は従来どおり当該各自治体の保護条例による
IT・ICTの急速な普及の中で利活用との調和図る、番号法の新設
個情法平成27（2015）年改正等
・民間部門の監督機関を個人情報保護委員会に一本化
・個人識別符号、要配慮個人情報、匿名加工情報の各制度の導入等
いわゆる「3年ごと改正」に基づく、EUのGDPRへの歩み寄り
個情法令和2（2020）年改正
・民間部門の枠内に関する改正
・概要は後記参照
一連のデジタル改革法に含まれるデジタル社会形成関係法律整備法によるもの
個情法令和3年（2021年）改正
保護3法すべてが個情法に統合・一本化され、自治体関係の全国的共通ルールも定める

Q1-4　本法の構成

Q　令和３年改正全面施行後の本法は、どのような構成となったか。

A　全８章185箇条と附則から構成される。第１章から第３章までは基本法部分、第４章以下は具体的な義務等を定めた一般法部分として位置付けられている（ただしその区分は明記されず）。同年改正によって、この一般法部分につき、民間部門を対象とする法第４章「個人情報取扱事業者等の義務等」（16条～59条）に続いて、公的部門を対象とする第５章「行政機関等の義務等」（60条～129条）が新設された。これに伴い、定義規定や第６章以下の各章も再整備され、全体構成が大幅に変更された結果、〔図表Q1-4-1〕のとおりとなった。

解説

1　全体像

令和３年改正全面施行後における本法の全体像は**〔図表Q1-4-1〕**のとおりである。

2　基本法部分

法第１章「総則」は、１条（目的）、２条（定義）、及び３条（基本理念）から構成されている。１条は**Q1-1**で説明した。２条は本法全体に共通する概念に関する定義条項であり、**Q1-8**で詳論する。３条の基本理念は、個人情報は、個人の人格尊重の理念の下に慎重に取り扱われるべき旨を謳ったものにすぎず、直接的な法的効力を有するものではない。

第２章「国及び地方公共団体の責務等」は、４条（国の責務）、５条（地方公共団体の責務）、及び６条（法制上の措置等）から構成される。４条・５条は第３章で具体化されている。６条は重点分野における格別の措置と、国際的な制度の構築に必要な措置を規定する。本法制定時における衆参両院の附帯決議で

〔図表 Q1-4-1〕本法の構成

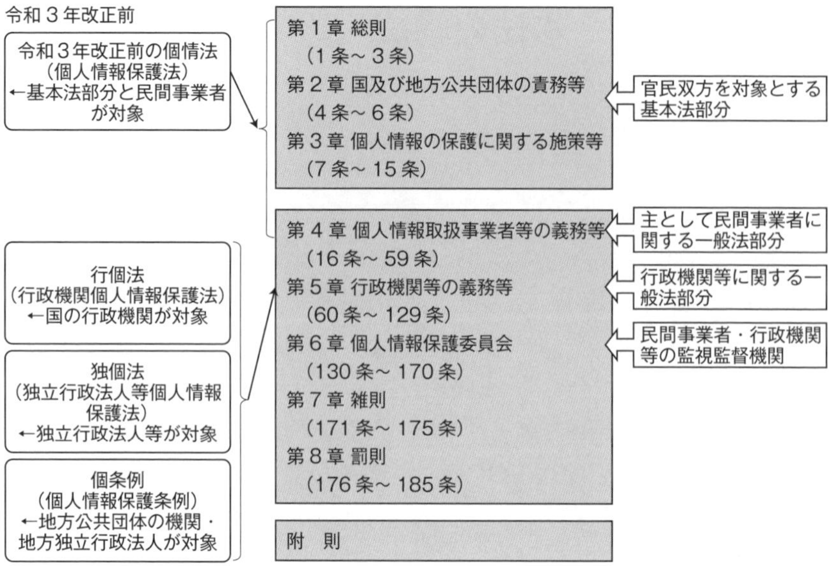

は、医療、金融・信用、情報通信の３分野が、重点分野として例示されていた。主として同条に基づいて、重点分野を対象とする特定分野ガイドラインが策定・公表されている（**Q1-7** 参照）。

第３章「個人情報の保護に関する施策等」は、第２章の責務等を受けて施策等を具体化するものである。同章には第１節「個人情報の保護に関する基本方針」（7条）、第２節「国の施策」（8条～11条）、第３節「地方公共団体の施策」（12条～14条）、第４節「国及び地方公共団体の協力」（15条）が設けられている。令和３年改正で行個法・独個法が本法に統合・一本化されたことを反映して、法８条（国の機関等が保有する個人情報の保護）が新設された。それに伴い、この改正前の旧８条から旧13条までの条番号が一つずつ繰り下がったが、それらの内容それ自体に大きな変化はない。法９条（地方公共団体等への支援）の「等」には事業者等が含まれており、主として同条と法４条（国の責務）・131条（任務）に基づき委員会が各種の汎用指針を策定・公表している（**Q1-7** 参照）。

〔図表 Q1-4-2〕国・地方公共団体の責務

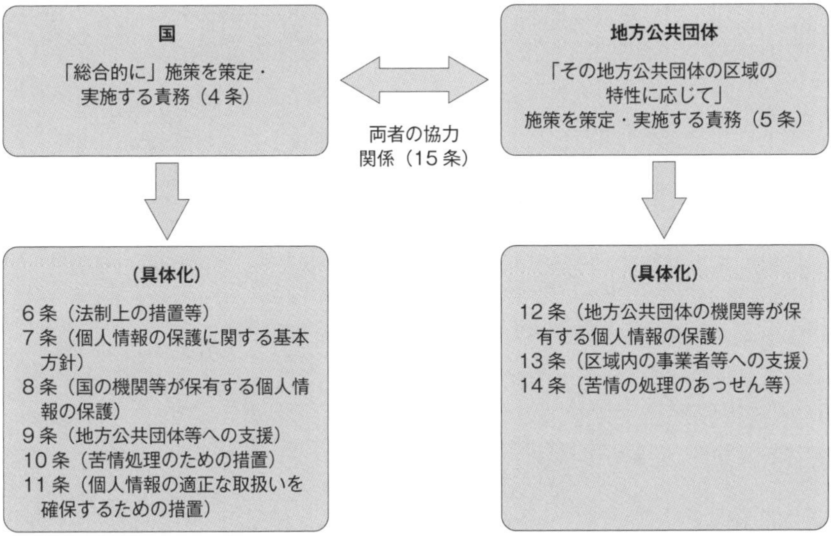

※図中の条項はすべて本法

以上に述べた基本法部分が定める国・地方公共団体の責務につき**〔図表Q1-4-2〕**参照。法第2章・第3章にいう地方公共団体には地方議会を含む（法2条11項2号括弧書参照）。施策等に関する章だからである。

なお、委員会は「個人情報等の適正な取扱いに関係する政策の基本原則」を策定・公表している。これは法4条、8条、9条等に基づき国の行政機関が個人情報等の取扱いに関係する政策を企画立案・実施する際に、「当該政策目的の実現と、個人情報等の適正な取扱いによる個人の権利利益の保護との整合性を確保しつつ取り組むための基本的な視座を示すもの」としている。したがって民間の事業者を直接対象とするものではない。

3　一般法部分

以上の基本法部分に続き、法第4章以下は具体的な義務等を定めた一般法部分である（**Q1-5**参照）。

第4章「個人情報取扱事業者等の義務等」は、令和3年改正前と同様に、主として民間事業者の義務等を定めている。民間団体による個人情報保護の推進のため、同章中には認定個人情報保護団体制度も定められている。

これに対し、第5章「行政機関等の義務等」は同年改正によって新設された。国の行政機関を対象とする行個法・独立行政法人等を対象とする独個法の基本的内容を、一部変更しつつ統合・踏襲して継受した上、地方公共団体・独立地方行政法人にも適用範囲を拡張して、これらを「行政機関等」と総称している（それに伴い行個法・独個法は廃止）。その一方、例外的に公的部門の学術研究機関・医療機関については、原則として民間部門と共通の規制内容とした（**Q1-6**参照）。

さらに、同章の新設によって、同年改正前における法第5章以下の章番号が、それぞれ繰り下げられた。法第6章（個人情報保護委員会）の中に、全体に対する監督監視に関する規定が新たにまとめて列記され、これに法第7章（雑則）、法第8章（罰則）を付加した章立てとなった。

他にも改正された部分は多岐にわたるので、それぞれの関係箇所で詳論する。

4　施行令・施行規則等

令和3年改正による保護3法の一本化に伴い、保護3法それぞれの施行令・施行規則についても、本法の施行令・施行規則に一本化された。

ところで、令和2年・令和3年改正は原則として令和4年4月1日に施行された。ただし、例外として令和3年改正の地方公共団体（独立地方行政法人を含む）に関する部分は、当該部分に関する改正施行令・改正施行規則とともに、令和5年4月1日が施行期日である。これは条例改正等の準備期間を置く趣旨であり、以下、本書では同年改正全面施行後の条項に基づいて解説する。

Q1-5　本法各章の適用対象者の区分に関する基本的な枠組

Q　令和３年改正によって、従来の民間部門たる事業者だけでなく、公的部門たる行政機関等も本法の適用対象となったが、事業者か行政機関等かによって、本法が定める義務等の内容は異なるのか。

A　民間事業者には法第４章の規定、行政機関等には第５章の規定が、それぞれ適用されることが「原則」である。ただし、その「例外」として、公的部門でも、国公立大学などの学術研究機関、いわゆる国公立の病院などの医療機関には、新たに民間の事業者と同様に第４章の規定が適用されることになったが、さらに「例外の例外」として同章ではなく第５章の一部規定が適用される（Q1-6参照）。法６章以下の規定には、事業者関連の規定と行政機関等関連の規定が混在している。

解説

1　原則的な区分――事業者と行政機関等

民間の事業者には法第4章が定める義務等、行政機関等には第5章が定める義務等が、それぞれ適用されることが「原則」である。「事業者及び行政機関等についてこれらの特性に応じて遵守すべき義務等を定める」（法1条）ことに対応するものである。第5章の内容は行個法・独個法の規定内容を、一部を除いて、ほぼそのまま統合して継受している。

これに対し、国の立法機関（国会）、司法機関（裁判所）は、本法の対象とされていない。これは憲法が定める三権分立を反映したものである。それとの整合性を図る趣旨から、地方公共団体の議会も、法第5章の適用対象外である（法2条11項2号括弧書）。

2　民間部門の事業者は法第４章の適用対象

法第4章「個人情報取扱事業者等の義務等」（16条～59条）は、主に民間部門の事業者が遵守すべき義務を定める。かかる事業者は、①個人情報取扱事業者、②仮名加工情報取扱事業者、③匿名加工情報取扱事業者及び④個人関連情報取扱事業者に区分されている（**Q2-3** 参照）。

同章の適用主体を原則として民間部門の事業者に限定するため、個人情報取扱事業者を定義する法16条2項は、ⓐ国の機関（1号）、ⓑ地方公共団体（2号）、ⓒ独立行政法人等（3号）、及び、ⓓ地方独立行政法人（4号）を除外している。同章の義務者たる他の事業者（前記②～④）も、同項各号に掲げる者を除く旨を規定しているので（同条5項～7項の各項但書）、やはり原則として民間事業者に限られる。

ただし、ⓒは独立行政法人通則法2条1項の独立行政法人及び「別表第一」に掲げる法人（2条9項）から「別表第二」に掲げる法人を除いたもの（2条11項3号括弧書）をいう。そのため、「別表第二」に掲げる法人はもとより、独立行政法人にも「別表第一」に掲げる法人にも該当しない法人（例：認可法人 使用済燃料再処理機構）は、たとえ実質的に行政の一端を担う性格のものでも、法第5章ではなく第4章の適用対象となる。

なお、同章第5節「民間団体による個人情報の保護の推進」（47条～56条）は、個人情報等の適正な取扱いの確保を目的として個人情報取扱事業者等を対象事業者とする法人について、委員会による認定制度（この認定を受けた法人を「認定個人情報保護団体」という）を定めている（**Q2-28** 参照）。

委員会による個人情報取扱事業者等に対する監督は法第6章第2節第1款（146条～152条→ **Q2-27** 参照）が、認定個人情報保護団体に対する監督は同節第2款（153条～155条→ **Q2-28** 参照）が、それぞれ定めている。

3　行政機関等は法第5章の適用対象

これに対し、第5章「行政機関等の義務等」（60条～129条）は、その表題どおり、「行政機関等」の義務等を定めている。「行政機関等」は法2条11項が定義する。**〔図表Q1-5-1〕**のとおり、①国の行政機関（1号）、②地方公共団体の機関（2号）、③独立行政法人等（3号）、及び、④地方独立行政法人（4号）を、次のとおり一部修正を加えつつ総称するものである。

①は同条8項が同図表記載のとおり定義する。同項4号の機関は警察庁、5

号の機関は検察庁である（令3条）。その独立的性格に鑑み、同項3号の特則として独自に個人情報の取扱単位とした。②の「地方公共団体」は本法に定義はなく、地方自治法に従うので、議会と執行機関から構成される。③は同条9項が、④は同条10項が、それぞれ定義する（内容は同図表の記載参照）。

法2条11項は、これらに修正を加えて「行政機関等」を定義する。②は、地方公共団体の「機関」を単位としつつ議会を除く（同項2号括弧書）。③及び④については学術研究機関・医療機関を「行政機関等」から除外する（2条11項3号・4号の各括弧書）。これらの機関を原則として民間部門並みにするための特例である（これらに関する地方公共団体の機関による運営業務における個人情報の取扱いも民間部門並みとすることを含めて**Q1-6**参照）。

法第5章の義務者として、本法は「行政機関等」だけでなく、主に「行政機関の長等」という概念形式を用いている（**Q3-1**参照）。これは行政機関の長、及び、上記②から④までをいう（法63条括弧書）。「行政機関の長」のうち、法2条8項4号・5号の「行政機関の長」は、政令（令18条が規定）で定める者をいうとして細分化を図る（法63条括弧書）。同条括弧書の「地方公共団体の機関」からも議会が除かれる（法2条11項2号括弧書は「以下同じ」と規定）。上記③及び④からも学術研究機関・医療機関が除外される（同項3号・4号の各括弧書は、法63条において同じ旨を規定）。

以上のとおり、「行政機関の長等」（法63条括弧書）は、「行政機関等」（2条11項）と比べて、法2条8項4号・5号の政令で定める機関（警察庁・検察庁）を細分化する点を除き、実質的には同一の概念である（**Q3-1**参照）。

委員会による行政機関等に対する監視は、法第6章第2節第3款（156条～160条）が定めている（**Q3-9**参照）。

4　以上の区分に関する例外

以上のとおり、本法は事業者と行政機関等とによって適用される章を基本的に区分しているが、公的部門に属するものであっても学術研究機関・医療機関については特例として例外扱いが定められており、次の〔**図表Q1-6-1**〕で詳論する。

〔図表Q1-5-1〕行政機関等（法２条11項）

行政機関（２条８項）―下記番号は号番号

1．法律に基づき内閣に置かれる機関（内閣府を除く）と内閣の所轄下に置かれる機関
2．内閣府、宮内庁並びに内閣府設置法49条１項・２項に規定する機関（４号の政令で定める機関が置かれる機関では、当該政令で定める機関を除く）
3．国家行政組織法３条２項に規定する機関（５号の政令で定める機関が置かれる機関では、当該政令で定める機関を除く）
4．内閣府設置法39条・55条、宮内庁法16条２項の機関及び内閣府設置法40条・56条（宮内庁法18条１項で準用する場合を含む）の特別の機関で、政令で定めるもの
5．国家行政組織法８条の２の施設等機関及び同法８条の３の特別の機関で、政令で定めるもの
6．会計検査院

地方公共団体の機関

議会を除く
（２条11項２号括弧書）

独立行政法人等（２条９項）

独立行政法人通則法２条１項に規定する独立行政法人及び別表第一に掲げる法人

「別表第二」に掲げる法人を除く
（法２条11項３号括弧書）

地方独立行政法人（２条10項）

地方独立行政法人法２条１項に規定する地方独立行政法人

地方独立行政法人法21条１号に掲げる業務を主たる目的とするもの又は同条２号若しくは３号（チに係る部分に限る）に掲げる業務を目的とするものを除く（２条11項３号括弧書）

他にも、独立行政法人労働者健康安全機構については、病院運営業務における個人情報、仮名加工情報又は個人関連情報の取扱いに限定して特例的取扱い（58条２項・125条）。

別表第一	別表第二（○該当、×非該当）
沖縄科学技術大学院大学学園	○
沖縄振興開発金融公庫	×
外国人技能実習機構	
株式会社国際協力銀行	
株式会社日本政策金融公庫	
株式会社日本貿易保険	
原子力損害賠償・廃炉等支援機構	
国立大学法人	○
大学共同利用機関法人	
日本銀行	×
日本司法支援センター	
日本私立学校振興・共済事業団	
日本中央競馬会	
日本年金機構	
農水産業協同組合貯金保険機構	
福島国際研究教育機構	○
放送大学学園	
預金保険機構	×
	○国立研究開発法人
	○独立行政法人国立病院機構
	○独立行政法人地域医療機能推進機構

（○国立研究開発法人・○独立行政法人国立病院機構・○独立行政法人地域医療機能推進機構：）独立行政法人通則法２条１項に規定する独立行政法人

Q1-6　学術研究機関・医療機関に関する特例

Q　公的部門に属する学術研究機関・医療機関にも、Q 1-5 のように、行政機関等に関する本法上の規定（法第５章）が適用されるのか。

A　行政機関等に関する「特例」（例外扱い）として、令和３年改正により、公的部門に属する学術研究機関・医療機関にも、国に直属する機関を除き、基本的には民間部門（私立）の場合と同様に法第４章の規定が適用されることになった。ただし、「例外の例外」として、主に個人情報ファイル簿・開示等請求・匿名加工情報には法第５章の規定が適用される。他方、学術研究機関等には個別的適用除外規定が新設され、公的部門・民間部門を問わず適用される点で医療機関と異なる。なお、これらの機関のうち法令に基づく公権力性の高い業務に限定して、行政機関等に関する安全管理措置義務の対象となる。以上につき〔図表 Q 1-6-1〕参照。

解説

1　学術研究機関・医療機関の特質

国公立大学法人など公的部門に属する学術研究機関は、他の行政機関等と異なり、憲法が保障する「学問の自由」等の点で、民間事業者に属する私立大学等と本質的に変わりがない。医療機関の場合も、公的部門・民間部門という運営主体の区分次第で診療内容等が異なる性格のものではなく、患者側・医療者側ともに上記区分による違いはない。むしろ、公的部門・民間部門に適用される一般法の義務内容が異なることが、それらの垣根を越えた共同研究・情報共有等に対する障壁となっていたので、義務内容の共通化を図る必要があった。そこで、令和３年改正によって、両部門を本法に統合・一本化する際、これらの機関を民間部門と同様に、新たに法第４章の適用対象とした。定義規定である法２条11項・16条・63条括弧書、適用条項等を定める58条・125条等の複雑な条文構成によって、これを実現している。

2　民間の場合と共通化するための法律構成

まず、ⓐ本来は独立行政法人等に該当するもののうち、共通化すべき国立大学法人等を「別表第二に掲げる法人」として位置付けた。これを法2条11項3号括弧書によって、行政機関等を構成する独立行政法人等から除外した上、「第16条第2項第3号……において同じ」と規定することによって、法第4章（個人情報取扱事業者等の義務等）の適用対象となるものとした（独立行政法人労働者健康安全機構については後述）。

次に、ⓑ本来は地方独立行政法人に該当するもののうち、試験研究事業等（地方独立行政法人法21条1号）、公立大学・高等専門学校の設置・管理（同条2号）、及び病院事業の経営（同条3号チ）を目的とするものを、法2条11項4号括弧書によって行政機関等を構成する地方独立行政法人から除外した上、「第16条第2項第4号……において同じ」と規定することによって、法第4章の適用対象となるものとした。

こうして除外されるⓐ及びⓑは、法58条1項各号に列記されており、「58条1項各号に掲げる者」と総称される（法66条2項3号・125条2項）。

さらに、ⓒ地方公共団体の機関による病院・診療所、及び公立大学（高等専門学校は対象とならない点でⓑと異なる）の運営業務における個人情報の取扱いに限り、事業者による取扱いとみなすとともに（法58条2項1号）、法第5章の適用を原則的に除外して（法125条1項）、事業者の場合と同様に法第4章の各規定が適用されるものとした。公立大学の運営業務とそれ以外の業務を、地方公共団体の同一の機関が行っているときは、公立大学運営業務の部分だけが同様となる（行政機関等QA1-1-5）。病院事業が地方公営企業の形態である場合も同様である（行政機関等QA1-1-3）。

最後に、ⓓ独立行政法人労働者健康安全機構は、「別表第二」に入れることなく、「病院の運営」に限って事業者による取扱いとみなした（法58条2項2号・125条1項）。多様な業務を行っている同機構の特殊性を踏まえたものである。

こうして除外されるⓒ及びⓓは、法58条2項各号に列記されており、「58条2項各号に掲げる者」と総称される（法66条2項4号・125条1項）。

ⓐ及びⓑは法人それ自体を法第4章の適用対象としているのに対し、ⓒ及び

ⓓは特定の運営事業に限って同章の適用対象とみなしている点で異なっている。以上のⓐからⓓまでの者は、「58条第1項各号及び2項各号に掲げる者（同項各号に定める業務を行う場合に限る）」と総称される（法125条3項）。

これに対し、国の行政機関に直属するものには、以上のような特例を認めず、通常の行政機関等と同様に、法第5章の適用対象としている。国に直属する医療機関は高度な政策的要素を含み、国に直属する研究機関は実施する研究内容が各府省の政策実施と密接に関連しており、両機関は組織も各省庁と不可分一体であることが、その理由とされている。

3　事業者との共通化の除外――個人情報ファイル簿・開示請求等・匿名加工情報の規定等

このように公的部門に属する学術研究機関・医療機関は、国の行政機関に直属するものを除き、行政機関等に関する「例外」として民間事業者と基本的には同様の扱いを受けるが、さらに「例外の例外」が設けられている。

具体的には、主として法75条（個人情報ファイル簿の作成及び公表）、第5章第4節（開示、訂正及び利用停止）・第5節（行政機関等匿名加工情報の提供等）である。これらについては、他の行政機関等と同様に、法第4章ではなく第5章の規定が適用される。これらの機関も、政府・地方公共団体の機関の一部に変わりはないことが、その立法趣旨とされている。

まず、前記ⓐとⓑには、事業者の保有個人データに関する義務規定（法32条～39条）及び法第4章第4節（匿名加工情報取扱事業者等の義務）の規定は適用されず（法58条1項）、それぞれ独立行政法人等・地方独立行政法人とみなして、法第5章第1節（行政機関等に特有の定義）、75条（個人情報ファイル簿の作成及び公表）、第5章第4節（開示、訂正及び利用停止）・第5節（行政機関等匿名加工情報の提供等）、124条2項（未整理の保有個人情報の開示等）、127条（開示請求等をしようとする者に対する情報の提供等）及び第6章（個人情報保護委員会）、第7章（雑則）、第8章（罰則、176条、180条及び181条を除く）の規定が適用される（法125条2項）。

次に、前記ⓒとⓓについては、匿名加工情報の取扱いは民間事業者のそれとはみなされず、また、事業者の保有個人データに関する義務規定（法32条～

39条）及び法第4章第4節（匿名加工情報取扱事業者等の義務）の規定の適用も除外されている（法58条2項）。他方、これらの機関について、法125条1項は、法第5章の適用を基本的に除外しつつ、同章第1節（行政機関等に特有の定義）、75条（個人情報ファイル簿の作成及び公表）、同章第4節（開示、訂正及び利用停止）、第5節（行政機関等匿名加工情報の提供等）、124条2項（未整理の保有個人情報の開示等）、127条（開示請求等をしようとする者に対する情報の提供等）等の規定は、例外的に適用される旨を規定している。

以上のとおり、それらの一部規定に限り、他の行政機関等と同様に法第5章の規定が適用される。しかし、これらの機関等には法第4章の他の義務が適用されるので、利用停止請求（法98条）の理由となる違反事由に齟齬が生じる。そこで、この齟齬を埋めるため、法125条3項は、98条の規定の適用については、同条1項1号中「第61条第2項の規定に違反して保有されているとき、第63条の規定に違反して取り扱われているとき、第64条の規定に違反して取得されたものであるとき、又は第69条第1項及び第2項の規定に違反して利用されているとき」とあるのは「第18条若しくは第19条の規定に違反して取り扱われているとき、又は第20条の規定に違反して取得されたものであるとき」と、同項第2号中「第69条第1項及び第2項又は第71条第1項」とあるのは「第27条第1項又は第28条」と読み替えるものと規定する。

4　学術研究機関・医療機関の相違点

以上の限度では、公的部門に属する学術研究機関・医療機関の地位は実質的に同様であるが、適用除外規定の点で両者には違いがある。医療機関と異なり、学術研究機関については、学術研究目的で取り扱う場合に関する個別的適用除外規定が定められている。学術研究目的とは個人情報を学術研究の用に供する目的をいう（法18条3項5号）。ただし「学術研究機関等」という概念を用いている。学術研究を目的とする機関・団体それ自体だけでなく、それらに属する者を含む概念としているため（法16条8項）、学術研究機関に「等」が付加されているのである。

令和3年改正前には民間部門に属する学術研究機関について包括的適用除外規定が設けられていた。これに対し、公的部門に属する学術研究機関について

〔図表Ｑ1-6-1〕学術研究機関・医療機関に関する特例

	個人情報等の取扱い等に関する規律	個人情報ファイル簿に関する規律	開示等に関する規律	匿名加工情報に関する規律
国の行政機関	公的部門の規律（第５章第２節）	公的部門の規律（第５章第３節）	公的部門の規律（第５章第４節）	公的部門の規律（第５章第５節）
独立行政法人等	公的部門の規律（第５章第２節）	公的部門の規律（第５章第３節）※法75条のみ		
別表第２に掲げる法人及び（独）労働者健康安全機構（※１、2）	民間部門の規律（第４章）（※３）			
地方公共団体の機関	公的部門の規律（第５章第２節）			
病院及び診療所並びに大学の運営の業務（※2）	民間部門の規律（第４章）（※３）			
地方独立行政法人	公的部門の規律（第５章第２節）			
試験研究等を主たる目的とするもの又は大学等の設置・管理若しくは病院事業の経営業務を目的とするもの	民間部門の規律（第４章）（※３）			

（※1）独立行政法人労働者健康安全機構については、病院の運営業務に限る。
（※2）これらが行う業務のうち政令で定めるものについては、安全管理措置義務（法66条）、従事者の義務（法67条）及び一定の罰則（法176条・180条）について、この表にかかわらず、行政機関等に準じた扱いがなされる（令19条関係）。
（※3）第2節中保有個人データに関する事項の公表等（法32条）、開示、訂正等及び利用停止等（法33条～39条）並びに匿名加工情報取扱事業者等の義務（法第4章第4節）に関する規定は適用が除外される。

出典・通則GL6を基に作成

は包括的適用除外規定が設けられていなかった。

同年改正によって、事業者たる学術研究機関等に関する法第4章の包括的適用除外規定が削除される一方、所属が公的部門か民間部門かを問わず、個別的適用除外規定へと移行した。GDPRの「十分性認定」の取得対象とするためとされている。具体的には、学術研究機関等に関する個別的適用除外規定が、

①法18条（利用目的による制限）に関し3項に5号・6号が追加、②20条2項（要配慮個人情報の取得制限）に関し5号・6号が追加、③27条（第三者提供の制限）に関し同条1項に5号から7号までの規定が追加（同条に関する除外規定は28条〔外国にある第三者への提供の制限〕にも適用）された（詳細は各条の解説参照）。

このような個別的適用除外規定が設けられる代わりとして、個人情報取扱事業者である学術研究機関等は、学術研究目的で行う個人情報の取扱いについて、本法の規定を遵守するとともに、その適正を確保するために必要な措置を自ら講じ、かつ、当該措置の内容を公表するよう努めなければならない（法59条）。自主規制措置と、その措置内容の公表について努力義務とするものである。

これに対し、医療機関については個別的適用除外規定は存在しておらず、却って要配慮個人情報を取り扱う点で本法の義務は重い上、インフォームドコンセント（十分な説明に基づく同意）という医療機関特有の法理が適用される。

とはいえ、学術研究機関等たる大学附属病院の場合を例に取ると、患者に対する医療行為は、本来の臨床医療という性格に加え、臨床研究・症例研究のような学術研究の性格を併有する場合があり（行政機関等QA2-3-1）、さらに病院実習によって学生を教育する場でもある。このように複合的性格を有する関係で、両者の適用を整然と切り分けられるかという課題が残る。

5　安全管理措置義務

公的部門に属する学術研究機関・医療機関については、上記「例外」のとおり、事業者と同一の安全管理措置義務規定（法23条～26条）が適用されることが原則である。しかし、「例外の例外」として、法令に基づく公権力性の高い業務に限定して、行政機関等に関する安全管理措置義務の対象としている。この義務を負う場合とは、法58条1項各号に掲げる者（前記ⓐ及びⓑ）については「法令に基づき行う業務であって政令で定めるもの」であり（法66条2項3号）、令19条1項が定める。法58条2項各号に掲げる者（前記ⓒ及びⓓ）については「同項各号に定める業務のうち法令に基づき行う業務であって政令で定めるもの」であり（法66条2項4号）、令19条2項が定める。いずれも、これらに掲げる者から当該各号に定める業務の委託（二以上の段階にわたる委託を含む）を受けた者は、「当該委託を受けた業務」について、この義務を負う（法66条2項5号）。同項各号に定める業務の従事者は法67条の義務も負う。同条は「前条第2項各号に定める業務に従事」と規定するからである。

6　次世代医療基盤法

医療機関・学術研究機関に関連するものとして、次世代医療基盤法（医療分野の研究開発に資するための匿名加工医療情報に関する法律）がある。カルテ等の個々人の医療情報を匿名加工し、医療分野の研究開発における活用を促進するため、本人の事前同意のほか、オプトアウト方式によって、①医療機関等から認定匿名加工医療情報作成事業者へ要配慮個人情報たる医療情報を提供することができ（いつでも本人・遺族は提供停止を求めうる）、②同事業者から利活用者へ匿名加工医療情報を提供しうるという法律である。本法の特例法として位置付けられている。同法は医療情報取扱事業者について公的部門・民間部門を区別することなく適用される。

わが国では国民皆保険制度の下で豊富な医療情報が存在しており、医療分野の研究開発に資することが期待されてきた。ところが、本法では個人データを第三者提供するためには原則として本人の事前同意の取得が必要となる（法27条1項本文）。医療情報は要配慮個人情報を含んでおり、要配慮個人情報の取得にも原則として本人の事前同意の取得が必要となる（法20条2項本文）。患者が受診した医療機関は本人同意を得て取得しているとしても、間接取得する提供先も本人同意の取得が必要となる。本法でも匿名加工情報化すれば、その提供・間接取得に本人の事前同意の取得が不要となる。ところが、わが国では医療機関・医療保険者が散在し、医療情報が分散保有されていることに鑑みると、健診結果やカルテ等の個々人の医療情報を、個別医療機関単位で匿名加工することは困難であり、外部の事業者に委託するとしても適切な匿名加工能力を有する者か判断が困難であるとの課題が残されていた。そこで、次世代医療基盤法は、同法8条が定める厳格な基準に基づいて主務大臣が適正かつ確実に行いうる法人として認定した事業者（認定匿名加工医療情報作成事業者）に医療情報を整理させて匿名加工した上、その匿名加工医療情報を医療分野の研究開発者に提供する仕組として同法が作られた。

全体像は〔**図表Q1-6-2**〕のとおりである。医療機関等の医療情報取扱事業者は、あらかじめ本人に通知し、本人が提供を拒否しない場合には、主務大臣への届出を条件に、認定匿名加工医療情報作成事業者に対し医療情報を提供しうるが、本人又はその遺族から提供停止の求めがあったときは提供を停止する（同法30条）。認定匿名加工医療情報作成事業者は、その提供を受ける際、所定の事項の確認を行わなければならない（同法33条）。認定匿名加工医療情報作成事業者は、主務大臣が認定した匿名加工医療情報作成事業を行う法人（認定医療情報等取扱受託事業者）に匿名加工を委託しうる（同法28条）。認定匿名加工医療情報作成事業者・認定医療情報等取扱受託事業者には、厳格なセキュリティ対策や罰則等が課されている。

〔図表Q1-6-2〕次世代医療基盤法

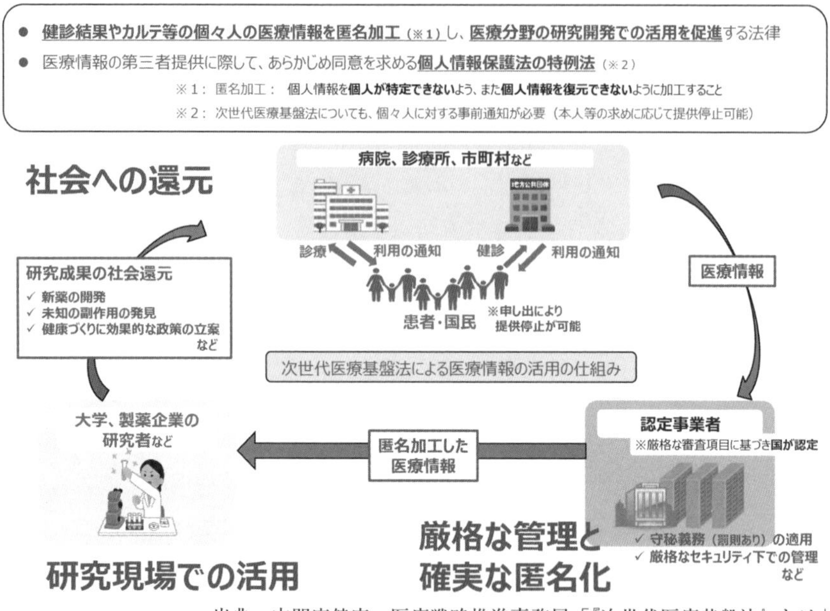

● 健診結果やカルテ等の個々人の医療情報を匿名加工（※1）し、医療分野の研究開発での活用を促進する法律
● 医療情報の第三者提供に際して、あらかじめ同意を求める個人情報保護法の特例法（※2）
※1：匿名加工：個人情報を個人が特定できないよう、また個人情報を復元できないように加工すること
※2：次世代医療基盤法についても、個々人に対する事前通知が必要（本人等の求めに応じて提供停止可能）
社会への還元
病院、診療所、市町村など
地方公共団体
診療
利用の通知
健診
利用の通知
医療情報
研究成果の社会還元
✓ 新薬の開発
✓ 未知の副作用の発見
✓ 健康づくりに効果的な政策の立案
など
患者・国民
※申し出により提供停止が可能
次世代医療基盤法による医療情報の活用の仕組み
大学、製薬企業の研究者など
匿名加工した医療情報
認定事業者
※厳格な審査項目に基づき国が認定
✓ 守秘義務（罰則あり）の適用
✓ 厳格なセキュリティ下での管理
など
厳格な管理と確実な匿名化
研究現場での活用

出典・内閣府健康・医療戦略推進事務局「『次世代医療基盤法』とは」

Q1-7　本法を具体化するための階層構造

Q　本法を具体化するための政令等は、どのような階層構造となっているか。

A　本法には、一部を政令（施行令）又は委員会規則（施行規則）に委任している規定がある。施行令の規定中にもその一部を施行規則に再委任している規定がある。さらに政府の基本方針が閣議決定されており（法７条）、その内容は施行令・施行規則の内容にも反映される。以上の法令等に関し委員会が指針を告示し、汎用指針のほか、個別分野に特化した指針も別途告示しており、それらの指針を補うためにQ&A等も策定・公表している。以上により本法の解釈等が具体化される。以上の指針等は、原則として民間の事業者と行政機関等に区分されている。これらの指針等には、委員会が、①本法（施行令・施行規則を含む）の解釈を示した部分と、②遵守が望まれる事項を示した部分に書き分けられているので、少なくとも①を把握・遵守する必要がある。全体像は〔図表Q1-7-1〕のとおりである。

解説

1　政令への委任

本法に関する政令として施行令がある。令和３年改正による保護３法の本法への統合・一本化に伴い、同年改正前の行個法に関する行個法施行令と、独個法に関する独個法施行令も、本法の施行令に統合・一本化されており、地方公共団体・地方独立行政法人にも適用が及ぶ。

施行令の規定中には施行規則に再委任している事項もある。

〔図表Q1-7-1〕本法を具体化するための階層構造

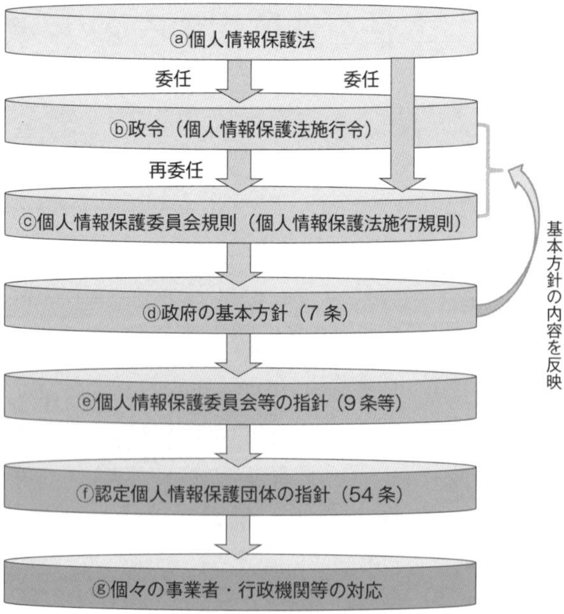

※図中の条項はすべて本法

2　施行規則への委任

施行規則は政令（施行令）の下に位置するが、同年改正による保護3法の本法への統合・一本化に伴い、行個法施行規則・独個法施行規則が、本法に関する委員会規則たる施行規則に一本化された。それらも地方公共団体・地方独立行政法人にも適用が及ぶ。その規定内容には、本法の条項が直接委任しているものと、施行令が再委任している事項がある。

3　政府の基本方針

法7条に基づき、政府の基本方針を委員会が起案して閣議決定する。法令ではなく具体的な権利・義務を定めるものでもない。そのため民間部門に対する拘束力はない。しかし、閣議決定であるから、憲法65条に基づき行政機関に対し拘束力を有しており、その内容は施行令・施行規則にも反映される。

4　委員会の指針

法4条（国の責務）・131条（任務）に基づき、委員会の指針（GL）が策定・告示されている。全体像は**〔図表Q1-7-2〕**のとおりである。

民間部門に対し、両条に加えて法9条に基づく事業者等に対する支援の一環として、委員会が告示として各種の汎用的指針を告示し、法4条・131条に加えて法6条前段に基づき、重点分野に関し特定分野ガイドラインを各所管省庁

〔図表Q1-7-2〕委員会「個人情報の保護に関する法律についてのガイドライン」

対象	分野	指針名	Q&A等
事業者等	汎用的	通則GL	委員会QA 雇用管理分野留意事項
		外国提供GL	
		確認記録GL	
		仮名加工等GL	
		認定団体GL	
行政機関等	汎用的	行政機関等GL	行政機関等事務ガイド
			行政機関等QA
特定分野	金融関連分野	金融GL	金融QA
		金融安全管理実務GL	
		信用GL	
		債権管理回収業GL	
	医療関連分野	医療介護GD	医療介護QA
		健保組合GD	健保組合QA
		国保GD	
		国保連GD	
		個人遺伝情報GL	
	情報通信関連分野	電気通信GL	
		放送GL	
		郵便GL	
		信書便GL	

と共同告示する。また、法4条・131条に加えて法8条に基づき、行政機関等向けにも委員会は行政機関等編を告示する。これらの指針を補うため、Q&A等も策定・公表されている。

以上の指針等は、委員会が、①本法（政令、施行規則を含む）の解釈を示した部分と、②遵守が望ましいとする事項を示した部分とに分かれる旨が明記されている。②に法的強制力がないのに対し、①で示された解釈に基づいて委員会は法第6章第2節に基づく監督監視を行う。一般的には以上の指針のうち、少なくとも①部分に基づいて個人情報等を取り扱うべきである。ただし、当該命令等が争われた場合、最終的には司法判断が下されるので、それに従うべきことは当然である。

5　適用主体ごとによる個別対応

本法は民間事業者か行政機関等かによって適用条項が原則的に異なっており（**Q1-5**参照）、この原則には公的部門の学術研究機関・医療機関に関する特例（例外扱い）がある（**Q1-6**参照）。この構造は施行令、施行規則、そして指針やQ&Aについても同様である。そのため、自己の組織に適用される条項等を見極めて、それに即した対応を行う必要がある。事業者を対象に認定個人情報保護団体制度が設けられており（**Q2-28**参照）、その加盟は各事業者の任意に委ねられているが、加盟した場合には対象事業者として同団体が定める個人情報保護指針等を遵守すべきことになる。

また、本法とプライバシー侵害・名誉毀損等とのダブルトラックになっているので、本法関係のみを遵守しているだけでは必ずしも十分といえない。例えば、個人データに該当しない単なる個人情報の公表は、本法違反とならなくてもプライバシー侵害や名誉毀損等に該当することがある。他の法令でも関連規定が置かれており（例：労働安全衛生法）、その中で自己の組織に適用される条項があれば別途遵守する必要がある。

Q1-8　定義規定

Q　本法に登場する概念の定義規定は、どのような構造か。

A　本法は定義規定を計３箇条に分散配置している（図表Q1-8-1）。第１章（総則）中の法２条が本法全体を貫く定義規定であり、主に民間部門・公的部門に共通適用される概念、そして基本法部分に登場する概念を定義する。他方、法第４章（個人情報取扱事業者等の義務等）中の法16条が民間の事業者に特有の概念を、法第５章（行政機関等の義務等）中の法60条が公的部門たる行政機関等に特有の概念を、それぞれ定義しており、この両条は適用される主体・条項が基本的に異なる。

解説

1　全体に共通する定義規定（法２条）

令和３年改正による保護３法の一本化と地方公共団体への適用拡大に伴い、法２条が改正され、本法全体に共通する概念の定義規定となった。

同条が規定する官民共通の対象情報は、「個人情報」（1項→**Q1-9**参照）、その定義を補う「個人識別符号」（2項→**Q1-10**参照）、「要配慮個人情報」（3項→**Q1-11**参照）、「仮名加工情報」（5項→**Q2-22**参照）、「匿名加工情報」（6項→**Q2-24**参照）、「個人関連情報」（7項→**Q1-12**参照）である。官民共通の「本人」概念についても、個人情報によって識別される特定の個人をいうと定義する（4項）。これらの概念は、同年改正前から保護３法の中でそれぞれ規定されており、概ね同様の内容であった。個人関連情報・仮名加工情報は令和２年改正で本法に新設され、令和３年改正で行政機関等についても対象情報となった。そのため、これらが共通の対象情報として同条で定義された。

他にも同条は「行政機関」（8項）、「独立行政法人等」（9項）、「地方独立行政法人」（10項）、「行政機関等」（11項）といった公的部門関係の適用主体も定義する（以上につき**Q1-5**の〔**図表Q1-5-1**〕参照）。これらの概念は主に第5

章で用いられるが、その全部又は一部は基本法部分（法第1章から第3章までの規定）に登場し、第4章の適用主体たる事業者概念を定義する際にも用いられるので、先行して法2条で定義したものである。

これに対し、法第4章（個人情報取扱事業者等の義務等）に特有の概念については法16条が、法第5章（行政機関等の義務等）に特有の概念については法60条が、それぞれ別途、定義規定として置かれている。法2条が定義していない対象情報等の概念が、別途、両章に登場することによる。

2　個人情報取扱事業者等の義務等（法第4章）に関する定義規定（法16条）

法第4章の冒頭に置かれた法16条が、主として同章に適用される定義規定であり、同章（他の章に置かれた関連規定を含む）に特有の対象情報を定義する。

まず「個人情報データベース等」（1項→**Q2-7**参照）の概念を定義した上、それを用いて「個人データ」（3項→**Q2-7**参照）、それをさらに用いて「保有個人データ」（4項→**Q2-18**参照）を定義する。「個人情報データベース等」（1項）の概念は「個人情報取扱事業者」（2項）の概念の要件であるだけでなく、この概念それ自体が、罰則（法179条）の対象情報でもある。

法16条は、同章が定める義務の適用主体（義務者）として、「個人情報取扱事業者」（2項）、「仮名加工情報取扱事業者」（5項）、「匿名加工情報取扱事業者」（6項）、「個人関連情報取扱事業者」（7項）を定義する（以上について**Q2-3**参照）。他にも、同条8項は、官民双方に同章が適用されることになった「学術研究機関等」を定義する（**Q1-6**参照）。

3　行政機関等の義務等（法第5章）に関する定義規定（法60条）

法第5章の冒頭に置かれた法60条が、主に同章に適用される定義規定である。同条は、同章（他の章に置かれた関連規定を含む）に特有の対象情報として「保有個人情報」（1項）、「個人情報ファイル」（2項）を定義する。両概念は行個法・独個法上の同一概念を、本法への統合・一本化に伴って一部変更しつつ継受したものである。さらに「行政機関等匿名加工情報」（3項）、「行政機関等匿名加工情報ファイル」（4項）を定義する。行個法・独個法上の「非識別加工情報（ファイル）」の名称と一部内容を変更して継受したものであり、「匿名加工情報」（法2条6項）をベースとする。これらの対象情報が同章の義務と紐付けられている。法60条は適用主体たる公的機関に関する定義規定を置いていない。それは既に法2条で定義しているからである。ただし、基本法部分に登場しない適用主体概念として、法63条括弧書で「行政機関の長等」の概念を別途定義している（**Q1-5・3-1**参照）。

4　その他の定義

これらの3箇条以外にも、個々の条項中で定義されている事項がある。まず、定義規定中で他の概念が規定されているケースが複数存在する（例：個人情報の定義規定たる法2条1項は同項1号の中で「記述等」「電磁的記録」を定義）。

さらに、上記「行政機関の長等」概念のように、定義規定以外の条項中で定義しているケースも多い（例：法7条1項括弧書は「基本方針」を定義）。

どちらの場合にも、本法全体に適用される定義（例：法17条1項括弧書による「利用目的」の定義）と、特定の条項だけに適用される定義（例：法28条1項括弧書による「外国」の定義）に分かれる。さらに適用条項によって同一用語の定義内容が異なる場合もある（例：「個人情報取扱事業者等」の定義は法47条1項括弧書と法146条1項括弧書とで異なる）。

以上のとおり、定義規定たる上記3箇条以外にも定義条項があり、適用条項次第で意味する内容が異なる場合があることに留意すべきである。

〔図表Q1-8-1〕本法の定義規定

条項	位置付け
2条	民間事業者・行政機関等に共通する定義事項が中心
16条	民間事業者に特有の定義事項
60条	行政機関等に特有の定義事項

2条：本法全体で用いられる概念の定義条項
官民双方につき「個人情報」の定義を統一（照合による識別性につき容易照合性要件に統一）

16条：令和3年改正前の2条の定義を引き継ぐ（改正後も同条に残されたものを除く）

60条：概ね行個法・独個法の定義が一部変更しつつ引き継がれており、それが自治体関係にも及ぶという形態を採用

Q1-9　個人情報

Q　個人情報とは何か。

A　極めて単純化すると、生存する特定の個人を識別しうる情報をいう（法２条１項）。この概念は、本法の中心概念の地位を占めている。本法に登場する他の対象情報等の諸概念の大部分も、この概念を基に組み立てられているからである。

解説

１「個人情報」の概念

法２条１項が、簡略化すると本問Ａのように定義しており、この定義の全体像は〔**図表Q1-9-1**〕のとおりとなる。令和３年改正によって、後述のとおり事業者・行政機関等に共通して適用される同一の定義内容となった。地方公共団体も条例で異なる概念規定を設けることができないものとされている。

同項の法文は難解なので、これを改めて整理すると、①個人に関する情報であること、②当該個人が生存者であること（生存者性）、③特定の個人を識別しうるものであること（個人識別性）の計３要件をすべて満たすものと再定義しうる（①と②は同項柱書に規定）。

以上の３要件を満たす限り、公開・公知の情報、音声・映像も含まれ、紙の書類か電子データか、本人の国籍・所在地（ただし本法の適用範囲につき**Q2-30**参照）、内容の真偽、通常人なら公表を欲しない事柄かを問わない。

要件①は自然人に関する情報という意味である。そのため、およそ人に関する情報とはいえないものだけでなく（例：特定の山岳の標高）、団体それ自体の情報（例：ある会社の売上高）も除外される一方、その役員や従業員に関する情報は、個人に関する情報となる。

要件②（生存者性）は客観的な要件であり、これによって死者の情報は除外されるが、死者の情報のようにみえても、その相続人・受遺者を本人とする個

〔図表 1-9-1〕個人情報の定義

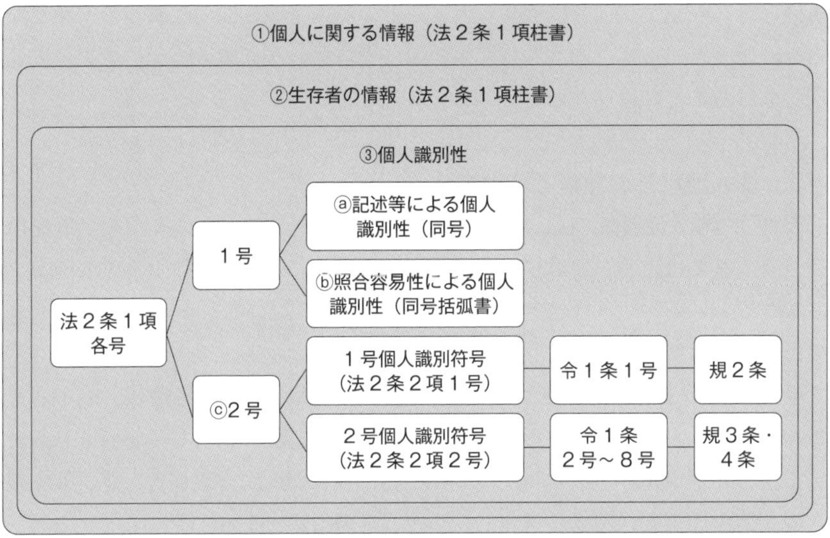

※図中の符号は本文中のそれに対応

人情報となる場合がある（詳細は後述）。胎児も要件②を欠くが、親との関係で同様の問題が生じるほか、出生後は胎児時代の情報も子の個人情報となる。架空人に関する情報も、要件②を満たさず個人情報に該当しない。これに対し、モデル小説の場合には、実在する本人を識別しうる限り個人情報となりうる。

要件②を満たすかどうかは、識別しうる「特定の個人」（本人）が誰なのか（要件③）によって異なりうる。例えば「プロスケーター織田信成氏は戦国武将・織田信長の末裔である」という情報は、信長（非生存者）との関係では個人情報に該当しない。これに対し、信成氏（生存者）との関係では個人情報に該当しうる。このように、誰に関する情報なのかを確定しなければ、その生存者性を判別できないので、論理的には要件③の認定後に要件②を認定することになる。

以上の３要件の有無は個々の取扱時点を基準に判断する。取得時に個人識別性がなくとも、取得後に新たな情報が付加されたため識別性を得た場合、その時点以後は個人情報となりうる。本人の死亡によって、生前に関する情報

（例：生前の業績）であっても、個人情報への該当性を失うので、その死後の取扱い（例：訃報に当該業績を掲載）は本法上の個人情報に関する義務の対象とならない。かといって、本人の生存中の違法な取扱いが、本人の死亡によって適法化されることにはならない。

2　個人識別性の意義と識別方法

要件③（個人識別性）は、特定の個人を識別しうることをいう。実名等を識別できる必要はなく、具体的な人物と情報との間の同一性（「その人」の情報であること）が識別できれば足りる。他方「およそ○○国民というものは……」では「特定の個人」といえない。

最一小判平31・3・18集民261号195頁は、「個人に関する情報」への該当性の有無は、当該情報内容と当該個人との関係を個別に検討して判断されるとした上、相続財産情報（被相続人が生前に銀行へ提出した印鑑届書）が、被相続人の生前の「個人に関する情報」に当たるものであっても、そのことから当該情報が当該相続財産を取得した相続人・受遺者（自己情報開示請求者）に関する「個人に関する情報」に当たるとはいえないと判示した。この判例は「個人に関する情報」への該当性（要件①）に関する基準に言及しているかのようにみえるが、むしろ相続人・受遺者が、当該開示請求に係る対象情報について識別される特定の個人（要件③）とは認められない旨を判示したものといえよう。したがって、端的に特定の個人として相続人・受遺者を本人として識別しうる情報と認められるかについて、実質的には要件③を論じた事例として理解すべきものと思われる。

個人識別性に関する識別方法として、同項は、ⓐ記述等による識別性（1号本文）、ⓑ他の情報と容易に照合ができることによる識別性（同号括弧書）、ⓒ個人識別符号による識別性（2号）の、いずれかを満たせば足りるという趣旨を定めている。ⓐとⓒは特定の情報それ自体に含まれる情報である点で、それに含まれないⓑと異なっている。

上記同一性の有無について、委員会QA1-1は、社会通念上、一般人の判断力や理解力を基準として判断するものとする。個人情報の範囲が際限なく広がることを防ぐため、特殊な能力、機器等を用いてはじめて識別可能となるようなケースを除外する趣旨である。ただし、この基準はⓐを想定したものと思われる。後述するように、ⓑは各事業者の立場によって照合容易性の有無が異なる性格のものであって、ⓒにいう個人識別符号への該当性の有無は、一般人の判断力等と必ずしも関係がないからである。

ⓒは同条2項が別途定義しており、**Q1-10**で解説するものとし、ここではⓐとⓑを説明する。

3　記述等による識別性と照合容易性による識別性

上記ⓐの「記述等」とは、文書、図画若しくは電磁的記録に記載・記録され、又は音声、動作その他の方法で表された一切の事項を、「電磁的記録」とは電磁的方式で作られる記録を、「電磁的方式」とは電子的方式、磁気的方式その他人の知覚によっては認識することができない方式を、それぞれいう（同項1号括弧書）。発信者として「岡村久道」の住所・氏名が記載された手紙やメールが上記ⓐの典型例であるが、顔が識別可能な監視カメラ画像等も該当しうる。「記述等」は個人識別符号（上記ⓒ）を除く（同号括弧書）。それは同項2号で別途規定されているからである。

上記ⓐやⓒを満たさなくとも、他の情報と容易に照合ができるもの（上記ⓑ）であれば、個人識別性が認められる。事業者が、それ自体が個人識別性を有する顧客マスター・データベース（DB）と、それ自体は個人識別性のない商品受発注DBを分けた上、両DBを顧客ごとに割り振ったIDで連結しているような場合である。この場合には、顧客マスターDBそれ自体だけでなく、それを「他の情報」とする商品受発注DB（容易に照合ができるもの）にも個人識別性が認められるとする趣旨である。対象となる顧客が生存する個人であれば、上記①と②の要件も満たすので、両DB全体が個人情報となる。

「容易に」は識別ではなく照合の要件として規定されている。したがって、照合が困難であれば、照合後の識別が容易でも本要件を満たさない。その半面、照合が容易であれば、照合後の識別が必ずしも容易でなくても本要件を満たす。そのため「照合容易性」（容易照合性）と呼ばれている。行個法・独個法は照合容易性を不要（容易でなくとも照合できれば足りる）と規定していた点で本法と異なっていたが、令和3年改正による本法への統合・一本化に伴い、上記ⓒは照合容易性を基準とするという定義内容で官民を問わず統一された。

照合容易性の有無は、通常の業務における一般的な方法で、他の情報と照合しうる状態といえるかどうかが判断基準とされている。そのため、他の事業者への照会を要する場合等であって照会が困難な状態であれば、本要件を満たさない。

先のDBの例では、顧客マスターDBを照合しうるのは当該事業者に限られ、外部の事業者は容易に照合できないことが通常である。このように照合容易性の有無は、それを取り扱う各事業者の立場によって異なるので、相対的なものとなる。一般人の判断力等という上記判断基準が上記ⓑには当てはまらないのも、このような理由による。公的部門も各「行政機関等」が単位となり、他の行政機関等や事業者への照会を要するような場合には照合容易性を欠くので、個人情報への該当性は行政機関等ごとに相対的となりうる。

4　現に特定個人の識別を完了している場合

要件③の文言は「識別することができるもの」であり、実際に「識別された」場合については規定していないようにみえる。そのため、一般人の判断力等では記述等による識別が困難なときや、照合容易性が認められないときでも、現に特定個人の識別を完了してしまった場合に、要件③を満たすといえるか問題となりうる。しかし、もともと個人情報の定義はOECDプライバシーガイドラインに由来しており、そこでは特定の個人を「識別された又は識別されうる」とされている。このガイドラインに基づき旧行個法を制定する際、同趣旨を簡略化した文言が用いられ、それが現行の本法に継受されたという立法経緯がある。したがって、上記③の文言には、当初から「識別された」場合を含むものといってよい。実際に特定個人が識別されてしまった場合には、本法が想定する本人の権利利益侵害のおそれが格段に高まる。GDPR4条（1）号も、個人データを「識別された自然人又は識別可能な自然人」と規定し、現に識別を完了した場合を明文で含めている（しかも照合容易性がなくとも足りる）。

5　統計情報との関係

統計情報について、通則GL 2-8は「特定の個人との対応関係が排斥されている限りにおいては、『個人に関する情報』に該当するものではない」とする。

たしかに「○○県□□村の野菜品種ごとの畑の面積」のような統計情報は要件①を満たさない。これに対し、例えば住民数1,000人の「□□村における住民の年齢割合」のような情報は、「特定の個人との対応関係が排斥されている」かどうかという点で、要件③（個人識別性）が問題となる。「60歳台以上の住民の割合が35％」であれば、どの特定の住民が該当するのか不明なので「特定の個人との対応関係が排斥されている」といえよう。しかし、前記割合を100％とする場合には「排斥されている」とはいえない。「特定の個人」たる「個々の村民全員」が60歳代以上であるという属性を示す個人情報となるからである（ただし誰が村民なのかという識別性の問題は残る）。このように考えると「特定の個人との対応関係」の有無によって決することは妥当であるとしても、「個人に関する情報」への該当性を左右するかのような書きぶりは、やや混乱を生むおそれのある表現といえよう。

6 他の対象情報等との関係

本法において、個人情報は、それ自体が義務の対象情報となるだけでなく、㋐要配慮個人情報（法2条3項）、㋑個人情報データベース等（法16条1項）、㋒個人データ（同条3項）、㋓保有個人データ（同条4項）、㋔保有個人情報（法60条1項）、㋕個人情報ファイル（同条2項）に該当するための要件でもある。ただし、㋓は㋒を、㋕は㋔を介して間接的に個人情報を要件としている。

他に、㋖個人関連情報（法2条7項）も、要件①と②は満たすが、提供元では要件③を満たさない半面、提供元が事業者の場合には㋒として（法31条1項）、行政機関の長等の場合には個人情報として（法72条）、第三者（提供先）が取得することが想定される情報という点で、個人情報性と関係する。㋗仮名加工情報（法2条5項）、㋘匿名加工情報（同条6項）も、個人情報を加工して得られる個人に関する情報であり、特に㋗は個人情報にも同時に該当する場合もある（法41条1項括弧書）。㋙行政機関等匿名加工情報（法60条3項）は㋘を、㋚行政機関等匿名加工情報ファイル（同条4項）は㋙を介して、間接的に個人情報の加工を前提としている。

さらに個人情報によって識別される特定の個人を本人と定義しており（法2

条4項)、各事業者の概念も前記対象情報を介して定義されているという点で、間接的には個人情報の概念が用いられている(法16条2項・5項～7項)。

以上のとおり、個人情報の概念は本法の中心概念といえよう。

EUのGDPRの対象情報たる「個人データ」との違いは次の**Q1-10**において詳論する。

7 「個人情報等」の概念

関連用語として、本法には「個人情報等」の概念も幾度か登場する。

これを法146条1項括弧書は、個人情報、仮名加工情報、匿名加工情報又は個人関連情報の総称として規定しており、法第6章第2節第1款(個人情報取扱事業者等の監督)・第3款(行政機関等の監視)に適用される。この両款は、これらすべてを対象情報とする取扱いが委員会による監督監視の対象となることを反映している。

これに対し、法47条1項括弧書は、法146条1項括弧書の情報から個人関連情報を除いたものを「個人情報等」と総称しており、法第4章のうち同条以下の規定に適用される。同条が含まれる同章第5節が定める認定個人情報保護団体が、個人関連情報取扱事業者を対象事業者に含めていないことを反映している。法47条1項括弧書が「以下この章において」と規定しているため、同章第6節中の法57条1項も、法47条1項括弧書と同様の「個人情報等」概念を用いた上、「個人情報等及び個人関連情報」を対象情報としているので、結局、法57条1項の対象情報の範囲は、法146条1項括弧書と実質的に変わらない。

なお、法第5章第2節・128条の各表題中にも「個人情報等」という言葉が登場するが、法47条1項括弧書・法146条1項括弧書のいずれも適用条項としていないが、規定内容中には用いられていないので、表題の意味が条項の内容を左右するものではないという意味では、特段の不都合はない。

Q1-10　個人識別符号

Q　個人識別符号とは何か。

A　法2条2項1号又は2号に該当する符号のうち、政令で定めるものをいう（法2条2項柱書）。これを含んでいれば、生存する個人に関する情報は個人情報に該当する。

解説

1　個人識別符号の制度趣旨

法2条1項は、「個人情報」を、生存する個人に関する情報であって同項各号のいずれかに該当するものをいうと定義する（Q1-9参照）。同項2号が「個人識別符号が含まれるもの」と規定することを受けて、同条2項が「個人識別符号」を定義している。

ICTの飛躍的な進展によって「個人情報」の範囲が曖昧化（グレーゾーン化）してきたので、その利活用を事業者が躊躇している状況を改善するため明確化を図る趣旨から、本法に平成27年改正で、行個法・独個法に平成28年改正で、それぞれ同一内容の定義規定が新設されていた。それらが保護3法の本法への一本化によって、事業者・行政機関等に共通の概念として引き継がれたものである。

法2条2項各号も個人識別性要件に関するものなので、特定の個人を識別しうるものであることを明文で要件としている。同項に該当しない符号は個人識別符号に該当しないが、他の記述等や照合容易性による識別性（同条1項1号）が認められれば、個人情報となりうる。また、提供先次第では、個人関連情報として法31条・72条の適用対象となりうる。

個人情報を仮名加工情報・匿名加工情報に加工するためには、その個人情報に個人識別符号が含まれていれば、その全部を削除（当該個人識別符号を復元可能な規則性のない方法により他の記述等に置き換えることを含む）する必要がある

(法2条5項2号・6項2号)。

2　1号個人識別符号

法2条2項1号は、特定の個人の身体の一部の特徴を電子計算機の用に供するために変換した符号であって、当該特定の個人を識別しうるものと規定する。電子計算機用の生体認証情報が、典型例として想定されている。

まず、「特定の個人の身体の一部の特徴」であるから、個人に割り当てたIDや社員番号は該当しない。

次に、それを「電子計算機の用に供するために変換した……符号」であるから、特定の横綱の手形色紙は該当しない。

さらに政令で定めるものに限るので(同項柱書)、令1条1号は、**〔図表Q1-10-1〕**のとおり、同号イからトまでに掲げる身体の特徴のいずれかを電子計算機の用に供するために変換した符号であって、特定の個人を識別するに足りるものとして委員会規則で定める基準に適合するものと規定する。

その基準について、規2条は、特定の個人を識別しうる水準が確保されるよう、適切な範囲を適切な手法により電子計算機の用に供するために変換することとする。「適切な範囲を適切な手法により……変換」について、通則GL2-2は同表右列のとおりとした上、令1条1号イからトまでに加えて、チ(組合せ)を付加している。なお「本人を認証することができるようにしたもの」とは、登録された顔の容貌やDNA、指紋等の生体情報をある人物の生体情報と照合することで、特定の個人を識別しうる水準である符号を想定しており(委員会QA1-22)、「本人を認証することを目的とした装置やソフトウェアにより、本人を認証することができるようにしたもの」とは、「本人を認証することができるだけの水準がある」という趣旨にすぎず、事業者が実際に認証を目的として取り扱っている場合に限定しているものではない(委員会QA1-23)。

3　2号個人識別符号

法2条2項2号は「個人に提供される役務の利用若しくは個人に販売される商品の購入に関し割り当てられ、又は個人に発行されるカードその他の書類に記載され、若しくは電磁的方式により記録された……符号であって、その利用

〔図表 Q1-10-1〕1 号個人識別符号（令 1 条 1 号）

次に掲げる身体の特徴のいずれかを電子計算機の用に供するために変換した文字、番号、記号その他の符号であって、特定の個人を識別するに足りるものとして委員会規則で定める基準に適合するもの	令 1 条 1 号の委員会規則で定める基準は、特定の個人を識別することができる水準が確保されるよう、適切な範囲を適切な手法により電子計算機の用に供するために変換することとする（規 2 条）。 上記基準に適合し、個人識別符号に該当することとなるものについて、通則 GL2-2 は以下のとおりとする。なお「本人を認証することができるようにしたもの」とは、登録された顔の容貌や DNA、指紋等の生体情報をある人物の生体情報と照合することで、特定の個人を識別しうる水準である符号を想定しており（委員会 QA1-22）、「本人を認証することを目的とした装置やソフトウェアにより、本人を認証することができるようにしたもの」とは、「本人を認証することができるだけの水準がある」という趣旨であり、事業者が実際に認証を目的として取り扱っている場合に限定しているものではない（委員会 QA1-23）。
イ　細胞から採取されたデオキシリボ核酸（別名 DNA）を構成する塩基の配列	ゲノムデータ（細胞から採取されたデオキシリボ核酸（別名 DNA）を構成する塩基の配列を文字列で表記したもの）のうち、全核ゲノムシークエンスデータ、全エクソームシークエンスデータ、全ゲノム一塩基多型（single nucleotide polymorphism：SNP）データ、互いに独立な 40 箇所以上の SNP から構成されるシークエンスデータ、9 座位以上の 4 塩基単位の繰り返し配列（short tandem repeat：STR）等の遺伝型情報により本人を認証することができるようにしたもの
ロ　顔の骨格及び皮膚の色並びに目、鼻、口その他の顔の部位の位置及び形状によって定まる容貌	顔の骨格及び皮膚の色並びに目、鼻、口その他の顔の部位の位置及び形状から抽出した特徴情報を、本人を認証することを目的とした装置やソフトウェアにより、本人を認証することができるようにしたもの
ハ　虹彩の表面の起伏により形成される線状の模様	虹彩の表面の起伏により形成される線状の模様から、赤外光や可視光等を用い、抽出した特徴情報を、本人を認証することを目的とした装置やソフトウェアにより、本人を認証することができるようにしたもの
ニ　発声の際の声帯の振動、声門の開閉並びに声道の形状及びその変化	音声から抽出した発声の際の声帯の振動、声門の開閉並びに声道の形状及びその変化に関する特徴情報を、話者認識システム等本人を認証することを目的とした装置やソフトウェアにより、本人を認証することができるようにしたもの
ホ　歩行の際の姿勢及び両腕の動作、歩幅その他の歩行の態様	歩行の際の姿勢及び両腕の動作、歩幅その他の歩行の態様から抽出した特徴情報を、本人を認証することを目的とした装置やソフトウェアにより、本人を認証することができるようにしたもの
ヘ　手のひら又は手の甲若しくは指の皮下の静脈の分岐及び端点によって定まるその静脈の形状	手のひら又は手の甲若しくは指の皮下の静脈の分岐及び端点によって定まるその静脈の形状等から、赤外光や可視光等を用い抽出した特徴情報を、本人を認証することを目的とした装置やソフトウェアにより、本人を認証することができるようにしたもの

ト　指紋又は掌紋	（指紋）指の表面の隆線等で形成された指紋から抽出した特徴情報を、本人を認証することを目的とした装置やソフトウェアにより、本人を認証することができるようにしたもの （掌紋）手のひらの表面の隆線や皺等で形成された掌紋から抽出した特徴情報を、本人を認証することを目的とした装置やソフトウェアにより、本人を認証することができるようにしたもの
チ　組合せ（通則 GL2-2）	令１条１号イからトまでに掲げるものから抽出した特徴情報を、組み合わせ、本人を認証することを目的とした装置やソフトウェアにより、本人を認証することができるようにしたもの

者若しくは購入者又は発行を受ける者ごとに異なるものとなるように割り当てられ、又は記載され、若しくは記録されることにより、特定の利用者若しくは購入者又は発行を受ける者を識別することができるもの」と定める。1号個人識別符号と異なり生体情報・電子計算機用情報に限られない。

この政令委任を受けて、令1条2号以下が定めており、同条7号・8号は委員会規則に再委任している。令1条は旅券番号（2号）、基礎年金番号（3号）、運転免許証番号（4号）、住民票コード（5号）、個人番号（6号）、国民健康保険・高齢者医療及び介護保険の被保険者証記載事項（7号）、これらに準ずるものとして委員会規則で定めるもの（8号）とする。令1条7号に関し規3条、令1条8号に関し規4条が定めており、これを単純化すると、各種被保険者証の記号・番号・保険者番号は、3つ（記号がない被保険者証の場合は2つ）揃うことによって特定の個人を識別することができ、個人識別符号に該当することになる（委員会 QA 1-26）。

4　個人識別符号とされなかったもの

携帯電話番号、クレジットカード番号、メールアドレス、国家資格の登録番号、血液型、性別、筆跡、署名、運転免許証番号（令1条4号）以外の免許証番号等については、いずれも個人識別符号とされなかった。したがって、これらを含めて「識別子」と位置付けることによって個人データへの該当性を認める GDPR よりも狭い。しかし、その情報に含まれる他の記述等や照合容易性による識別性（法2条1項1号）のため該当して個人情報となる場合や、それ以外にも個人関連情報（法2条7項→**Q1-12** 参照）に該当する場合がある。

5 GDPR・ePrivacy 指令との違い

GDPR4条（1）号には、「識別子」という個人識別符号と類似した概念が登場する。同号は、「個人データ」とは、識別された自然人又は識別可能な自然人（「データ主体」）に関する情報をいうとした上、識別可能な自然人とは、特に、氏名、識別番号、位置データ、オンライン識別子のような識別子を参照することにより、又は、当該自然人の身体的、生理的、遺伝的、精神的、経済的、文化的又は社会的な同一性を示す一つ又は複数の要素を参照することにより、直接的又は間接的に識別されうる者と定義する。「識別番号、位置データ、オンライン識別子」という例示のように、本法の個人識別符号よりも広い概念である。

GDPRの「個人データ」概念は、照合容易性が不要な点に加え、「識別子」概念の広さが象徴するように、日本法（本法）の「個人情報」概念と比べて広い。そのため、本法の「個人情報」に該当しない情報でも、GDPRの「個人データ」に該当しうる。GDPRは、日本の事業者でも、そのEU内に置かれた子会社等のように、EU 域内の管理者又は処理者の「拠点」の活動の過程における個人データの取扱いに該当すれば適用される（GDPR 3条1項）。日本国内からEU 域内のデータ主体に対する物品・サービスの提供、又は、EU域内で行われるデータ主体の行動の監視にも域外適用される（同条2項）。そのため、わが国の事業者としても、これらのようにGDPRが適用される場面が想定される場合には、日本法（本法）への法令遵守を中心としつつ、GDPRが適用される場合を対象に、GDPRの対象情報たる「個人データ」に、対象情報を拡大した特則的な対応を行う必要がある。さらにePrivacy 指令5条3項は、ユーザーの端末情報（例：Cookie）の保存・読み出しにつき、厳密に必須な技術的な場合を除き、明確かつ包括的な事前説明に基づくユーザーの事前同意を要求しており、これに基づきEU 加盟諸国は国内法を整備する。GDPR4条11項に基づき、この同意は自由に与えられ、特定され、事前説明を受けた上での不明瞭ではないものである必要がある。各国の国内法に幅が見受けられるため、直接適用を目的に、さらなるCookie 設定等規制の厳格化を目指して、その後継として、直接適用されるePrivacy 規則案が、採択に向けて協議されている。

Q1-11　要配慮個人情報

Q　要配慮個人情報とは、どのような内容のものか。

A　本人の人種、信条、社会的身分、病歴、犯罪の経歴、犯罪により害を被った事実その他本人に対する不当な差別、偏見その他の不利益が生じないようにその取扱いに特に配慮を要するものとして政令で定める記述等が含まれる個人情報をいい（法２条３項）、全体像は〔図表Q1-11-1〕のとおりである。

解説

1　制度趣旨

本条の制度趣旨は次のとおりである。

EU等では、センシティブ情報（機微情報）が厳格に規制されている（GDPR9条・10条参照）。わが国でも本法制定時に同様の規制導入が議論されたが、類型的な定義の困難性、機微情報でも取り扱う必要がある場合があること等を理由に、本法への導入は見送られた。しかし、EU等との国際的調和等の観点から、平成27年改正によって、機微情報の一部が「要配慮個人情報」の名称で新たに規制対象となった。正当な理由なく取り扱うことによって差別や偏見が生じるおそれがあるため、特に慎重な取扱いが求められる個人情報を類型化したものである。行個法・独個法にも平成28年改正によって要配慮個人情報とそれを対象情報とする規定が新設された。この段階で保護3法の要配慮個人情報概念は同一であった。そのため令和3年改正によって保護3法が統合・一本化された際、官民共通の概念として要配慮個人情報概念の定義規定が全体の定義規定（法2条）中の同条3項に置かれた。ただし、保護3法では要配慮個人情報に対する規制内容が異なっていた。それを継受して、本法でも事業者に関する法第4章と、行政機関等に関する法第5章で規制内容が異なっている（Q1-5参照）。

2 要配慮個人情報の概念

要配慮個人情報を定義する法2条3項の内容は、本問Aに記載したとおりである。個人情報に該当することが要件であるから、死者の情報、個人識別性がない情報のように個人情報に該当しなければ要配慮個人情報にも該当しない。

本法に登場する多様な種類の対象情報は、情報の内容ではなく、主として処理形式・存在形式・開示等の権限の有無という内容中立的な区分を原則としている。これに対し要配慮個人情報は、専ら個人情報の内容の機微性に着目した区分である点で特異な性格を有している。単なる推知情報（例：宗教に関する書籍の購買や貸出しに係る情報等）にとどまる場合は、要配慮個人情報に該当しない（通則GL2-3）。本人の素振りから外形上、障害や疾患（令2条1号）の事情が推知されるにすぎないような場合も、推知情報にとどまるものとして、要配慮個人情報に非該当とされている（委員会QA4-8）。ただし、後に確定情報となるに至った時点で該当しうる上、推知情報の段階でも、要配慮個人情報に該当しなくとも、個人情報には該当しうる。

一部が政令委任されているため、令2条が規定している。それを含めた全体像は〔**図表Q1-11-1**〕のとおりである。

3 条例要配慮個人情報

地方公共団体は、地方公共団体の機関又は地方独立行政法人が保有する個人情報のうち、地域特性などの事情に応じて、本人への不当な差別、偏見その他の不利益が生じないように取扱いに特に配慮を要する記述等を含むものを、「条例要配慮個人情報」として条例で定めることができる（法60条5項）。

ボーダレスな現代であっても、国内の地域ごとに歴史・文化等も異なり、差別、偏見等の有無・内容が異なるという実情が存在することを反映したものである。

条例要配慮個人情報を定めたときは、個人情報ファイル簿の記載事項となる（法75条1項・4項）。条例要配慮個人情報が含まれる保有個人情報の漏えい等（そのおそれを含む）の事態が生じれば、委員会への報告等の義務が生じる（法68条1項・規43条5号）。条例要配慮個人情報に関する条例の規定は、当該条

〔図表Q1-11-1〕要配慮個人情報（法2条3項・令2条）

事　項	意義（通則GL2-3）
①人種	人種、世系又は民族的若しくは種族的出身を広く意味し、単純な国籍や「外国人」という情報は法的地位であり、それだけでは人種には含まず、肌の色は人種を推知させる情報にすぎないため人種には含まない。
②信条	個人の基本的なものの見方、考え方を意味し、思想と信仰の双方を含む。
③社会的身分	ある個人にその境遇として固着していて、一生の間、自らの力によって容易にそれから脱しえないような地位を意味し、単なる職業的地位や学歴は含まない。
④病歴	病気に罹患した経歴を意味するもので、特定の病歴を示した部分（例：特定の個人ががんに罹患している、統合失調症を患っている等）が該当。
⑤犯罪の経歴	前科、すなわち有罪の判決を受けこれが確定した事実が該当。
⑥犯罪により害を被った事実	身体的被害、精神的被害及び金銭的被害の別を問わず、犯罪の被害を受けた事実を意味する。具体的には、刑罰法令に規定される構成要件に該当しうる行為のうち、刑事事件に関する手続に着手されたものが該当。
⑦その他本人に対する不当な差別、偏見その他の不利益が生じないように、その取扱いに特に配慮を要するものとして政令で定める記述等が含まれる個人情報	令2条が規定。 ・心身の機能の障害（1号） ・健康診断等の結果（2号） ・診療情報・調剤情報（3号） ・刑事事件に関する手続（4号） ・少年の保護事件に関する手続（令2条5号）

例を定めた地方公共団体及び、その設立する地方独立行政法人が保有する個人情報に限って適用され、条例要配慮個人情報に関し、本法を超えて地方公共団体による取得や提供等について固有ルールの付加や、事業者等における取扱いへの固有ルールの設定は認められないとする（行政機関等GL4-2-6）。

4　補完的ルール

EU又は英国域内から十分性認定に基づき提供を受けた個人データに、GDPR及び英国GDPRそれぞれにおいて特別な種類の個人データと定義されている性生活、性的指向又は労働組合に関する情報が含まれる場合には、個人情報取扱事業者は、当該情報を要配慮個人情報と同様に取り扱う（補完的ルール4頁）。これはGDPR等の十分性認定を受けるために行われた追加的規律とされている。

5　金融・信用関連分野と機微（センシティブ）情報

金融GL5条は金融分野における個人情報取扱事業者について、信用GL Ⅱ 2 ⑵は与信事業者について、「機微（センシティブ）情報」を、取得、利用又は第三者提供を行わないこととしているが、除外事由が定められている（以上は債権回収会社に関し債権管理回収業GL第4もほぼ同様）。

「機微（センシティブ）情報」とは、法2条3項に定める要配慮個人情報並びに労働組合への加盟、門地、本籍地、保健医療及び性生活（これらのうち要配慮個人情報に該当するものを除く）に関する情報（本人、国の機関、地方公共団体、学術研究機関等、法57条1項各号若しくは規6条各号に掲げる者により公開されているもの、又は、本人を目視し、若しくは撮影することにより取得するその外形上明らかなものを除く）をいう。要配慮個人情報には該当しない労働組合への加盟、性生活が機微（センシティブ）情報に含まれる点で、GDPR9条の「特別な種類の個人データ」概念と同様である。

6　要配慮個人情報に関する義務

事業者が負う義務については、行政機関等との違いも含め、**Q2-5**で解説する。

Q1-12　個人関連情報

Q　個人関連情報とは何か、どのような義務の対象となるか。

A　法２条７項が定義する。本法は個人関連情報の提供元に対し義務を課している。まず、事業者は、個人関連情報データベース等を構成する個人関連情報を第三者提供する際に、本人同意を取得済みであることの確認義務、その第三者提供記録の作成・保存義務を負う（法31条）。行政機関の長等も、個人関連情報の提供を受ける者に対する措置要求義務を負う（法72条）。

解説

1　個人関連情報

個人関連情報とは、生存する個人に関する情報であって、個人情報、仮名加工情報、及び匿名加工情報のいずれにも該当しないものをいう（法2条7項）。

同項は「生存する個人に関する情報」と規定するので、個人情報の要件（**Q1-9**参照）と比べて、①個人に関する情報であること、②当該個人が生存者であること（生存者性）の各要件を満たす限度で共通する。他方、個人情報に該当しないものという同項の文言から、個人情報に関する要件③（個人識別性）を、提供元において個人関連情報は満たさない点で個人情報と区別される。このように要件①と②は満たすが要件③を満たさない情報には、他にも匿名加工情報や仮名加工情報（より正確には要件③を満たして個人情報にも該当するものもある）が含まれうるが、それらの情報に関し本法は別に規定を設けているので、当該規定に委ねるため、同項は個人関連情報から除外している。

本法は、事業者が個人データを第三者提供する場合に、提供元に本人同意の取得義務を負わせている（法27条・28条）。行政機関の長等が保有個人情報を提供するときも、その提供を制限した上（法69条）、提供先に対する措置要求義務を課している（法70条）。ところが、委員会は、提供の際における個人識別性の有無を、提供先ではなく提供元を基準に判断するという考え方に立っている。この提供元基準説によれば、提供元が個人識別性を有しなければ、個人情報に該当せず、個人データ・保有個人情報にも該当しないから、提供先が個人識別性を有する場合でも、その提供に前記各条による規制が及ばなくなる。しかし、本法が提供を規制する趣旨は、本人の意思に基づかない情報流通から個人の権利利益を保護することにあるので、提供元に個人識別性がなくても提供先にあれば、個人の権利利益に対する脅威は格段に高まる。そこで、この間隙を埋めるため、個人関連情報制度が令和2年改正で本法に事業者を対象に導入され、令和3年改正で行政機関等の長にも義務が別途定められた。

本制度が新設された契機は大手就職サイト事件であった。この事件を単純化して説明すると、同サイト運営企業が、各求職者について契約企業固有の応募者管理ID、Cookie情報を当該契約企業から受け取った上、同サイトにおける「業界ごとの閲覧履歴」を、ウェブアンケートと同サイトのCookie情報で紐づけて内定辞退率スコアを算出し、それを本人の同意なく当該契約企業に提供したというものであった。委員会は、同サイト運営企業から契約企業への提供について、同サイト運営企業が「内定辞退率の提供を受けた企業側において特定の個人を識別できることを知りながら、提供する側では特定の個人を識別できないとして、個人データの第三者提供の同意取得を回避しており、法の趣旨を潜脱した極めて不適切なサービス」等として、令和元年12月、同サイト運営企業等に是正を求める勧告を行った(契約企業から同サイト運営企業への提供にも問題があるとして、同時に委員会は契約企業に対し指導)。

本制度は適用主体が事業者か、行政機関の長等かによって、次のとおり義務の内容が異なっている。

2 事業者の義務(法31条)

個人関連情報のうち、個人関連情報データベース等を構成するものについては、法31条が適用される。提供元側の事業者は、提供先が個人データとして利用することが想定されるときは、法27条1項各号に掲げる場合を除き、その提供について提供先が本人同意を取得しているかどうかの確認義務を負う(法31条1項)。

提供元が負うべき確認義務という規定形式でも、その内実は、提供先で個人識別性が認められる情報の流通には、本人の事前同意を要するものとする趣旨の制度である。したがって、自己情報コントロール権の考え方を、実質的に取り入れたものといえよう。このような本人同意によって決するという趣旨に照らすと、この同意は提供先に代行して提供元が取得する方法でも足りる。

同条が対象情報を、個人関連情報データベース等を構成するものに限定した理由は、本来の第三者提供が、対象情報を個人データ（法16条3項は「個人情報データベース等を構成する個人情報」と定義）に限定していることとの均衡を図るためである。個人関連情報データベース等とは、個人関連情報を含む情報の集合物であって、特定の個人関連情報を電子計算機を用いて検索することができるように体系的に構成したものその他特定の個人関連情報を容易に検索することができるように体系的に構成したものとして政令で定めるものをいう（法16条7項括弧書）。令8条は、目次、索引その他検索を容易にするためのものを有するものをいうとする。いずれにせよ、個人関連情報が単なる散在情報にすぎないときは、その提供に本条は適用されない。

確認事項は、提供先が国内にある場合には法27条1項に相当する同意（法31条1項1号）、外国にある場合には法28条1項に相当する同意（法31条1項2号）に区分される。

この確認の際、提供元に対して、提供先は当該確認事項を偽ってはならず（法31条3項による法30条2項の読み替えによる準用）、違反者は10万円以下の過料の対象となる（法185条）。確認事項の正確性確保のための規定である。

法31条1項の「個人データとして取得することが想定されるとき」とは、前記対象情報について、①提供先において個人データとして取得するものであること、かつ、②そのことが提供元において想定されることをいう。「想定される」とは、提供元が現に認識しているか、一般人の認識を基準に通常想定できる場合をいう（通則GL3-7-1）。これらの基準時は提供時点である（委員会QA8-4）。提供時点で提供先にとって個人データに該当しない場合には、その後に提供先が個人識別性を具備して個人データに該当するに至った場合でも、前記要件①を満たさない。提供先にとって個人データに該当する場合でも、提供時点で提供元にとって想定されるものでなかったときは、提供後にはじめて提供元にとって想定される状況に至った場合でも、前記要件②を満たさず、法31条は適用されない。

提供元は、この確認を行ったときは、委員会規則に従って、当該個人データを提供した年月日、当該確認に係る事項その他の委員会規則で定める事項に関する記録作成義務を負う（本条3項により法30条2項から4項までの規定を一部読み替えて準用）。この記録の作成方法は規27条、記録事項は規28条参照。保存期間は作成日から原則として3年間である（規29条）。

提供先となる個人情報取扱事業者は、個人データの第三者提供を受けた場合として法30条が適用され、記録の作成・保管義務を負う。

3　行政機関の長等の義務（法72条）

行政機関の長等は、第三者に個人関連情報を提供する場合であって、当該第三者が当該個人関連情報を個人情報として取得することが想定される場合において、必要があると認めるときは、当該第三者に対し、提供に係る個人関連情報について、その利用の目的若しくは方法の制限その他必要な制限を付し、又はその漏えいの防止その他の個人関連情報の適切な管理のために必要な措置を講ずることを求めるものとする（法72条）。

同条の「個人情報として取得することが想定される場合」の判断基準は、法31条1項の場合と同様であるから、同条の解説を参照されたい。ただし、対象情報を、提供元にとって個人関連情報データベース等を構成するものに限られないこと、提供先にとって「個人データ」ではなく「個人情報」とする点で、事業者の場合に関する法31条と異なっている。これは行政機関等の場合には「個人データ」概念が登場せず、かといって「第三者」は官民を問わないこと、提供に関する義務内容が異なっていることを反映したものであろう。

法72条の「必要な制限」「必要な措置」として、利用目的・方法の制限、提供に係る個人関連情報の取扱者の範囲の限定、第三者への再提供の制限・禁止、消去や返却等利用後の取扱いの指定、提供に係る個人関連情報の取扱状況に関する所要の報告要求等が想定される（行政機関等事務ガイド4-7-1）。

第2章

事業者の義務等

Q2-1 事業者の義務等を定める法第4章の概要

Q　事業者の義務等を定める法第４章の概要はどのような構造か。

A　同章は全６節から構成される。第１節は同章特有の概念に関する定義規定である。それに続き、対象情報が、個人情報（個人データ・保有個人データを含む）又は個人関連情報であれば第２節、仮名加工情報であれば第３節、匿名加工情報であれば第４節が事業者の義務を規定する。第５節は認定個人情報保護団体に関する規定であり、第６節は「雑則」である。同章以外にも事業者の義務に関連する規定がある。各対象情報の概要につき〔図表Q2-1-1〕参照。

解説

1　法第４章の基本構造

現行の法第4章は全6節から構成される。幾度かにわたる本法改正の都度、節だけでなく条項の番号・規定内容が変動している。以下、同章に置かれた制度等の導入時における条項番号・規定内容ではなく、令和3年改正全面施行後の条項番号・規定内容に基づいて解説する。

まず、冒頭の第1節「総則」(16条) は、同章特有の概念を定義している (**Q1-8** 参照)。

第2節「個人情報取扱事業者及び個人関連情報取扱事業者の義務」(17条〜40条) は、個人情報取扱事業者に関し、①個人情報に関する義務 (17条〜21条・40条)、②個人データに関する義務 (22条〜30条)、③保有個人データに関する権利・義務 (32条〜39条) を規定している。①の個人情報のうち要配慮個人情報が平成27年改正で登場し、定義規定 (2条3項→**Q1-11** 参照) とともに、法20条2項と27条2項但書が新設された。②に関係する規定として、令和2年改正で31条 (個人関連情報の第三者提供の制限等) が新設された (**Q1-12** 参照)。

第3節「仮名加工情報取扱事業者等の義務」（41条・42条→**Q2-22・2-23**参照）は令和2年改正で、第4節「匿名加工情報取扱事業者等の義務」（43条～46条→**Q2-24・2-25**参照）は平成27年改正で新設された制度である（両者の違いにつき**Q2-26**参照）。

第5節「民間団体による個人情報の保護の推進」（47条～56条）は、本法制定時から設けられている認定個人情報保護団体に関する規定である（**Q2-28**参照）。

最後に第6節「雑則」（57条～59条）は、同章の包括的適用除外を定めた57条（**Q2-29**参照）、本来は公的部門に属する学術研究機関・医療機関について、令和3年改正で原則として民間部門並の扱いとなったが、58条は同章の一部適用除外等を規定しており、59条は学術研究機関等の自主的取組に関する責務に関する規定である（**Q1-6**参照）。

2　法第4章に特有の概念に関する定義

本法全体に共通する概念を法2条が定義するのに対し（**Q1-8**参照）、法第4章第1節「総則」（16条）は主として法第4章に特有の概念に関する定義規定である。①個人情報データベース等（1項）、②個人情報取扱事業者（2項）、③個人データ（3項）、④保有個人データ（4項）、⑤仮名加工情報取扱事業者・仮名加工情報データベース等（5項）、⑥匿名加工情報取扱事業者・匿名加工情報データベース等（6項）、⑦個人関連情報取扱事業者・個人関連情報データベース等（7項）、⑧学術研究機関等（8項→**Q1-6**参照）の各概念を定義する。

他にも同章の各条項中で定義しているものがある。利用目的（17条1項→**Q2-4**参照）、学術研究目的（18条3項5号→**Q1-6**参照）、相当措置（28条1項→**Q2-16**参照）、第三者提供記録（33条5項→**Q2-17・2-20**参照）、訂正等（34条1項→**Q2-20**参照）、利用停止等（35条1項→**Q2-20**参照）、開示等の請求等（37条1項→**Q2-20**参照）、個人情報取扱事業者等（47条1項→**Q2-3**参照）、対象事業者（同項1号→**Q2-28**参照）、認定個人情報保護団体（51条1項→**Q2-29**参照）、認定業務（同項→**Q2-28**参照）、個人情報保護指針（54条1項→**Q2-28**参照）等である。これらは特定の節や条項のみを対象としている点で、同章全体に関する16条と異なっている。

3　法第４章に登場する各種の義務者

同章には、個人情報取扱事業者をはじめ、多様な「○○情報取扱事業者」が義務者として規定され、上述のとおり法16条で定義されている。しかし、事業者であれば、その種類を問わず、当該定義中において公的部門を原則的に除外する点で共通していること（**Q1-5**・**Q1-6**参照）を把握しておけば足りる（その理由は**Q2-3**参照）。そのため、本書では、以下、「○○情報取扱事業者」

〔図表Q2-1-1〕法第４章の主たる対象情報

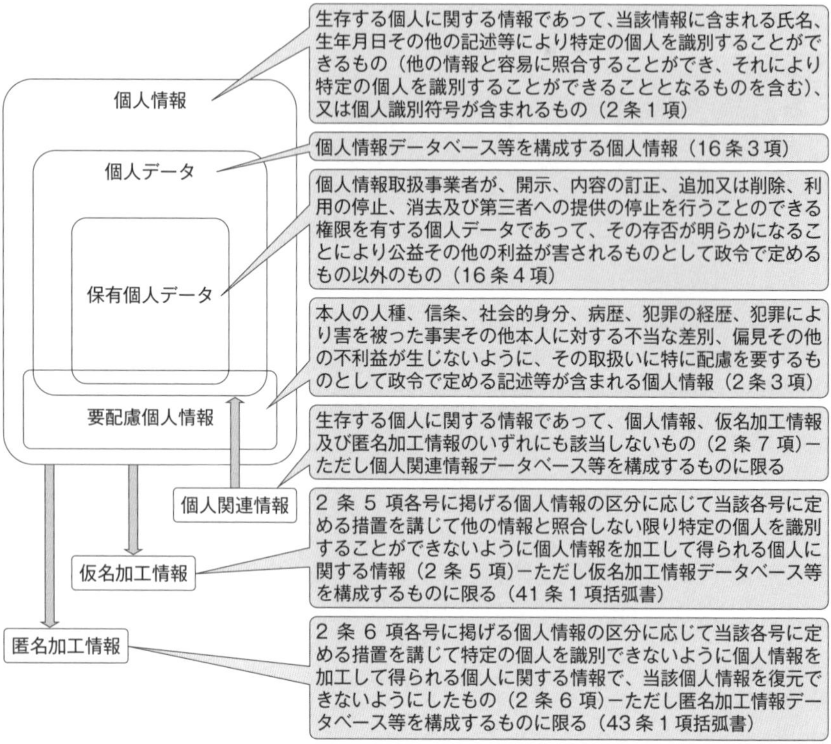

個人情報
生存する個人に関する情報であって、当該情報に含まれる氏名、生年月日その他の記述等により特定の個人を識別することができるもの（他の情報と容易に照合することができ、それにより特定の個人を識別することができることとなるものを含む）、又は個人識別符号が含まれるもの（２条１項）
個人データ
個人情報データベース等を構成する個人情報（16条３項）
保有個人データ
個人情報取扱事業者が、開示、内容の訂正、追加又は削除、利用の停止、消去及び第三者への提供の停止を行うことのできる権限を有する個人データであって、その存否が明らかになることにより公益その他の利益が害されるものとして政令で定めるもの以外のもの（16条４項）
要配慮個人情報
本人の人種、信条、社会的身分、病歴、犯罪の経歴、犯罪により害を被った事実その他本人に対する不当な差別、偏見その他の不利益が生じないように、その取扱いに特に配慮を要するものとして政令で定める記述等が含まれる個人情報（２条３項）
個人関連情報
生存する個人に関する情報であって、個人情報、仮名加工情報及び匿名加工情報のいずれにも該当しないもの（２条７項）－ただし個人関連情報データベース等を構成するものに限る
仮名加工情報
２条５項各号に掲げる個人情報の区分に応じて当該各号に定める措置を講じて他の情報と照合しない限り特定の個人を識別することができないように個人情報を加工して得られる個人に関する情報（２条５項）－ただし仮名加工情報データベース等を構成するものに限る（41条１項括弧書）
匿名加工情報
２条６項各号に掲げる個人情報の区分に応じて当該各号に定める措置を講じて特定の個人を識別できないように個人情報を加工して得られる個人に関する情報で、当該個人情報を復元できないようにしたもの（２条６項）－ただし匿名加工情報データベース等を構成するものに限る（43条１項括弧書）

※仮名加工情報には、同時に個人情報、個人データ又は保有個人データに該当する場合がある。

を個々に区分することなく、単に「事業者」と呼ぶことにする。

4　事業者の義務に関する法第４章以外の規定

対象情報のうち行政機関等と共通するものは法２条が定義しているので、併せて参照する必要がある。

法第4章の義務に違反した場合について、法第6章第2節の第1款（146条～152条）が「個人情報取扱事業者等の監督」を、第2款（153条～155条）が「認定個人情報保護団体の監督」を定めている。

法第7章「雑則」、法第8章「罰則」の中にも関連規定がある。

その具体例として、法第7章の中に置かれた法171条（適用範囲）は、事業者が、国内にある者に対する物品又は役務の提供に関連して、国内にある者を本人とする個人情報、当該個人情報として取得されることとなる個人関連情報又は当該個人情報を用いて作成された仮名加工情報若しくは匿名加工情報を、外国において取り扱う場合についても適用するとして、本法の域外適用を認めている。これは事業者を対象としているが、域外適用の範囲について、法第4章の規定に限定することなく、法第6章第2節の第1款「個人情報取扱事業者等の監督」等も適用対象とするため、この箇所に置かれたものである。

法第8章「罰則」の中で事業者に関する規定の具体例として、法178条は法148条2項又は3項の規定による命令に違反した場合の罰則を、法179条は個人情報データベース等侵害罪を（同条の罪の国外犯処罰につき法183条）、法182条1号は法146条（報告及び立入検査）違反の罰則を、それぞれ定めた上、以上について法184条で両罰規定が置かれている。

Q2-2　事業者の義務と対象情報

Q　法第４章における事業者の義務と対象情報との対応関係はどのようなものか。

A　全６節から構成される同章のうち、事業者の義務を定めている第２節から第４節までの規定は、実質的には、主として対象情報によって区分されている。個人情報（個人データ・保有個人データを含む）又は個人関連情報には第２節、仮名加工情報には第３節、匿名加工情報には第４節が適用される。

解説

1　法第４章第２節の概要

法第４章の中心となるのは第２節「個人情報取扱事業者及び個人関連情報取扱事業者の義務」（17条～40条）である。

ここでも令和３年改正全面施行後の本法に基づいて説明すると、その概要は〔図表Q2-2-1〕のとおりである。

個人情報取扱事業者に対し、同節は、①個人情報に関する義務（17条～21条・40条）、②個人データに関する義務（22条～30条）、③保有個人データに関する義務（32条～39条）を課している（開示等の請求は本人の具体的権利でもある）。以上の対象情報につき、①は②を、②は③を包摂する概念であることから、この番号順に事業者が負うべき義務が付け加えられることによって、義務の種類が加重されていくという基本構造が採用されている。

①の個人情報のうち要配慮個人情報（定義は2条3項→Q1-11参照）について、その取得を制限する20条2項と、オプトアウト方式による第三者提供制限規定に関する適用除外規定として27条2項但書が設けられている。さらに、漏えい等の対象となった個人データに、要配慮個人情報が含まれている場合は、法26条の報告等の対象となる（規7条1号）。

②について、平成27年改正で法28条（外国にある第三者への提供の制限）が新設され、その義務内容が令和2年改正で厳格化された（**Q2-16**参照）。また、第三者提供のトレーサビリティを図るため、平成27年改正で29条・30条が新設され、これによって作成・保管される第三者提供記録について、令和2年改正で本人開示請求の対象となった。また、第三者提供の制限規定を補うものとして、令和2年改正で31条（個人関連情報の第三者提供の制限等）が新設された。同条は、提供元にとって個人情報・仮名加工情報・匿名加工情報のいずれにも該当しない「生存する個人に関する情報」を個人関連情報と定義した上（法2条7項）、提供先では個人データに該当する場合に関する規定である

〔図表Q2-2-1〕個人情報取扱事業者の義務（法第4章第2節）

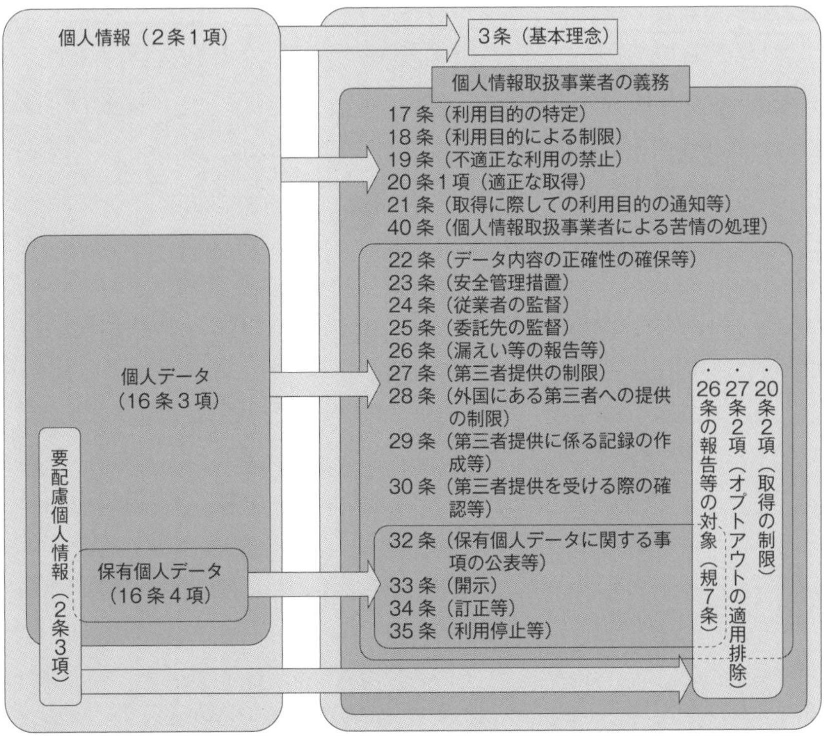

※図中はすべて法第4章第2節の規定（他に法31条〔個人関連情報の第三者提供の制限等〕）であり、他節中の個人情報取扱事業者の義務を除く。

（**Q1-12**参照）。

2　その他の事業者の義務

同章第3節「仮名加工情報取扱事業者等の義務」（41条・42条）は令和2年改正で、第4節「匿名加工情報取扱事業者等の義務」（43条～46条）は平成27年改正で新設された。

個人識別性について、前者は減少するよう加工すること（加工後に個人識別性を失う場合もある）と引き換えに義務の緩和を図ることによって、後者は失わせるよう加工することによって、個人の権利利益保護に配慮しつつ有用性を図ろうとするものである。

前者は**Q2-22・2-23**で、後者は**Q2-24・2-25**で、両者の違いは**Q2-26**で詳論する。

以上のとおり、同章には各種の事業者概念が適用主体として登場するが、その意味は次の**Q2-3**で解説する。

Q2-3 法第4章が定める義務の適用主体たる事業者概念

Q　法第４章のうち事業者の義務を定める第２節から第４節までの規定は、それぞれ誰が義務の適用主体か。

A　第２節は個人情報取扱事業者（法 31 条は個人関連情報取扱事業者）、第３節は個人情報取扱事業者・仮名加工情報取扱事業者が混在し、第４節は個人情報取扱事業者・匿名加工情報取扱事業者が混在する。

解説

1　個人情報取扱事業者

法第4章第2節が定める義務の適用主体は個人情報取扱事業者である。個人情報データベース等を事業の用に供している者をいう（法16条2項本文）。ただし、①国の機関（1号）、②地方公共団体（2号）、③独立行政法人等（3号）、④地方独立行政法人（4号）を除く（同項但書）。

本概念は、ⓐ公的部門を原則的に除外する機能（同項但書）、ⓑ残された者のうち事業者に限定する機能を有している。さらに本法制定当時は、ⓒ事業者のうち小規模事業者（個人データの取扱数が少ない者）を除外する機能を有していた。しかし、機能ⓒの除外は平成27年改正で廃止され、上記取扱数の多寡を問わず該当することになった。そのため機能ⓐとⓑだけが残された。

機能ⓑに関する「個人情報データベース等を事業の用に供している者」（同項本文）という文言について考えると、本法制定当時はともかく、IT・ICTが普及した現在では、事業を行う以上は、少なくとも従業者のいずれもパソコンのメールアドレス帳やスマホの電話帳といった「個人情報データベース等」を事業の用に供していない事業者など想定し難い（そうした電子機器を一切使用していなくとも、各得意先や取引先担当者を一覧できる紙の書類程度は用いているものと思われる）。労働基準法の適用事業者には、労働者名簿・賃金台帳の作成（同法107条・108条）・保存（同法109条）も義務付けられており、これらは個人情報データベース等に該当する。したがって、機能ⓑには事実上「事業」概念のみが残されている。これは「一定の目的をもって反復継続して遂行される同種の行為であって、かつ社会通念上事業と認められるものをいい、営利・非営利の別は問わない」という趣旨であると考えられている。したがって、企業だけでなく農業、同窓会、自治会等も含まれる。

機能ⓐによる除外との関係では、令和3年改正で、上記③と④について法2条11項3号・4号が法16条2項にも適用されるため、公的部門の学術研究機関・医療機関も、機能ⓐによる除外を受けることなく、個人情報取扱事業者に該当することになった。上記②による病院・診療所及び大学の運営、独立行政法人労働者健康安全機構による病院の運営も、個人情報取扱事業者による取扱いとみなされる（法58条2項）。ただし、これらについては、保有個人データに関する規定（法32条～39条）は適用されず（法58条）、代わって法第5章第4節（開示、訂正及び利用停止）の規定が適用される（法125条）。

2　法第4章第2節以下に登場するその他の事業者

第2節中の法31条は個人関連情報取扱事業者、第3節は個人情報取扱事業者・仮名加工情報取扱事業者、第4節は個人情報取扱事業者・匿名加工情報取扱事業者が、適用主体として混在しており、それぞれ法16条で定義する。これらは必ずしも個人情報取扱事業者に該当するとは限らないので、別途、規定されたものとされている。

それらはすべて、但書で、法16条2項各号に掲げる者を除くと規定しており、公的部門を原則的に除外する機能（上記機能ⓐ）を営む点で共通する。

さらに、それらはすべて「○○（対象情報）データベース等を事業の用に供している者」という定義形式で統一されており、事業者の種類ごとに、その義務を個別に定める方式を採用している。これらの各事業者は、「事業」概念の内容も、すべて種類を問うことなく、前述した個人情報取扱事業者に関する「事業」概念と同一のものと考えられている。

そのため、各事業者の定義の中で事業者の種類ごとに異なるのは、事業の用に供する「○○（対象情報）データベース等」の部分に限られる。これらの「○○情報取扱事業者」が負う義務の対象情報たる「○○情報」は、すべて

「○○データベース等を構成するものに限る」と規定されているので、当該「○○情報」を事業に用いる以上、かかる各種事業者概念は同義反復にほかならない。そのため、本章に置かれた個々の義務規定は、「○○（対象情報）データベース等を事業の用に供する者は、○○（対象情報）を……しなければならない」という程度の意味にすぎない。事業者の種類を問わず、その定義中において公的部門を原則的に除外する点（**Q1-5**参照）で共通していることを把握しておけば足りる（その例外につき**Q1-6**参照）。**Q2-1**の解説で、「○○情報取扱事業者」を個々に区分することなく、単に「事業者」と呼ぶことにするとした上、その場合における「事業」の意味は上述のとおりとすると述べたのは、以上の理由によるものである。ただし、学術研究機関・医療機関については、公的部門に属するものを原則として事業者として扱いつつ、その適用の例外条項を定めるため法58条・125条によって各種の事業者概念等を使い分けており、中でも法第4章第4節（匿名加工情報取扱事業者等の義務）等の適用がなく（法58条）、法第5章第5節（行政機関等匿名加工情報の提供等）の規定が適用される点（法125条）が特徴的であるが（**Q1-6**参照）、これも実質的には適用条項を振り分けているものにすぎない。

3 「個人情報取扱事業者等」の概念

法146条1項括弧書は、個人情報取扱事業者、仮名加工情報取扱事業者、匿名加工情報取扱事業者又は個人関連情報取扱事業者の総称として用いるが、適用対象は法第6章第2節第1款に明文で限定されている。同款は委員会による法第4章の監督対象者を列記したものである。これに対し、認定個人情報保護団体の対象事業者に関する法47条は、以上の者から個人関連情報取扱事業者を除外した者の総称として同一用語を用いており、法第4章のうち同条以下の規定に適用される。そのため法57条（適用除外）は後者の定義によりつつ、「個人情報取扱事業者等及び個人関連情報取扱事業者」を対象としているので、すべての事業者が含まれる。認定個人情報保護団体の対象事業者から個人関連情報取扱事業者だけを除外したことを反映して、同一用語について複雑な規定形式となったものといえよう。

Q2-4　個人情報に関する義務(1)　取得する際の義務全般

Q　個人情報を取得する際に、事業者は、どのような義務を負うか。

A　あらかじめ利用目的を特定しておき（法17条）、これを取得の際に本人に対し通知等を行う義務を負う（法21条）。不正の手段による取得が禁止され（法20条1項）、とりわけ要配慮個人情報を取得する際には原則として本人の事前同意を得る義務を負う（同条2項）。取得しようとする個人情報が個人データにも該当する場合、さらに確認等の義務を負う（法30条）。全体像につき〔図表Q2-4-1〕参照。

解説

1　利用目的の特定（法17条）

個人情報（法2条1項→**Q1-9**参照）を取り扱う際には、まず、利用目的をできる限り特定しなければならない（法17条1項）。

後述の法21条（利用目的の通知等）及び法18条（利用目的による制限→**Q2-6**参照）と相まって、取得された個人情報が、どのような目的達成のために取り扱われるか、本人において合理的に予測・想定を可能にするための規定である。したがって、「できる限り特定」したと認められるためには、自己の個人情報が、どのような目的で利用されるのか、本人が予測・想定可能な程度に特定する必要がある。

利用目的とは、事業者がその個人情報で最終的に達成しようとする目的をいう。そのため、その達成に至る個々の取扱いごとの目的を細かく特定する必要はない。しかし、前述の趣旨を考慮して、委員会は、本人が合理的に予測・想定できないような個人情報の取扱いを行うときは、例外的に、かかる取扱いを行うことを含めて利用目的の特定を要するとする（通則GL3-1-1）。このため、防犯カメラ画像から顔認証データを抽出する場合（委員会QA1-12）、プロファイリング（本人に関する行動・関心等の情報分析処理）を行う場合には、分析結果の利用目的だけでなく、その前提として、かかる処理を行うことを含めて利用目的を特定する必要がある（通則GL3-1-1・委員会QA2-1）。①ウェブサイト閲覧履歴や購買履歴等の情報を分析して本人の趣味・嗜好に応じたターゲティング広告を配信する場合、②行動履歴等の情報を分析して信用スコアを算出し、当該スコアを第三者へ提供する場合が、プロファイリングとして利用目的を特定する必要がある場合に該当する（通則GL3-1-1・委員会QA2-1）。

事業者は何を利用目的とするかを自由に特定しうるが、他の法令又は公序良俗に違反するものが許容されないのは当然である。

利用目的の事後的な変更は、変更前の利用目的と関連性を有すると合理的に認められる範囲でのみ認められる（同条2項）。事後的変更を一切認めないと窮屈に過ぎる一方、無制約に認めると利用目的を同条1項で事前に特定させた意味が失われるからである。とはいえ、何が「関連性を有すると合理的に認められる範囲」なのか判然としないので、実際には活用が難しい条項である。

2　本人に対する利用目的の通知等（法21条）

法17条に基づき事前に特定した利用目的を、取得の際に本人に通知又は公表する義務を負い（法21条1項）、利用目的を変更した場合も同様である（同条3項）。本人が利用目的を通知等で知ることによって、どのような目的達成のために取り扱われるか、合理的に予測・想定することを可能にする趣旨である。自社サイトに掲載するという公表方法によることが一般的である。従業者が本人の場合には、同報メール配信によって通知し、詳細を要するときはリンクを張ったイントラネットに掲載する事業者も多い。

特に、本人から書面又は電磁的記録で直接取得する場合には、取得前に明示する義務を負う（同条2項本文）。これを「直接書面取得」という。直接取得の場合には事業者が直接本人に通知する機会があり、書面等により入手した個人情報はデータベース化の可能性が高く、個人情報の流通に伴う危険も大きいことから、事前明示を必要とする趣旨である。アンケート用紙に利用目的を記載しておく方法等が用いられている。ただし、人の生命、身体又は財産の保護のために緊急に必要がある場合は、明示は不要であり（同項但書）、緊急性がなくなったときに通知等をすれば足りる。

事業者が、法17条2項によって利用目的を変更した場合は、変更された利用目的について、本人に通知し、又は公表しなければならない（法21条3項）。

以上の義務は、本人の権利利益を保護するための予防措置的性格のものであるから、本人の権利利益を害するおそれがない場合や、そのおそれが認められる場合でも、それに優越する利益が認められる場合には、通知等を求めるべきでない。そのため、利用目的を本人に通知等すると、①本人又は第三者の生命、身体、財産その他の権利利益を害するおそれがある場合（同条4項1号）、②当該個人情報取扱事業者の権利又は正当な利益を害するおそれがある場合（同項2号）には免除される。③国の機関・地方公共団体の法令上の事務遂行に協力する必要があり、利用目的を本人に通知等することにより当該事務の遂行に支障を及ぼすおそれがあるとき（同項3号）、④取得状況から利用目的が自明である場合（同項4号）も同様に免除される。④は自宅への宅配を受注した事業者が、発注者から届け先となる住所・氏名を聞くような場合である。

3　適正な取得（法20条）

個人情報を不正の手段により取得してはならず（法20条1項）、とりわけ要配慮個人情報を取得する際には原則として本人の事前同意を得る義務を負う（同条2項）。

同条1項は、個人情報の取得が、事業者が個人情報を取り扱う際の「入り口」段階にあたるので、この段階で不正が行われないように適法・適正な手段によるべきことを求める趣旨の規定である。不正取得の具体例は、利用目的を偽って取得するような場合である。同項との関係で、委員会は、電光掲示板等の内蔵カメラで撮影した本人の顔画像から属性情報を抽出し、当該本人向けにカスタマイズ広告を電光掲示板等に表示するときは、カメラにより自身の個人情報が取得されていることを本人が予測・想定できるように、カメラが作動中である旨の掲示等の措置を講ずる必要があるとする（委員会QA1-16）。

同条2項については**Q2-5**で詳論する。

以上の各条項はすべて取得する際の義務である。これらの対象情報が「個人情報」とされたのは、取得時点では紙や口頭による場合が多く、取得後に個人情報データベース等とされるか、通常は不明・未定な時点だからである。

〔図表 Q2-4-1〕個人情報の取得に関する義務

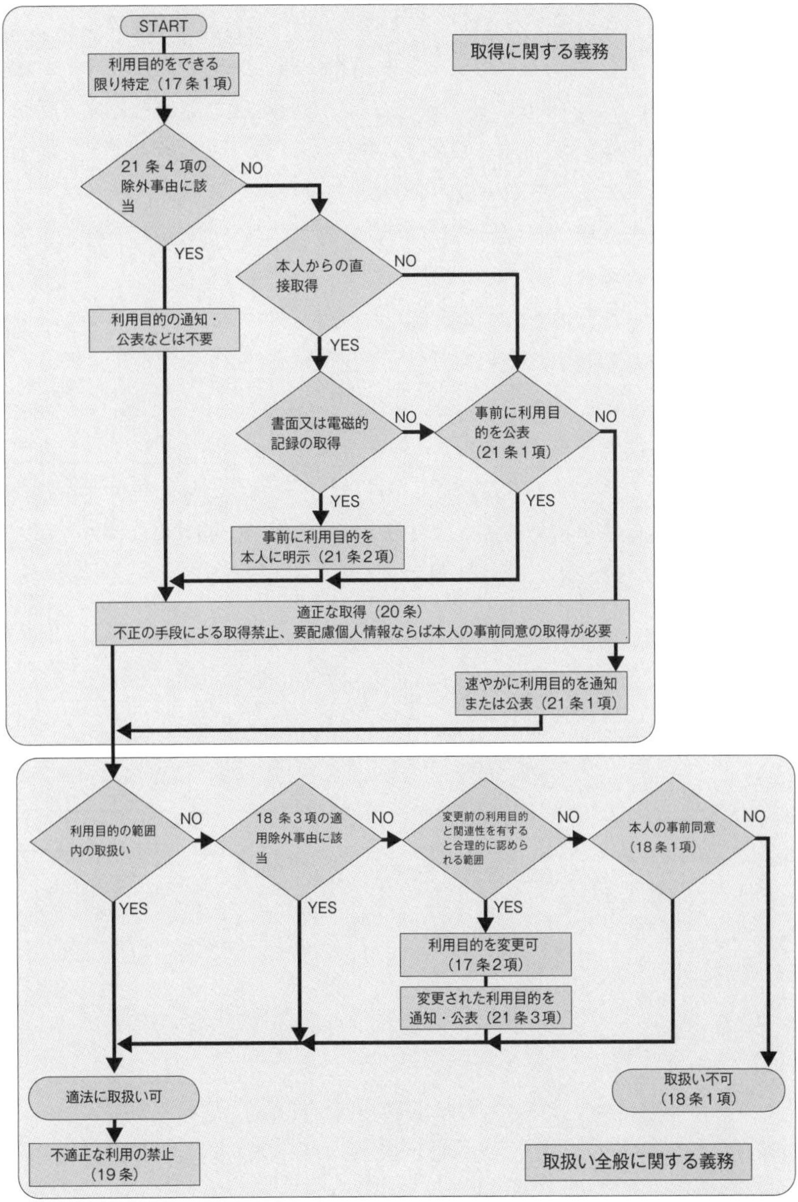

※図中の各条項は令和3年改正全面施行後の本法

4　取得時におけるその他の義務

個人情報それ自体に関する義務ではないが、取得時における義務として補足すると、まず、第三者から取得する個人情報が個人データにも該当するときは、法 30 条 1 項各号の事項の確認義務を負い、その確認記録を作成・保管する義務を負う（同条 3 項・4 項→ **Q2-17** 参照）。この記録は本人による開示請求の対象となる（法 33 条 5 項→ **Q2-20** 参照）。

次に、提供元の立場に照らして本人同意を得ていない個人データの不正取得が疑われるような場合であるにもかかわらず、この確認を怠って、又は形式的に確認作業を行っただけで、本人同意のない個人データの第三者提供を受けた事業者は、適正な取得とは認められないとして、法 20 条 1 項違反に問われることがある。

さらに、個人関連情報データベース等を構成する個人関連情報を、個人データとして取得するときは、本人の同意が得られているかという提供元からの確認に対し、当該確認事項を偽ってはならない（法 31 条 3 項による 30 条 2 項の準用）。これに違反した者は、罰則の対象となる（法 185 条 1 号）。

Q2-5 個人情報に関する義務(2)要配慮個人情報を取得する際の義務

Q　事業者は要配慮個人情報を取得する際、どのような義務を負うか。

A　本人の事前同意を原則として取得しなければならない（法 20 条 2 項）。なお、オプトアウト方式による第三者提供も禁止されているため（法 27 条 2 項但書）、同方式による提供を受けられない。

解説

1　要配慮個人情報の取得制限（法 20 条 2 項）

事業者は、個人情報を取得する際、本人の事前同意を取得する義務を負わないのが原則である。その特則として、その個人情報が要配慮個人情報（法 2 条 3 項→**Q1-11** 参照）に該当する場合には、原則として本人の事前同意を得ないで取得してはならない（法 20 条 2 項柱書）。その機微性を踏まえたものである。

本人から直接取得する場合には、本人に提供を強制させられない以上、通常は本人が任意に取得に応じたものとして、その同意の存在を認めることができる（ただし利用目的を偽って取得したような場合は法 20 条 1 項違反）。これに対し、本人 A から B が C への第三者提供について同意を得て直接取得した場合、A の当該同意には A の要配慮個人情報を C が取得することの同意も含まれているので、C は B から適法に間接取得しうるものと考えられる。

同項各号は、その適用除外事由を〔**図表 Q2-5-1**〕のとおり定めており、このいずれかに該当すれば本人の事前同意取得は不要となる。

利用目的による制限の適用除外事由（法 18 条 3 項各号）、及び、第三者提供の制限の適用除外事由（法 27 条 1 項各号）と同一のもの（各項 1 号～ 4 号）に、法 20 条 2 項に特有の事由として、5 号・6 号が令和 3 年改正、7 号・8 号が平成 27 年改正で設けられている（7 号は令和 3 年改正前の 5 号を一部改正）。

5 号・6 号は学問の自由に配慮したものであり（その場合の自主的措置を法 59

条が規定)、7号は改めて本人からの同意取得を必要とする合理的理由に乏しいこと、8号・令9条は外形から明らかなので、本人にとっても社会生活を送る際に自己の要配慮個人情報に含まれる事項が公に認識されることは想定していると考えられること等から、法20条2項に限って適用除外事由とされた。

2 オプトアウト方式による第三者提供の禁止(法27条2項但書)

取得時の問題ではないが、オプトアウト方式による第三者提供との関係でも対象情報から除外されている。個人データについては、同方式による第三者提供が原則的に認められているが、その例外として当該個人データが要配慮個人情報に該当する場合には、その機微性に鑑み、同方式による第三者提供は認められない(法27条2項但書)。当該要配慮個人情報が個人データに該当しない単なる個人情報である場合には、提供元に同条は適用されないが(提供先には法20条2項が適用)、プライバシー侵害が成立する場合があろう。

3 行政機関等の場合との違い

事業者の場合と異なり、行政機関等の場合は、要配慮個人情報(条例要配慮個人情報を含む)の取得に本人の事前同意の取得は不要である。行政機関等では、その取得・利用が適正・公正な行政事務等の遂行に不可欠な場合があるからである。それに代えて、行政機関では、個人情報ファイルの記録事項に要配慮個人情報が含まれることが、個人情報ファイルの保有等に関する委員会への事前通知事項とされており(法74条1項6号)、行政機関等では、個人情報ファイル簿の記載事項として公表されることによって(法75条1項)、透明性の確保が図られる。地方公共団体には条例要配慮個人情報の制度が設けられており、当該地域の特性その他の事情に応じて、その取扱いに特に配慮を要するものを、条例で要配慮個人情報に付加することが認められている(法60条5項)。なお、事業者と異なり、行政機関等の場合には、オプトアウト方式による第三者提供制度が存在しないので、要配慮個人情報は、その除外事由とされていない。これに対し、要配慮個人情報を含んだ漏えい等が委員会への報告等の対象事由となる点は、事業者の場合と同様である(法26条・68条、規7条・43条)。

〔図表Q2-5-1〕要配慮個人情報の取得に本人の事前同意を要しない場合（法20条2項各号）

号	事　由	具体例（特段の記載がないものは通則GL3-3-2等）
1	法令に基づく場合	・個人情報取扱事業者が、労働安全衛生法に基づき健康診断を実施し、これにより従業員の身体状況、病状、治療等の情報を健康診断実施機関から取得する場合
2	人の生命、身体又は財産の保護のために必要がある場合で、本人の同意を得ることが困難なとき	・急病その他の事態が生じたときに、本人の病歴等を医師や看護師が家族から聴取する場合 ・事業者間で、不正対策等のために、暴力団等の反社会的勢力情報、意図的に業務妨害を行う者の情報のうち、過去に業務妨害罪で逮捕された事実等の情報を共有する場合 ・不正送金等の金融犯罪被害の事実に関する情報を、関連する犯罪被害の防止のために、他の事業者から取得する場合
3	公衆衛生の向上又は児童の健全育成の推進のために特に必要がある場合で、本人の同意を得ることが困難なとき	・健康保険組合等の保険者等が実施する健康診断等の結果判明した病名等について、健康増進施策の立案や保健事業の効果の向上を目的として疫学調査等のために提供を受けて取得する場合 ・児童生徒の不登校や不良行為等について、児童相談所、学校、医療機関等の関係機関が連携して対応するために、ある関係機関で、他の関係機関から当該児童生徒の保護事件に関する手続が行われた情報を取得する場合 ・児童虐待のおそれのある家庭情報のうち被害を被った事実に係る情報を、児童相談所、警察、学校、病院等の関係機関が、他の関係機関から取得する場合 ・医療機関が、他の医療機関から、当該他の医療機関において以前治療を行った患者の臨床症例に係る個人データを症例研究のために取得し、当該医療機関を受診する不特定多数の患者に対してより優れた医療サービス提供できるようになること等により、公衆衛生の向上に特に資する場合であって、本人からの同意取得が困難であるとき（医療介護GD Ⅳ 6）
4	国の機関若しくは地方公共団体又はその委託を受けた者が法令の定める事務を遂行することに協力を要する場合で、本人の同意を得ることにより当該事務遂行に支障を及ぼすおそれがあるとき	・事業者が警察の任意の求めに応じて要配慮個人情報に該当する個人情報を提出するために、当該個人情報を取得する場合
5	当該個人情報取扱事業者が学術研究機関等である場合であって、当該要配慮個人情報を学術研究目的で取り扱う必要があるとき（当該要配慮個人情報を取り扱う目的の一部が学術研究目的である場合を含み、個人の権利利益を不当に侵害するおそれがある場合を除く）	・大学が、その医学部附属病院において、特定の感染症に関し診療した患者の診療情報を、感染拡大防止方法を研究する目的で取り扱う場合（著者にて想定）

6	学術研究機関等から当該要配慮個人情報を取得する場合であって、当該要配慮個人情報を学術研究目的で取得する必要があるとき（当該要配慮個人情報を取得する目的の一部が学術研究目的である場合を含み、個人の権利利益を不当に侵害するおそれがある場合を除く）（当該個人情報取扱事業者と当該学術研究機関等が共同して学術研究を行う場合に限る）	・A大学とB大学が、それぞれの医学部附属病院において診療した感染症について共同で医療疫学研究を行うため、当該症例に係る診療情報を、A大学がB大学から取得する場合（著者にて想定）
7	当該要配慮個人情報が、本人、国の機関、地方公共団体、学術研究機関等、法57条1項各号に掲げる者その他委員会規則で定める者により公開されている場合 要配慮個人情報が次に掲げる者により公開されている場合にも、当該要配慮個人情報を本人の同意なく取得しうる（規6条）。 一　外国政府、外国の政府機関、外国の地方公共団体又は国際機関 二　外国において法16条8項に規定する学術研究機関等に相当する者 三　外国において法57条1項各号に掲げる者に相当する者	・本人がマスメディアのインタビュー記事で答えた場合 ・自分のTwitterやブログなどで自ら公開している場合 ・国や自治体の職員が不祥事を起こして記者発表する場合 ・捜査機関が事件について記者発表する場合（著者にて想定）
8	その他前各号に掲げる場合に準ずるものとして政令で定める場合 要配慮個人情報を本人の同意なく取得しうる場合に加えるものは、次に掲げる場合とする（令9条）。 一　本人を目視し、又は撮影することにより、その外形上明らかな要配慮個人情報を取得する場合 二　法27条5項各号（法41条6項により読み替えて適用する場合及び法42条2項で読み替えて準用する場合を含む）に掲げる場合に、個人データである要配慮個人情報の提供を受けるとき	・身体の不自由な方が店舗に来店し、対応した店員がその旨をお客様対応録等に記録した場合（目視による取得）や、身体の不自由な方の様子が店舗に設置された防犯カメラに映りこんだ場合（撮影による取得）

Q2-6 個人情報に関する義務(3)取得した個人情報を取り扱う際の義務

Q　取得した個人情報を取り扱う際に、どのような義務を事業者は負うか。

A　利用目的の達成に必要な範囲内でのみ原則として取り扱うことができ（法18条）、不適正利用が禁止され（法19条）、苦情の処理、そのための体制整備に務めなければならない（法40条）。

解説

1　利用目的による制限（法18条）

法17条に基づいて特定した利用目的の達成に必要な範囲内でのみ取り扱うことができる（法18条1項）。本人の予期しない目的で自己の個人情報が取り扱われ、それによって本人の権利利益が損なわれるおそれを未然防止する趣旨である。利用目的達成に必要な範囲内であれば、その達成に至る個々の取扱いも認められる。

合併等の事業承継に伴って個人情報を取得したときは、承継前における利用目的の達成に必要な範囲で、本人の事前同意を得ることなく、当該個人情報を取り扱うことができる（同条2項）。この場合も、法17条2項が定める範囲内で、利用目的の事後的変更が認められる。

目的外利用が可能な場合として、これら両項は、事前に本人同意を取得した場合を規定しているが、それを取得していなくとも、両項の適用除外事由について、同条3項は〔**図表Q2-6-1**〕のとおり定めている。同項5号・6号は令和3年改正で新設された。保護3法を一本化する際、公的部門の学術研究機関が、民間部門の場合と同様に法第4章の原則的適用が認められたが、それまで民間部門の学術研究機関について、同章の包括的適用除外とされていたものを、個別的適用除外に移行するため新設された（その場合の自主的措置を法59条が規定）。

2　不適正利用の禁止（法 19 条）

令和 2 年改正で法 19 条が新設された。法 20 条 1 項は不正な手段による取得を対象とするが、法 19 条は取扱いを対象とする一方、違法又は不当な行為を助長又は誘発するおそれがある方法による個人情報の利用に限定して禁止する。

実例として、破産手続開始決定が官報で公告された破産者の個人情報を集約・データベース化してネット公開した「破産者情報サイト」事件がある。本件で委員会は令和 4 年 11 月に同条等違反を理由に停止命令を発出し、令和 5 年 1 月に同命令違反を理由に刑事告発した。犯罪者間で詐欺被害者や違法薬物購入顧客のリストを、新たな犯行のために流通させることも、これに該当しうる。このような場合の多くは、個人データの無断第三者提供として法 27 条・28 条違反となりうるが、両条の対象情報が個人データに限られているため、それに該当しない単なる個人情報の不適正利用を規制しうるという実益がある。

3　苦情の処理（法 40 条）

個人情報の取扱いに関する苦情の適切・迅速な処理に努めなければならず（法 40 条 1 項）、そのために必要な体制整備に努めなければならない（同条 2 項）。体制整備とは苦情相談窓口の設置、係員の教育等が想定されている。

〔図表 Q2-6-1〕法 18 条 3 項各号が定める適用除外事由

号	事　由
1	法令（条例を含む。以下法第 4 章において同じ）に基づく場合
2	人の生命、身体又は財産の保護のために必要がある場合であって、本人の同意を得ることが困難であるとき
3	公衆衛生の向上又は児童の健全な育成の推進のために特に必要がある場合であって、本人の同意を得ることが困難であるとき
4	国の機関若しくは地方公共団体又はその委託を受けた者が法令の定める事務を遂行することに対して協力する必要がある場合であって、本人の同意を得ることにより当該事務の遂行に支障を及ぼすおそれがあるとき
5	学術研究機関等が、個人情報を学術研究目的（学術研究の用に供する目的）で取り扱う必要があるとき
6	学術研究機関等に個人データを提供する場合であって、当該学術研究機関等が当該個人データを学術研究目的で取り扱う必要があるとき

Q2-7　個人データに関する義務(1)概要

Q　個人データの概念と、それを対象情報とする事業者の義務の概要について説明せよ。

A　「個人データ」とは、「個人情報データベース等を構成する個人情報」をいう（法16条3項）。それを対象情報とする義務は、個人情報に関する義務（Q2-4～2-6）に加えて、〔図表Q2-7-1〕の義務である。

解説

1　個人データとは

「個人データ」の定義は本問Aに記載したとおりである（法16条3項）。したがって、(1) 個人情報であること（法2条1項→**Q1-9**参照）、かつ、(2) それが個人情報データベース等（法16条1項）を構成するものであることが要件となる。

(2) の「個人情報データベース等」とは、個人情報を含む情報の集合物のうち、①電子データベースのように、特定の個人情報を電子計算機を用いて検索できるように体系的に構成したもの（同条1項1号）、又は、②それ以外のものであって、特定の個人情報を容易に検索可能なように体系的に構成したものとして政令で定めるものをいう（同項2号）。

この両号は、特定の個人情報を検索しうるように体系的に構成したものである点で共通するが、①は「電子計算機を用いて」に限定する一方、②は検索が「容易に」なるよう「政令で定めるもの」に限定する点で異なる。②につき令4条2項は、個人情報を規則的に整理し、目次、索引その他検索を容易にするためのものと定めている。紙媒体の目次付き五十音順の同窓会名簿が、②の具体例である。

ただし、利用方法からみて個人の権利利益を害するおそれが少ないものとして政令で定めるものは、「個人情報データベース等」から除く（法16条1項括弧書)。これを令4条1項は、ⓐ不特定かつ多数の者に販売することを目的に発行され、かつ、その発行が法又は法に基づく命令の規定に違反して行われたものでないこと（1号)、ⓑ不特定かつ多数の者により随時に購入でき、又はできたものであること（2号)、ⓒ生存する個人に関する他の情報を加えることなくその本来の用途に供しているものであること（3号）の3要件をすべて満たすものと定める。市販の電話帳、住宅地図、職員録、カーナビを、そのまま用いるような場合である。法16条1項括弧書に該当すれば、前記(2)に該当しないので、それに含まれる個人情報は「個人データ」に該当せず、「個人データ」を対象情報とする義務も適用されない。そのため、市販の電話帳や住宅地図をシュレッダー等で完全消去処理することなくゴミ回収に出しても、法23条違反に問われない。

2　個人データに関する義務の概要

個人データも個人情報の一種であるから、個人データを取り扱う事業者には、法第4章第2節のうち個人情報に関する義務（17条～21条）が課せられることに加えて、個人データを対象情報とする**〔図表Q2-7-1〕**の義務（22条～30条）が課せられる。

個人情報を個人情報データベース等に組み込むと、取り扱う際に事業者の便利性が増す半面、大量漏えいの危険など本人の権利利益に対するおそれが格段に高まる。個人データに関する義務が適用される場面は一般に取得後のものなので、個人情報データベース等に組み込むかどうか、取得時と異なり未定の状態でもない。そのため、単なる個人情報と比較して、個人データの場合には新たな義務を付加する趣旨である。

第一に、正確で最新の内容に保ち、不要となったときは遅滞なく消去するよう努めなければならない（22条)。これを「データ内容の正確性の確保等」という。**Q2-8**で詳論する。

第二に、安全管理のために必要かつ適切な措置を講じ（23条)、そのため、従業者と委託先を監督する義務を負う（24条・25条)。重大な漏えい等のおそれが生じたときは、委員会へ報告するとともに、本人へ通知する義務を負う（26条)。**Q2-9**以下で詳論する。

第三は、「第三者提供」に関する義務である（27条〜30条）。まず、第三者提供するためには、本人の事前同意の取得を要する（27条）。さらに、外国にある第三者に提供するためには、参考情報を提供して、外国にある第三者への提供を認める旨の本人の事前同意を取得する義務を負う（28条）。提供元と提供先は、第三者提供記録の作成・保存義務を負う（29条・30条）。これに関連して個人関連情報の第三者提供の制限等（31条）も課されている。**Q2-14**以下で詳論する。

以下、これらの義務を順に説明する。なお、通則編GL 3-4は法22条から25条までの規定を「個人データの管理」と整理するが、「管理」の意味は明らかといえず、例えば個人データの取得時や廃棄時にも法23条が適用されるので、ここでは上記整理に依拠していない。

〔図表Q2-7-1〕 個人データに関する義務の概要

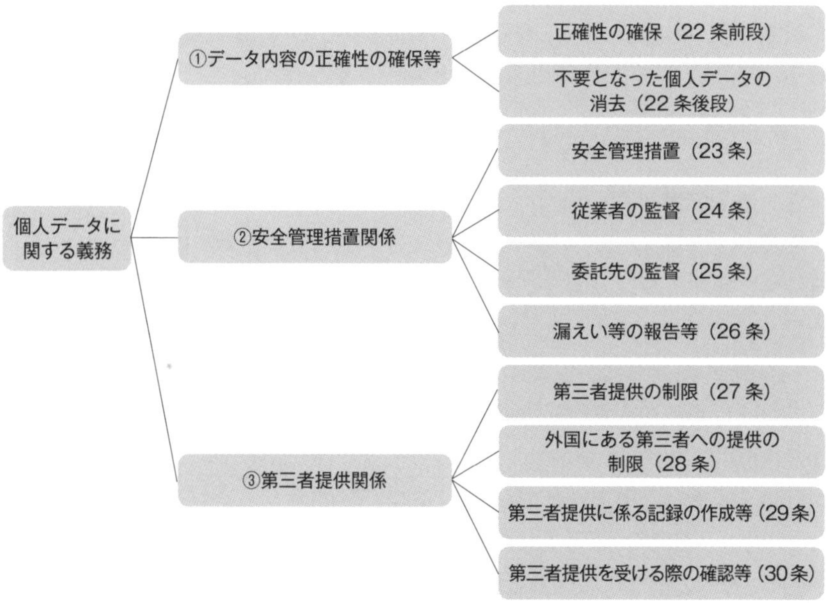

※他に③関係として個人関連情報の第三者提供の制限等（法31条）

Q2-8 個人データに関する義務(2) データ内容の正確性の確保等

Q　法22条が定める「データ内容の正確性の確保等」とは。

A　事業者は、利用目的の達成に必要な範囲内で、個人データを正確かつ最新の内容に保つとともに、利用する必要がなくなったときは、当該個人データを遅滞なく消去するよう努めなければならないというものである。

解説

1　法22条の概要

法22条は、本問Aで述べたとおり、個人データについて、利用目的の達成に必要な範囲内で、正確・最新の内容に保つこと（同条前段）、不要になった場合の遅滞なき消去（同条後段）を事業者に求めているが、いずれも努力義務にとどめられている。

2　法22条前段

正確性・最新性を欠く内容の個人データの利用による本人の権利利益侵害の発生を防止する趣旨の規定である。会費を払ったが会員登録を事業者が遅滞したため、会員としてサービス提供を受けられないような場合が典型例である。

「正確かつ最新の内容」とは、その内容が最も新たな事実と合致していることをいう。事実の内容が対象であるから、評価・判断の内容それ自体（例：人事考課）は対象とならないが、評価等の前提となる事実（例：無断欠勤の有無）、評価等を実施した事実（例：従業員に告知聴聞の機会を与えることなく当該従業員を懲戒処分した事実）は対象となりうる。

「利用目的の達成に必要な範囲内」に限定した理由は、過去の事実を記録しておくことが必要な場合にまで、すべて一律に最新化することを求めるのは不合理だからである。例えば、年度別在学生の記録を目的とする私立学校の名簿について、入学・卒業ごとに名簿内容の更新を要するとすれば、各年度別の在学記録が不正確となる。これに対し、現時点の在学生を特定する目的の名簿は、在学生に転校等の変動があれば速やかに更新する必要がある。

法65条が、行政機関の長等は、利用目的の達成に必要な範囲内で、保有個人情報が「過去又は現在の事実と合致する」よう努めなければならないと規定しているのも、このような趣旨を明確化するためである。

何が正確・最新の内容なのか、一般に事業者側にとって正確・最新の内容を常には把握できないこと等の理由で努力義務にとどめられている。しかし、それが保有個人データに該当すれば、本人による訂正等請求（法34条）の対象となる。他に不正確な内容が問題になったものとして、大手消費者金融会社が、本人の求めによる調査で他の債務者との人違いが判明して情報の抹消を約束した後も支払催促を繰り返したことがプライバシー侵害となるとして、本人に対する損害賠償責任を認めた京都地判平15・10・3平14（ワ）3035がある。

3　法22条後段

不要になった個人データの保有継続は、正確性・最新性との関係で問題があるという趣旨の規定とされてきた。むしろ利用目的達成に必要な範囲内といえるか疑問があるばかりか、消去せずに放置しておくと、無駄な管理費用を要するだけで安全管理上も問題があるので、その消去を求めるものといえよう。個人ユーザーサポートのため登録を受けた個人データについて、当該サポート期限が経過したような場合が、その具体例である。個人番号の場合には利用範囲が法定されて明確なので消去が具体的義務とされている（番号法20条）。これに対し、個人番号以外の場合には利用目的を達したといえるか不明な場合もあるため、法22条後段は努力義務にとどめた。とはいえ、税務法令・労働法令等によって法定保存義務が課されている場合には、その保存期間の満了時を起点に遅滞なく消去に努めるべきことになる。その保存期間内であれば、不要になったといえず、未だ利用目的達成に必要な範囲内、又は、法令に基づく場合（法18条3項1号）に該当するということもできるからである。

法22条後段は努力義務にとどまるが、それが保有個人データに該当すれば、本人による利用停止等請求の対象となる（法35条5項→ **Q2-20** 参照）。

Q2-9 個人データに関する義務(3) 安全管理措置①

Q 安全管理措置とは何か。

A 事業者が個人データを取り扱う際に安全管理のために必要かつ適切な措置を講じ（法23条）、そのため従業者・委託先を監督する義務（法24条・25条）である。他の各種の対象情報についても本法は安全管理措置義務を規定しており、その中には努力義務にとどまるものもある。

解説

1 対象情報――個人データ

対象情報は個人データである。個人情報を個人情報データベース等にしてしまえば、漏えい等の脅威が格段に高まることによる。とはいえ、個人データに該当しない単なる個人情報であっても、漏えい等によってプライバシー侵害の責任を問われるおそれがあるから、適正な安全管理措置を講じる必要があることに変わりはない。サイバーセキュリティ基本法にいうサイバーセキュリティは、安全管理措置という点では共通するが、対象情報が個人データに限定されない半面、同法は事業者に具体的義務を課すものではない点で異なっている。

2 安全管理措置の内容

法23条は「安全管理のために必要かつ適切な措置」と規定するにすぎず、その具体的内容を規定しておらず、施行令・施行規則にも規定されていない。

その内容は一律に定まるものではないので、通則GL3-4-2も、当該措置は、個人データが漏えい等をした場合に本人が被る権利利益の侵害の大きさを考慮し、事業の規模及び性質、個人データの取扱状況（取り扱う個人データの性質及び量を含む）、個人データを記録した媒体の性質等に起因するリスクに応じて、必要かつ適切な内容としなければならないとした上、通則GL10によって措置・実践手法例を具体化している。

通則GL10は、①「基本方針」を策定した上、②「個人データの取扱いに係る規律の整備」を行うものとしている。

まず、①「基本方針」がプライバシーポリシーという趣旨であれば、その内容は安全管理措置に尽きるものではなく、適用されるべき本法の条項全般の遵守（コンプライアンス）を対象とすべき性格のものである。政府の基本方針（法7条）も「個人情報保護を推進する上での考え方や方針（いわゆる、プライバシーポリシー、プライバシーステートメント等）を対外的に明確化する」ことを、事業者等が講ずべき措置に関する基本的な事項とする。通則GL10は、プライバシーポリシーの一部として、個人データの安全管理措置に関するセキュリティポリシーに相当する部分が含まれることを明らかにする趣旨といえよう（政府の基本方針にいうプライバシーポリシーについては**Q4-1**参照）。

次に、②「個人データの取扱いに係る規律の整備」に関する「手法の例示」として、「取扱規程を策定」を掲げている。この点も、取扱規程は本法全般の遵守を定めるべき性格のものであり、やはり通則GL10は、その一部として、安全管理措置に関する部分が含まれることを明らかにする趣旨といえよう（本法全般に関する内部規程については**Q4-5**参照）。

これらを前提に、通則GL10は、③安全管理措置の具体的な内容について説明しており、ⓐ組織的、ⓑ人的、ⓒ物理的、ⓓ技術的な各措置を講じ、さらにⓔ外的環境の把握を行うものとしている（**図表Q2-9-1**）。

情報セキュリティ・サイバーセキュリティに関する国際標準「ISO/IEC27001」など一般的な考え方によれば、ポリシーに基づいて先にアセスメントを実施し、その結果を分析して、ⓐからⓓまでの各措置を決定する。

本来のアセスメントは、情報の取得から消去に至るライフサイクルを洗い出し、各プロセスにおけるリスク内容を分析・把握するためのものである。本法の場合、それに加え、各プロセスにおいて遵守すべき条項を洗い出す必要がある（本法全般に関するアセスメントについては**Q4-3**参照）。この点は、適用される外国法令についても同様である。その点でⓔは、ⓐからⓓまでの各措置と並置するというよりも、当該各措置の前提となる外国法令面のアセスメントとしても位置付けられる。本法では、むしろ外国にある第三者への個人データの提供に関し、本人に提供する情報（法28条2項）や、基準適合体制整備者に提供した場合の措置（同条3項）との関係で、取扱いが行われる当該外国の個人情報保護制度（規17条・18条）の把握を求めている（**Q2-16**参照）。

通則GL10は、中小規模事業者（原則として従業員数が100人以下の個人情報取扱事業者）について、過重負担とならないよう、講ずべき措置の軽減が図られている。

法24条については**Q2-11**、法25条については**Q2-12**で詳論する。

〔図表Q2-9-1〕通則GLが示す「講ずべき安全管理措置の内容」

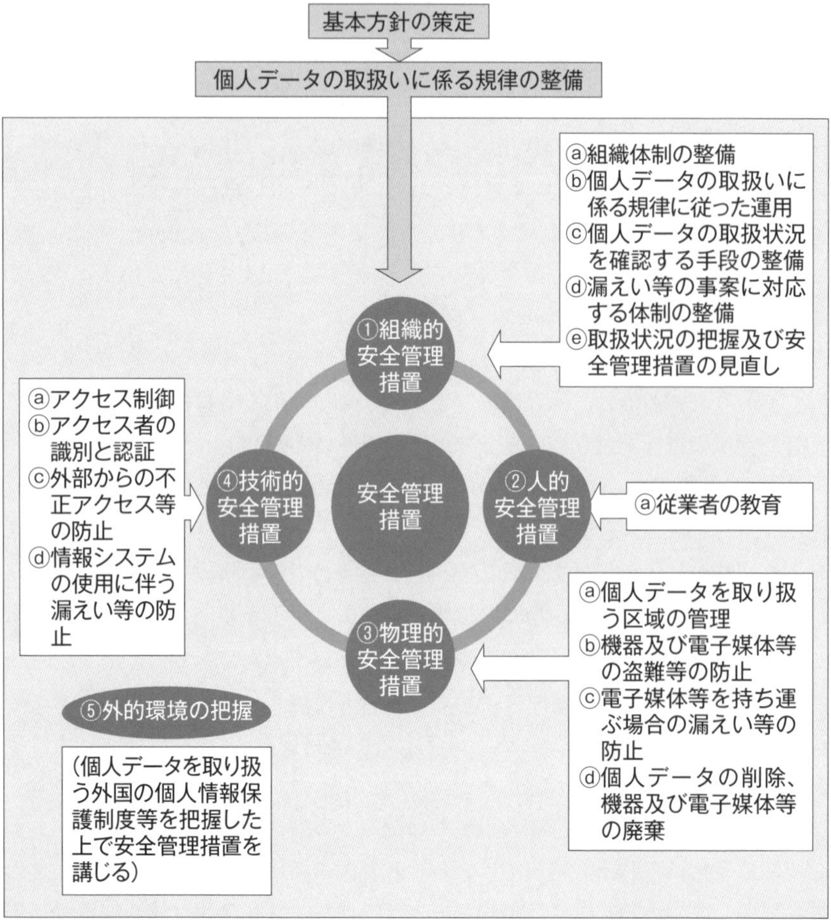

3　他の対象情報に関する安全管理措置

法第4章が定める安全管理措置義務は、個人データに関するものだけでなく、**〔図表Q2-9-2〕**の対象情報についても定められている。この中で努力義務にとどめられているものは、個人データに該当せず、当該情報それ自体に個人識別性が認められないので、漏えい等による個人の権利利益への影響が少ないからである。これに対し、法41条2項・42条3項・43条2項の情報等は、復元による悪用のおそれがあるので具体的義務とされている。

〔図表Q2-9-2〕法第4章が定める安全管理措置義務

条項	義務者	対象情報	義務の性格	備考
23条～25条	個人情報取扱事業者	個人データ	具体的義務	・他に漏えい等の報告等の義務（26条） ・保有個人データに関し32条1項・令10条1号で措置の公表義務
同　上	個人情報取扱事業者	個人データにも該当する仮名加工情報	具体的義務	26条は適用除外（41条9項）
41条2項	個人情報取扱事業者	上記の削除情報等	具体的義務	漏えいに限定
42条3項	仮名加工情報取扱事業者	個人データに該当しない仮名加工情報	具体的義務	23条から25条までの規定を漏えいに限定して準用
43条2項	個人情報取扱事業者	作成に用いた個人情報から削除した記述等及び個人識別符号並びに加工方法等に関する情報等	具体的義務	漏えいに限定
43条6項	個人情報取扱事業者	作成した匿名加工情報	努力義務	当該措置内容公表の努力義務
46条	匿名加工情報取扱事業者	匿名加工情報（自ら加工して作成したものを除く）	努力義務	同　上

※表中の仮名加工情報は仮名加工情報データベース等を構成するものに、匿名加工情報は匿名加工情報データベース等を構成するものに限る

Q2-10 個人データに関する義務(4) 安全管理措置②

Q　安全管理措置について通則 GL 10 が示す具体的な内容は何か。

A　具体的には、Q2-9 で解説したとおり、ⓐ組織的、ⓑ人的、ⓒ物理的、ⓓ技術的な各安全管理措置を講じ、さらにⓔ「外的環境の把握」を行うものとして、その手法を例示する。ⓔを除き、情報セキュリティ・サイバーセキュリティに関する一般的な国際規格をベースとしている。

解説

1　物理的安全管理措置

順序は本問 A と異なるが、説明の便宜上、ⓒ物理的安全管理措置から先に説明する。

通則 GL 10-5 は「(1) 個人データを取り扱う区域の管理」として、重要な情報システムを管理する区域（管理区域）と、組織内の個人データを取り扱う事務を実施する区域（取扱区域）に分けて適正管理を求めている。

少なくとも管理区域については、無権限者の立入を許すと、その無権限者が個人データを無断で閲覧、コピー、個人データ入り媒体を持ち出す等のおそれが生じる。そこで IC カード等による入退室管理を講じることが求められている。「ゾーニング」という考え方である。セキュリティ実務では入退室管理の抜け穴となる「連れ入り」「連れ出」「IC カードの貸し借り」という事態が懸念されている。そこで入退室箇所に監視カメラを併設する事業者もある。後日のため入退室履歴や監視カメラ映像の履歴データを一定期間保存することも有用である。これは問題の時間帯、どの従業者が最後まで残業していたかの調査等に役立てることによって内部不正対策にもなる。こうした管理策はモニタリングと呼ばれており、それを講じる際の留意点は **Q2-11** で解説する。

これに対し、取扱区域に関する「手法の例示」として通則 GL 10-5 では「間仕切り等の設置、座席配置の工夫、のぞき込みを防止する措置の実施等による、権限を有しない者による個人データの閲覧等の防止」を掲げている。いわゆるショルダーハッキングの防止等を目的とするものである。しかし、実務では接客区域・執務区域（通常は取扱区域）を区分して入退室管理をした上、さらに管理区域についてICカード等で権限者を絞り込む手法を採る大手事業者が多く、可能であればそうすることが望ましい。入室権限の階層化である。

以上は主として人の出入りの制限であるが、事務所荒らしによる盗難・内部不正等も考慮すれば、物の出入りの制限も物理的安全管理措置として不可欠である。施錠保管、セキュリティワイヤー等による固定が手法として例示されている。

ただし、いまやマイクロSDカードのような小指のツメ程度の大容量媒体が存在しているので限界があり、スマホの持ち込み規制も困難なので、後述の技術的安全管理措置に頼らざるをえないことに留意を要する。

とはいえ、物の出入りを認めざるをえない場合もあるので、DX化の進展を考えると、電子媒体等を持ち運ぶ場合の管理策も必要となる。個人データの暗号化、パスワードによる保護等を行った上で電子媒体に保存する、封緘・目隠しシールの貼付け、施錠できる搬送容器の利用が、手法として例示されている。実際には紛失事案が多いことからも、こうした手法が有用である。特に高度の暗号化は法26条の適用の有無の分水嶺となりうる（**Q2-13**参照）。

最後に、個人データの削除及び機器、電子媒体等の廃棄時における安全管理措置も必要である。書類等であればシュレッダー処理、量が多ければ焼却・溶解を用いる。情報システムや電子記憶媒体なら、消去専用ソフトよりも物理的・磁気的破壊が用いられる傾向にある。ただし、リース物件の場合にはリース終了時に返却を要するため同様の管理策は困難である。そのため地方公共団体の場合には総務省「地方公共団体における情報セキュリティポリシーに関するガイドライン」が前記破壊を内容としたリース契約の締結を推奨しているので、これに倣うことも有用である。

なお、少なくとも重要な個人データについては、廃棄記録を具備しておかなければ、適正に廃棄されたのか、それとも紛失・盗難の疑いがあるのか判然としない場合も多いので、廃棄記録の作成・保管が求められる場合もあろう。

2　技術的安全管理措置

物理的安全管理措置によって人・物の出入りは制限できても、いまやICTによって接続されている状態が通常となっており、それを経路とする漏えい等も増加している。そのため、①アクセス制御、②アクセス者の識別と認証、③外部からの不正アクセス等の防止、④情報システムの使用に伴う漏えい等の防止が必要となる。

上記①と②は、必要な者だけが必要な個人データにアクセスしうるよう、権限の階層化が重要である。他方、「IDの貸し借り」等の事態が懸念されるため、組織的安全管理措置としてルール化し、その旨を人的安全管理措置として従業者に教育・啓発することが求められる。

上記③は、ファイアウォール等の設置、不正ソフト対策ソフトの導入、セキュリティアップデート、ログの取得・保管・分析の実施で足りるという牧歌的な時代は過ぎ去っている。

さらにはサイバー攻撃を検出・分析するSOC（Security Operation Center）を導入する一方、インシデント対応にあたるCSIRT（Computer Security Incident Response Team）を設置する大手の事業者も増えている。

さらにリモートワークの普及によって、従来の「境界型防御」モデル（信頼はするが確認もせよ）では足りず、「ゼロトラスト」モデル（信頼せず必ず確認せよ）の採用が必要な状態となっており、VPN（Virtual Private Network）による接続、端末監視・対応（EDR：Endpoint Detection and Response）の導入事例が増加している。ただしVPNの脆弱性を突いたランサムウェア被害が相次いでいるので、そのセキュリティアップデート等も重要となる。

3　人的安全管理措置

従業者の教育であり、従業者への定期研修等、必要事項を就業規則等に盛り込むことが手法として掲げられている。**Q2-11**を参照されたい。

4　組織的安全管理措置

以上の管理措置に関し、組織的安全管理措置として、通則GL10-3は、組織体制の整備、個人データの取扱いに係る規律に従った運用、個人データの取扱状況を確認する手段の整備、漏えい等事案に対応する体制の整備、取扱状況の把握及び安全管理措置の見直しを行うものとしている。ここにはマネジメントシステムにいうPDCAサイクルが見え隠れしている。この措置については第4章で解説する。

5　外的環境の把握

さらに、通則GL 10-7は、「外的環境の把握」として、「個人情報取扱事業者が、外国において個人データを取り扱う場合、当該外国の個人情報の保護に関する制度等を把握した上で、個人データの安全管理のために必要かつ適切な措置を講じなければならない」としている。より厳格には、この点のうち当該外国の個人情報制度の把握は、安全管理措置それ自体というよりも、措置検討の前提となるアセスメントやPIA・DPIAの一環となる問題である（**Q4-3**参照）。ただし、かかる「外的環境」が、安全管理措置の公表内容となっている点は次に述べる。また、外国にある第三者への個人データの提供に関し、当該外国の個人情報の保護に関する制度等を、法28条2項に基づき本人に提供する情報の内容（規17条）や、基準適合体制整備者に提供した場合の法28条3項に基づく措置内容（規18条）としていることは別途説明する（**Q2-16**参照）。

6　安全管理措置の公表

保有個人データについては、安全管理のために講じた措置が、公表義務の対象とされている（法32条1項4号、令10条1号）。**Q2-19**を参照されたい。

Q2-11 個人データに関する義務(5) 従業者の監督

Q　個人データの安全管理のため、従業者を、どのように監督すべきか。

A　事業者は、取り扱う個人データの安全管理のため、従業者の監督が必要である（法24条）。

解説

1　法24条の制度趣旨

本法上の義務は事業者を名宛人としているが、事業者内で実際に個人データを取り扱う者は従業者である。そのため、安全管理措置を含め、事業者が従業者を監督すべきことが必要不可欠である。ところが、実際には従業者に起因する漏えい等が頻発していることに鑑み、本来は法23条（Q2-9・2-10参照）に基づく安全管理措置の一環として行うべき従業者の監督について、特に法24条を置いた。委員会が毎年公表する年次報告でも、実際に漏えい等が発生した原因は、書類・電子メールの誤送付、書類・電子媒体の紛失のように従業者のミスによるものが大部分を占めている。このように法24条は法23条の確認規定である。

本法以外にも、従業者に起因する漏えい等によるプライバシー等の侵害について、当該従業者との間に実質的な指揮命令関係があれば、民法上の使用者責任を負う場合があることに留意すべきである。

2　従業者

「従業者」とは、事業者の組織内で直接間接に事業者の指揮監督を受けて当該事業者の業務に従事する者等をいうが、雇用関係にある従業員（正社員、契約社員、嘱託社員、パート社員、アルバイト社員等）だけでなく、取締役、執行役、理事、監査役、監事、派遣社員等も含む（通則GL3-4-3）。そのため、一般的な「従業員」ではなく、「従業者」という別概念が法24条では用いられている。

3 「必要かつ適切な監督」の内容

事業の性質・個人データの取扱状況等に応じて、さらには当該従業者が取り扱う個人データの種類等によって異なりうるので、一律に定まるものではない。監督の際、個人データが漏えい等をした場合に本人が被る権利利益の侵害の大きさを考慮し、事業の規模・性質、個人データの取扱状況（取り扱う個人データの性質・量を含む）等に起因するリスクに応じ、個人データを取り扱う従業者に対する教育、研修等の内容・頻度を充実させるなど、必要かつ適切な措置を講ずることが望ましいとされている（通則GL3-4-3）。

とはいえ、ここでは組織的管理措置として内部規程整備によるルール化と組織の整備、人的管理措置として当該ルールの理解・徹底のための教育・啓発、運用の状況・取扱状況に関する確認（必要に応じて内部監査・外部監査の活用）、確認内容をフィードバックして見直しという、マネジメントシステムのPDCAサイクルによる継続的改善が望ましい。

4 社内モニタリング

個人データの安全管理措置をはじめセキュリティを保つため、メール等の通信ログ、入退室管理状況等について、社内モニタリングを実施する事業者は多い。これによって、漏えい等発生時に侵害者を特定するための調査に役立ち、それには侵害者以外の無辜の従業者に対する嫌疑を晴らすという効用もある。さらには「明るいところで悪いことはできない」という意味で、内部不正・権限濫用行為に対する事前抑止効果も期待される。

実施する際の留意点として、委員会QA5-7は、**〔図表Q2-11-1〕**の各点を示し、その際、個人情報の取扱いに関する重要事項を定めるときは、あらかじめ労働組合等に通知し、必要に応じて、協議を行うことが望ましく、その重要事項を定めたときは、労働者等に周知することが望ましく、また、その重要事項等を定めたときは、従業者に周知することが望ましいとする。

同図表中の①は従業者の個人情報をモニタリングによって取得する際の義務として、法17条・21条から導かれる。実施するモニタリングの種類の中には、通信ログ取得のように、実施されていることを、必ずしも従業者が知りえない性格のものもある。そのため、これを実施することを従業者に対し事前に明示しておかなければ、適正な取得（法20条1項）といえないというおそれも残る。この明示は、こうしたおそれを払拭しようとするものである。それ以外の点は、全体として、社内モニタリングによって得られた従業者の個人データに関する安全管理措置を実現しようとするものといえよう。

〔図表2-11-1〕モニタリングを実施する場合の留意点

①モニタリングの目的（取得する個人情報の利用目的）をあらかじめ特定し、社内規程に定め、従業者に明示すること
②モニタリングの実施に関する責任者とその権限を定めること
③あらかじめモニタリングの実施に関するルールを策定し、その内容を運用者に徹底すること
④モニタリングがあらかじめ定めたルールに従って適正に行われているか、確認を行うこと

Q2-12 個人データに関する義務(6) 委託先の監督

Q　個人データの安全管理のため、個人データの取扱いの委託元である事業者は、委託を受けた者（委託先）に対する監督義務を負うか。

A　必要かつ適切な監督を行う義務を負う（法25条）。その概要は〔図表2-12-1〕参照。

解説

1　法25条の制度趣旨

法25条は、個人データの委託元に、委託によって提供した個人データの安全管理が図られるよう、委託先に対する監督義務を負わせている。

近年におけるアウトソーシングの普及に対応するため、法27条5項1号は、委託に伴う個人データの提供については、本人同意の取得を不要と規定している（Q2-15参照）。そのため本人が知らない間に個人データが委託先に移転されることになるので、法25条は、委託によって安全管理水準が低下しないように、委託先に対する監督義務を委託元に負わせることによって、その水準低下を防止しようとする趣旨の規定である。したがって、委託先に対する監督は、広義において法23条（Q2-9参照）の義務の一環を構成するものといえよう。

実際にも委託先からの漏えい事案は多く、プライバシー侵害に該当するとして委託元の損害賠償責任を認めた判例は少なくない。民事上も、委託先は委託元の履行補助者となるので、委託先の行為について委託元は契約責任・不法行為責任を負うことが通常である。その意味からも監督が必要である。

〔図表Q2-12-1〕委託先への必要かつ適切な監督の例

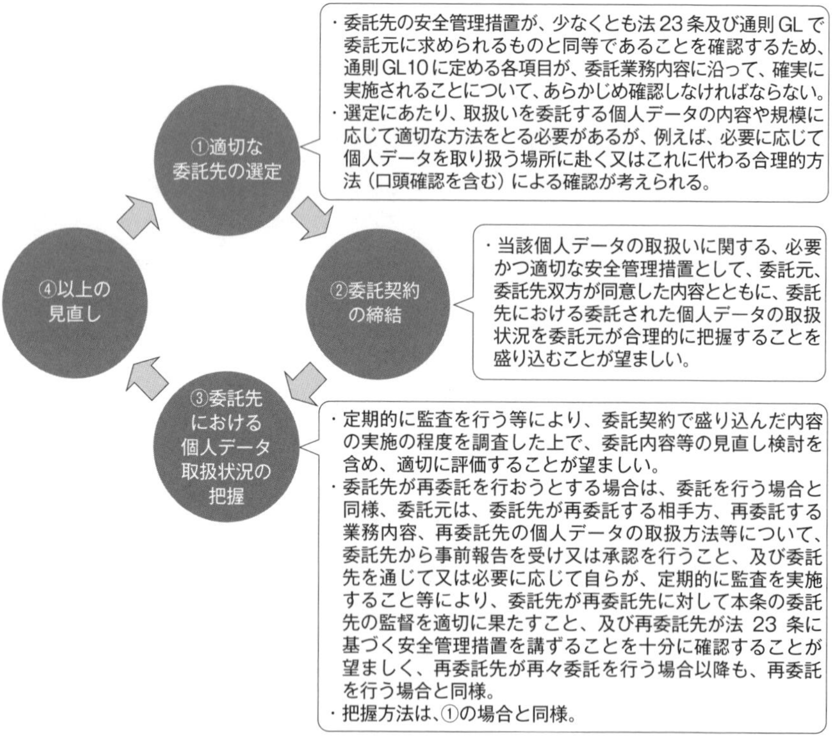

①適切な委託先の選定
・委託先の安全管理措置が、少なくとも法23条及び通則GLで委託元に求められるものと同等であることを確認するため、通則GL10に定める各項目が、委託業務内容に沿って、確実に実施されることについて、あらかじめ確認しなければならない。
・選定にあたり、取扱いを委託する個人データの内容や規模に応じて適切な方法をとる必要があるが、例えば、必要に応じて個人データを取り扱う場所に赴く又はこれに代わる合理的方法（口頭確認を含む）による確認が考えられる。
②委託契約の締結
・当該個人データの取扱いに関する、必要かつ適切な安全管理措置として、委託元、委託先双方が同意した内容とともに、委託先における委託された個人データの取扱状況を委託元が合理的に把握することを盛り込むことが望ましい。
③委託先における個人データ取扱状況の把握
・定期的に監査を行う等により、委託契約で盛り込んだ内容の実施の程度を調査した上で、委託内容等の見直し検討を含め、適切に評価することが望ましい。
・委託先が再委託を行おうとする場合は、委託を行う場合と同様、委託元は、委託先が再委託する相手方、再委託する業務内容、再委託先の個人データの取扱方法等について、委託先から事前報告を受け又は承認を行うこと、及び委託先を通じて又は必要に応じて自らが、定期的に監査を実施すること等により、委託先が再委託先に対して本条の委託先の監督を適切に果たすこと、及び再委託先が法23条に基づく安全管理措置を講ずることを十分に確認することが望ましく、再委託先が再々委託を行う場合以降も、再委託を行う場合と同様。
・把握方法は、①の場合と同様。
④以上の見直し

2 「個人データの取扱いの……委託」の意義

契約の形態・種類を問わず、事業者が他の者に個人データの取扱いを行わせることをいうが、**Q2-15**で詳論する。

「個人データの取扱い」とは取得から廃棄までのすべてを含む。これに対し、名簿入りの荷物を封緘して配送事業者に渡すような場合、通常、当該配送事業者は配送を依頼された中身の詳細を関知しないので、当該配送事業者との間で特に中身の個人データの取扱いについて合意があった場合等を除き、当該個人データに関しては取扱いの委託をしているものとはいえず、通信事業者による通信手段を利用する場合も、当該通信事業者は、通常、通信手段を提供しているにすぎず、通信を依頼された中身の詳細を関知しないので、通信対象たる個人データの取扱いを委託したものとはいえないが、それらを利用する事業者は法25条ではなく法23条に基づいて安全管理措置義務を負う（委員会QA7-35)。クラウドサービス、情報システムの保守依頼の場合にも、これに準じる事案かどうかによって、法25条にいう委託に該当するかどうか、左右される。

3 「委託を受けた者」（委託先）の意味

監督の対象は「委託を受けた者」（委託先）であり、個人か団体か、個人情報取扱事業者への該当性の有無を問わないが、直接の委託先に限られており、再委託先以降についても直接監督することを求める趣旨ではない。しかし、委託先は法25条に基づき再委託先に対する監督義務を負い、再々委託以降の場合も同様となる。委託先における再委託先に対する監督体制についても、委託元による監督が求められる。このように本条の監督義務は一種の連鎖構造となっている。

4 「必要かつ適切な監督」

委託先は委託元とは別の法人格を有しており、従業者の場合のような雇用関係に基づく指揮命令関係はない。そのため、委託先に対する監督は、①適切な委託先の選定と、②委託契約の締結が中心となる。とはいえ、締結した委託契約が遵守されているとは限らず、継続的な委託では委託先の管理状況等は時間の経過とともに変動しうる。したがって、③定期的な監査等によって委託先における個人データ取扱状況を把握する必要がある（以上につき通則GL3-4-4)。その結果に基づき、④上記①や②の見直しによる継続的改善が必要となる。結局、ここでもマネジメントシステム的な仕組の構築が重要となる。

上記①「適切な委託先の選定」がアドホックとならないよう、委託先選定基準を設けている事業者もある。金融安全管理実務GL6-1-2は委託先選定基準を詳細に具体化しており参考となるが、これは最も厳格な分野のものであって、一般的な分野全般に対する要求水準よりも高い。法32条1項4号に基づき令10条1号が、当該事業者が講じている保有個人データの安全管理措置を公表事項として定めているので、それを選定の際に閲覧して選定の参考としうる。

上記②「委託契約」は、ⓐ講ずべき具体的な安全管理措置内容を盛り込むことが中心となり、その内容は、委託する個人データの量や性格によって異なる。法令遵守に関し情報のライフサイクルに即した措置内容を検討する。厳格な措置を要するときは委託先側アクセス者や作業場所の限定を定めることもある。

他にも、ⓑ再委託に関する事項（委託元の許可制又は委託元への事前届出制並びに再委託元の再委託先に対する監督体制）、ⓒ上記ⓐ及びⓑに関する措置の実施状況③の把握に要する情報提供等の義務、ⓓ委託先において漏えい等発生のおそれが判明した場合の通知義務（法26条1項但書参照）等も重要である。これにはその手順・方法等も含めること、委員会に報告すべき原因の究明に必要な事項の報告・資料の提供等を内容とすることが望ましい。原因究明のための調査に外部専門家を入れる場合もあるので、その点についても明記しておくことが得策である。他方で委託先がインシデント発生時の責任減免条項の設置を希望することも少なくない。IT関係の委託では、サービスレベル・アグリーメントという形式で措置内容が定められることが多い。

5　外国にある第三者に委託する場合の措置

外国にある第三者に委託する場合、当該第三者が講じている安全管理措置を、参考情報として本人に事前に提供した上、本人同意を取得する必要がある（法28条1項・2項→**Q2-16**参照）。同条による煩瑣な手続負担を負わないためには、国内にある第三者に関する法27条の適用対象とすることが望まれる。同条5項1号の委託として本人の事前同意不要としうるからである（委託先が現地子会社であるような場合には同条5項3号の共同利用とする方法もある）。

そのための方法として、認定国の事業者を委託先とする方法（法28条1項括弧書）があるが、現時点では英国と欧州経済領域（EEA）に限られている。そのため、これ以外の国にある第三者を委託先とするときは、基準適合体制整備者とする方法（同項括弧書）によらざるをえない。

規16条は、「基準適合体制整備者」の基準を、ⓐ提供元と提供先との間で、当該提供先における当該個人データの取扱いについて、適切かつ合理的な方法により、法第4章第2節の規定の趣旨に沿った措置の実施が確保されていること（1号）、又は、ⓑ個人データの提供先が、個人情報の取扱いに係る国際的な枠組みに基づく認定を受けていること（2号）の、いずれかに該当することと定める。しかし、必ずしもⓑは普及していないので、実務的にはⓐの方法によらざるをえない。ⓐの「法第4章第2節の規定の趣旨に沿った措置」は、外国提供GL4-2が定めている。そのため、その遵守に関する誓約書等を、外国にある提供先から徴収しておく必要がある。

外国にある当該提供先が基準適合整備者である場合でも、当該第三者による相当措置の継続的な実施を確保するために必要な措置（この措置内容は規18条1項1号・2号が規定）を講ずるとともに、本人の求めに応じて当該必要な措置に関する情報を当該本人に提供しなければならない（法28条3項）。しかし、本法は基準適合整備者から提供元への当該情報提供義務を規定していないので、ここでも契約法理に頼るほかない。そのため、当該情報を迅速・適切に委託元が取得しうるよう、委託契約等の条項を整備する必要がある。

6　取扱状況の把握と見直し

上記③「委託先における取扱状況の把握」につき通則GL3-4-4は、必要に応じて個人データを取り扱う場所に赴く又はこれに代わる合理的な方法（口頭による確認を含む）により確認することが考えられるとする。上記ⓐ及びⓑに関する措置の実施状況の把握に要する情報提供等を委託先に求める必要があるが、それに応じるかどうかは委託先の任意である。そのため、実務的には委託契約等によって、それに応じる義務を規定しておく必要がある。

上記④「見直し」として、委託先の変更、委託契約の終了・内容改訂等が考えられるので、それに即した規定を委託契約等に盛り込んでおくことになる。

7　行政機関等が委託元である場合

行政機関等から個人情報の取扱いの委託を受けた者は、当該委託を受けた業務を行う場合、保有個人情報の安全管措置義務を負う（法66条2項1号）。以上は指定管理者（地方自治法244条の2第3項）が公の施設の管理の業務を行う場合（法66条2項2号）、同項各号の者から当該各号に定める業務の委託（二以上の段階にわたる委託を含む）を受けた者が、当該委託業務を行う場合も同様である（同項5号）。これらの者が個人情報取扱事業者であれば、個人データに関する法23条と重畳して義務を負うことになる。

Q2-13 個人データに関する義務(7) 漏えい等発覚時の対応

Q　個人データの漏えい、滅失又は毀損（それらのおそれを含み「漏えい等」と総称）が発覚した場合、事業者はどのような義務を負うか、行政機関等の場合も同様か。

A　当該漏えい等が、委員会規則で定める重大な事態（〔図表Q2-13-1〕の報告対象事態）に該当するときは、〔図表Q2-13-2〕の事項について委員会への報告義務と本人への連絡義務を負うが、委託先から漏えい等した場合は、委託先から委託元へ連絡することによって、上記報告・連絡が委託元に一本化される（法26条）。行政機関の長等も、保有個人情報について概ね同様の義務を負う（法68条）。

解説

1　法26条・68条の概要

漏えい等事案が発生したときは、規模の大小にかかわらず、被害の拡大・再発を防止するため、①内部における報告・被害の拡大防止（例：被害に遭ったサーバの緊急停止）、②事実関係の調査・原因究明（例：ログ解析等による漏えい事実の調査と漏えい原因の特定）、③影響範囲の特定（例：把握した事実関係による影響範囲の特定）、④再発防止策の検討・実施（例：原因となった脆弱性に対するセキュリティアップデート・エンドポイントセキュリティソフト等の導入）を行うべきことは、本法を待つまでもなく当然である（通則GL 3-5-2）。火災の場合に鎮火が最優先事項であるのと同様に、特に①は最優先で対処する必要がある。

それに加え、委員会規則で定める重大な事態（〔図表Q2-13-1〕の事態）に該当する場合（後述の報告対象事態）について、委員会への報告義務と本人への連絡義務が、令和2年改正で新たに事業者に課された（法26条）。ほぼ同趣旨の義務が、令和3年改正で行政機関の長等にも課された（法68条）。この報告は委員会による監督監視の端緒となり、この通知は本人が自ら権利利益保護措置を図りうるようにする趣旨のものである。

事業者・行政機関の長等としては、万一の事態に備え、実際に発覚した場合に、不適正な「場当たり的対応」とならないよう、事業継続計画（Business Continuity Plan：BCP）として、事前に、以上の諸点に関する内部対応体制、手順等の概要を内部規程に定めておき、模擬訓練を実施しておくことが望ましい。

2　報告・通知義務の対象となる重大な漏えい等——報告対象事態

〔図表 Q2-13-1〕のいずれかに該当する漏えい等が発生し、又は発生したおそれがある事態が報告等の対象である（規 7 条・43 条）。これを「報告対象事態」という（通則 GL 3-5-3-1）。

その対象情報は、事業者の場合には個人データであるが（法 26 条 1 項）、仮名加工情報にも該当する場合を除く（法 41 条 9 項→**Q2-22**）。行政機関の長等の場合には保有個人情報である（法 68 条 1 項）。いずれも個人の権利利益を保護するために必要な措置を講じたものを除く（規 7 条・43 条の各 1 号括弧書）。「高度な暗号化」が明文で例示されている。

報告対象事態に該当しない場合でも、事業者・行政機関の長等が任意に委員会への報告や本人への通知を行うことは妨げない。

〔図表 Q2-13-1〕　報告対象事態（規 7 条・43 条）

次の漏えい等が発生し、又は発生したおそれがある事態（高度な暗号化その他の個人の権利利益を保護するために必要な措置を講じたものを除く）
①要配慮個人情報（地方公共団体の機関・地方独立行政法人では条例要配慮個人情報を含む）が含まれる場合
②不正に利用されることにより財産的被害が生じるおそれがある場合
③不正の目的をもって行われたおそれがある場合
④本人の数が、事業者では 1000 人、行政機関等では 100 人を超える場合

3　委員会への報告（法26条1項）

報告時期は二段階である。まず、事業者は、報告対象事態（「おそれ」が含まれることに注意）を知った後、速やかに**〔図表Q2-13-2〕**の「委員会報告」欄の事項のうち、その時点で把握しているものを報告しなければならない（規8条1項)。これを「速報」という。発覚時点から概ね3～5日以内である（通則GL 3-5-3-5)。同欄の事項のうち、その時点で判明している事実を報告する。

次に、事業者は、30日以内に同欄の事項を報告しなければならない（同条2項)。これを「確報」といい、不正アクセス・内部不正のように「不正の目的をもって行われたおそれがある場合」（これと同時に他の項目に該当する場合を含む―通則GL 3-5-3-4）には、例外的に60日以内と長期化されている（規8条2項括弧書)。正当な理由によって報告事項すべてが出揃わない場合には、その旨を連絡して承認を得た上、追って報告することになるケースもある。

いずれも当該事態を知った当日を含めて日数計算する（通則GL3-5-3-4)。

報告方法は、委員会サイト上の所定の報告フォームに書き込む方式（ネットの使用が困難であれば報告書を提出）が原則である（規8条3項1号)。委員会のウェブページ「漏えい等の対応とお役立ち資料」の中に設けられた「漏えい等報告フォーム」を用いる。委員会の権限が事業所管大臣に委任されている分野における個人情報取扱事業者は、委任先省庁等に報告する。権限の委任を受ける事業所管大臣、委任しようとする事務の範囲、委任期間、報告期間につき、委員会のウェブページ「権限の委任」を閲覧して事前に確認することになる。事業所管大臣に報告する場合には所定の様式の報告書を提出する（同項2号)。

以上の報告時期・方法は、行政機関の長等の場合も、対象情報が保有個人情報である点・事業所管大臣への委任制度がない点を除き、同様である（規44条)。

いずれの場合も、委託先が漏えい等をしたときは、委託元（事業者・行政機関等）に通知することによって、報告者が委託元へと一本化される（法26条1項但書)。重複を避けるためである。この重複回避という趣旨からすれば、再委託先において漏えい等が発生した場合も、再委託先から通知を受けた再委託元（委託先）が、それに続いて委託元に通知し、最終的には委託元に委員会への報告が一本化されることになり、再々委託先やそれ以降において漏えい等が発生した場合も同様となろう。

〔図表 Q2-13-2〕 法 26 条・68 条による報告・通知事項

号	事　項	内容（通則 GL3-5-3-3）	委員会報告	本人通知
1	概要	当該事態の概要について、発生日、発覚日、発生事案、発見者、報告対象事態該当性、委託元及び委託先の有無、事実経過等	○	○
2	漏えい等が発生又は発生したおそれがある個人データの項目	個人データの項目について、媒体や種類（顧客情報、従業員情報の別等）とともに報告	○	○
3	漏えい等が発生又は発生したおそれがある個人データに係る本人の数	個人データに係る本人の数	○	×
4	原因	発生原因について、当該事態が発生した主体（報告者又は委託先）とともに報告	○	○
5	二次被害又はそのおそれの有無・内容	当該事態に起因して発生する被害又はそのおそれの有無・内容	○	○
6	本人への対応の実施状況	当該事態を知った後、本人に対して行った措置（通知を含む）の実施状況	○	×
7	公表の実施状況	当該事態に関する公表の実施状況	○	×
8	再発防止のための措置	漏えい等事案の再発防止のために講ずる措置について、実施済みの措置と今後実施予定の措置に分けて報告	○	×
9	その他参考となる事項	上記各事項を補完するため、委員会が当該事態を把握する上で参考となる事項	○	○

表中の「個人データ」は、行政機関等の場合は「保有個人情報」
○は必要、×は不要（報告事項は規 8 条 1 項・44 条、通知事項は規 10 条・45 条）

4　本人への通知（法 26 条 2 項）

事業者は報告対象事態を知った後、その事態の状況に応じて速やかに、当該本人の権利利益を保護するために必要な範囲で、**〔図表 Q2-13-2〕**の「本人通知」欄の事項を通知しなければならないが（法 26 条 2 項本文、規 10 条）、委託先から漏えい等したときは、委託元に通知することによって、本人への通知者が委託元へと一本化される（再委託先において漏えい等が発生したときは、上述の委員会への報告の場合と同様）。本人への通知が困難なとき（例：本人の現在の所在や連絡先が不明）は、本人の権利利益保護に必要な措置（例：自社サイトで公表）で代替しうる（法26条2項但書）。以上の通知義務は行政機関の長等の場合も同様であるが、対象情報が保有個人情報である点、法78条1項各号の情報（保有個人情報の不開示事由）のいずれかが含まれるときは通知義務を負わない点で、事業者の場合と異なる（法68条2項、規45条）。

5　刑事責任の追及

不正アクセスによる漏えい等であれば不正アクセス禁止法違反の罪、マルウェアによるものであれば不正指令電磁的記録に関する罪（刑法168条の2・168条の3）の対象となる。電子計算機損壊等業務妨害罪（刑法234条の2）の対象となる場合もある。内部不正の場合には個人情報データベース等不正提供罪（法179条）に該当しうる。刑法の窃盗罪・横領罪は客体が他人の有体物に限られるので、外部へネット送信した場合や、当該不正者の所有する物理媒体にコピーして漏えいさせた場合には、これらの罪に問えない。しかし、上記個人情報データベース等不正提供罪のほかにも、営業秘密に該当すれば不正競争防止法21条の罪に問いうる。そのため、警察に相談した上、刑事告訴等を行うべき場合もある。

6　その他の対応事項

発覚直後から実施すべき措置が多岐にわたる一方、確報までの期間は短い。そのため、報告対象事態に該当することが判明したときは、セキュリティ専門会社に漏えい原因・影響範囲の究明に関する調査や、漏えい等の原因となった脆弱性の除去等を依頼することが望ましい。それによって複雑・高度な事案を含めて迅速・適正な対応が可能となる上、客観性が保たれるので信頼回復を得やすく、的確な再発防止策の策定にも役立つ。

他方、必要に応じて被害届・刑事告訴、漏えい情報のネット公開の停止措置手続、内部規程の見直し、監督官庁に報告して指示を仰ぐこと、上場しているときは東証への適時開示を要する場合がある。本人をはじめ利害関係人からの問い合わせに対応するための体制整備や、メディアからの取材への広報部門による一元的な対応体制を整備する必要もある。大規模なときは、当該事業者等の危機管理規程に則して対策本部の立ちあげを要する場合もあり、コールセンターの開設・案内（センター要員へのスクリプト作成・配布を含む）も必要となる。個人データ・保有個人情報に該当しない単なる個人情報である場合を含め、その漏えいは損害賠償責任の対象となりうる。以上の内容は事案ごとに異なるので、対処方法に精通した法律専門家への依頼を要する場合も多い。多様な問題が対応過程で次々に起こることが予想されるので、対応経験を多く積んだ専門家を入れることが望ましい。漏えい情報のネット上への不正アップロードに対する対処、ランサムウェアの場合には身代金要求、ヘビークレーマーによる無理難題の要求等、枚挙の暇がない。

なお、特定個人情報の漏えい等である場合、番号法29条の4に基づき特定個人情報の漏えい等について報告等を要する。それに関する平成27年特定個人情報保護委員会規則第5号も制定されているので、参照されたい。

7　漏えいと消費者裁判手続特例法

法26条所定の報告対象事態や個人データへの該当性の有無を問わず、管理する個人情報の漏えいが発生したときは、事業者が本人に対し損害賠償責任を負うことがある。損害の大半は慰謝料である。他方、消費者裁判手続特例法上の消費者裁判手続とは、特定適格消費者団体が、消費者に代わって被害の集団的回復を求めうる二段階型の訴訟制度である。一段階目の手続（共通義務確認訴訟）で、特定適格消費者団体が原告として、事業者が消費者本人に責任（共通義務）を負うか否かが判断され、責任が認められれば二段階目の手続で事業者が支払うべき相手と額を確定する。同法の令和3年改正で、慰謝料を消費者裁判手続制度の対象とする要件として、慰謝料額算定の基礎となる主要な事実関係が消費者に共通することに加え、同法上対象となる損害に係る請求と併せて請求されるものか、事業者の故意により生じるものかのいずれかに該当するものが、新たに対象に加えられた。この要件を満たせば、個人情報漏えいに関する慰謝料請求も消費者裁判手続の対象となりうる。

Q2-14　個人データに関する義務(8)　個人データの第三者提供

Q　事業者が個人データを第三者に提供する場合、どのような措置が必要か。

A　利用目的の範囲内であるだけでなく（法18条1項）、原則として第三者提供につき本人の事前同意を取得する必要がある（法27条1項柱書）。これには、①除外事由が定められており（同項各号）、また、②オプトアウト方式による例外（同条2項～4項）、③第三者に該当しない場合という例外（同条5項・6項）が設けられている。以上の概要は〔図表Q2-14-1〕参照。なお、第三者提供記録の作成・保管義務はQ2-17で、開示義務はQ2-20で解説する。以上は国内にある第三者に提供する場合であり、外国にある第三者に提供する場合については法28条が別途規定する（Q2-16参照）。

解説

1　対象情報――個人データ

法27条は対象情報を個人データと規定する（ただし個人データに該当しない個人情報の提供でもプライバシー侵害となる場合があるので注意）。

個人データは個人情報に該当することが要件であるが、個人情報に関する個人識別性を、委員会は提供元を基準に判断すべきとする。委員会は、記述等による識別性は一般人を基準に判断するとしつつ提供元基準説と称しているが、なぜ一般人基準が提供元基準と呼べるのか論理整合性が不明である。さらに照合容易性の有無も専ら提供元を基準に判断するという結果を招くので、提供元が照合容易性を有していなければ、提供先に照合容易性がある場合でも本法の規制が及ばないことになり、却って本人の権利利益侵害のおそれを招く。

この不都合を避けるため、令和2年改正で個人関連情報の第三者提供制限規定（法31条）が新設されている（Q1-12参照）。

〔図表Q2-14-1〕第三者提供制限の仕組（法27条）

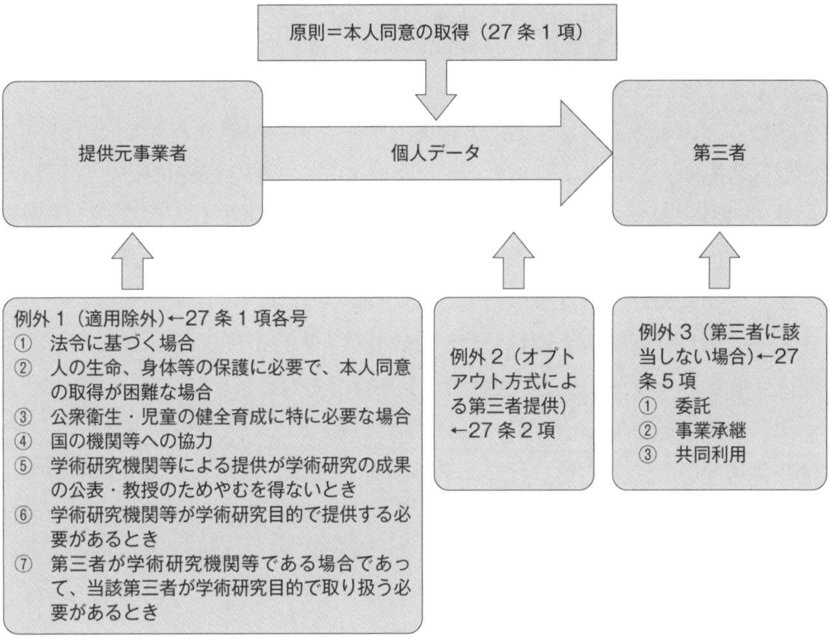
原則＝本人同意の取得（27条1項）
提供元事業者
個人データ
第三者
例外1（適用除外）←27条1項各号
① 法令に基づく場合
② 人の生命、身体等の保護に必要で、本人同意の取得が困難な場合
③ 公衆衛生・児童の健全育成に特に必要な場合
④ 国の機関等への協力
⑤ 学術研究機関等による提供が学術研究の成果の公表・教授のためやむを得ないとき
⑥ 学術研究機関等が学術研究目的で提供する必要があるとき
⑦ 第三者が学術研究機関等である場合であって、当該第三者が学術研究目的で取り扱う必要があるとき
例外2（オプトアウト方式による第三者提供）←27条2項
例外3（第三者に該当しない場合）←27条5項
① 委託
② 事業承継
③ 共同利用

2　提供

「提供」とは、自己以外の者が取扱可能な状態に置くことをいう。

委員会は、少なくとも提供元・提供先の一方でも、個人データとして取り扱っているといえなければ、「個人データの提供」に該当しないとする解釈を採るものと思われる（同様に個人データの取扱いの委託に伴う提供にも非該当）。

まず、提供元が取り扱っていない場合の例として、A社サイトに設置したB社のタグを通じ、B社がA社サイト閲覧者の閲覧履歴を取得する場合について、委員会は、B社のタグで収集された閲覧履歴をA社が取り扱っていなければ、A社がB社に当該閲覧履歴を「提供」したとはいえないとする（委員会QA8-10）。タグの例として、ウェブビーコン、ウェブフォント等の設置が対象となろう。この解釈によれば、A社サイトにアクセスした本人から、当該タグに係る情報をB社が直接取得するという法律構成となる。「提供」に該当しない以上、法27条から30条までの規定、さらに個人関連情報の第三者提供制限規定（法31条）の適用もないことになろう。とはいえ、こうした「中身が個人データであることは知っているが、中身に触れられない形であれば自己の支配領域に入れたとしても取り扱ったことにならない」というような解釈を突き詰めると、名簿業者からCD入り名簿データを封緘された形で仕入れたA社が、名簿データであると知りながら開封することなくB社に販売した場合、A社のB社に対する「提供」に該当しないことになってしまわないか、疑問が残る。ウェブビーコンのようなタグ技術が使われていることは、ICTに疎い個人には覚知が困難な性格のものなので、A社サイトにアクセスした個人にとって予想可能な状態にしておかなければ、B社が法20条1項に抵触する疑いがあるが、現在のところ委員会の見解は明らかにされていない。

次に、提供先が取り扱っていない場合の例として、A社から個人データを含む荷物等の配送を依頼された配送事業者B社は、依頼された荷物等の中身の詳細を関知しないので、A社とB社との間で特に中身の個人データの取扱いについて合意があった場合等を除き、当該個人データに関する取扱いの委託とはいえず、これはB社が通信手段を提供しているにすぎない通信事業者である場合も同様である（委員会QA7-35）。さらにA社がクラウドサービス提供事業者B社の運営するクラウドを用いる場合、B社が個人データを取り扱うこととなっているかどうかを「提供」への該当基準とした上、取り扱わないこととなっている場合とは、①契約条項でB社がサーバに保存された個人データを取り扱わない旨が定められており、②適切にアクセス制御を行っている場合等が考えられるとする（委員会QA7-53）。したがって、これらの場合には法27条だけでなく、法28条から31条までの規定による規制も及ばない。

なお、より一般的な例を挙げると、A社が自社の個人会員に配布する機関誌に、B社商品の紹介記事や広告を掲載して送付した場合、当該個人会員名簿（個人データ）の全部又は一部をB社に渡していない限り、個人データをB社に提供したことにはならない。当該機関誌に綴じ込まれたB社宛の商品割引購入申込葉書を、購読者が必要事項を記載してB社に送付した場合には、A社は当該個人情報を取得しておらず、当該購読者が本人同意の上、自己の個人情報をB社に直接提供したことになろう。

3　第三者

提供先となる第三者とは、提供元及び本人以外の者をいい、官民のいずれであるか、事業者かどうかも問わない。提供元の部署ａから社内の部署ｂに提供しても、提供元内部にとどまるから、第三者といえない。他方、親子会社その他の関連会社であっても法人格が別であれば第三者となる。このように事業者の法人格が同一かどうかによって判断される。

法27条5項は、提供がⓐ委託（1号）、ⓑ事業承継（2号）、ⓒ共同利用（3号）のいずれかに該当する場合には、同条にいう第三者に該当しないと定めており、その場合には本人の事前同意取得は不要となる（**Q2-15**参照）。これに対し、法28条については、こうした「第三者に関する例外」は定められていない。

4　法27条1項各号が定める適用除外事由

以上の要件を具備している場合でも、本人の事前同意取得が不要な場合がある。その第一が、法27条1項各号が定める適用除外事由のいずれかに該当する場合であり、法28条の場合も同様である。事前同意取得を必要とすると、却って人の権利利益や公益等が害されることを避ける趣旨から規定された。

その内容は**〔図表Q2-14-2〕**参照。法28条でも同条の適用除外事由となる（同条1項）。

法27条1項1号から4号までの適用除外事由は、法18条3項・20条2項の適用除外事由と同一である。これに対し、この両条が定めるその他の適用除外事由と、法27条1項5号以下の適用除外事由は異なっている。同号以下の適用除外事由は、すべて学術研究目的で学術研究機関等が取り扱う場合について、令和3年改正前の包括的適用除外を廃止して個別的適用除外に移行したことに伴って新設された類型である点で共通している。その中でも、提供元が学術研究機関等に限られるか（5号・6号）、否か（7号）の点で異なる半面、提供先たる第三者が学術研究機関等に限られるか（7号）、否か（5号・6号）の点で違いがあり、提供先が、学術研究成果の公表又は教授を行う場合（5号）、学術共同研究を行う場合（6号）に限られている。これらの場合における学術研究機関等の自主的措置を法59条が規定する。

〔図表 Q2-14-2〕法 27 条 1 項各号が定める適用除外事由

号	事　由	具体例
1	法令に基づく場合	法 18 条 3 項 1 号の具体例参照。
2	人の生命、身体又は財産の保護のために必要がある場合であって、本人の同意を得ることが困難であるとき	法 18 条 3 項 2 号の具体例参照。
3	公衆衛生の向上又は児童の健全な育成の推進のために特に必要がある場合であって、本人の同意を得ることが困難であるとき	医療機関が以前治療を行った患者の臨床症例に係る個人データを、症例研究のために他の医療機関へ提供する場合、又は、医療機関が保有する患者の臨床症例に係る個人データを、有効な治療方法や薬剤が十分にない疾病等に関する疾病メカニズムの解明を目的とした研究のために製薬企業に提供する場合であって、本人の転居により有効な連絡先を保有しておらず本人からの同意取得が困難であるとき（委員会 QA7-24・25）
4	国の機関若しくは地方公共団体又はその委託を受けた者が法令の定める事務を遂行することに対して協力する必要がある場合であって、本人の同意を得ることにより当該事務の遂行に支障を及ぼすおそれがあるとき	法 18 条 3 項 4 号の具体例参照。
5	当該個人情報取扱事業者が学術研究機関等である場合であって、当該個人データの提供が学術研究の成果の公表又は教授のためやむを得ないとき（個人の権利利益を不当に侵害するおそれがある場合を除く）	・顔面の皮膚病に関する医学論文において、症例に言及する場合であって、目線を隠す等の対応をすることにより当該論文による研究成果の公表の目的が達せられなくなるとき（通則 GL3-6-1） ・実名で活動する特定の作家の作風を論ずる文学の講義で、当該作家の実名を含む出版履歴に言及する場合であって、作家の実名を伏せることにより当該講義による教授の目的が達せられなくなるとき（同上）
6	当該個人情報取扱事業者が学術研究機関等である場合であって、当該個人データを学術研究目的で提供する必要があるとき（当該個人データを提供する目的の一部が学術研究目的である場合を含み、個人の権利利益を不当に侵害するおそれがある場合を除く）（当該個人情報取扱事業者と当該第三者が共同して学術研究を行う場合に限る）	A 大学と B 大学が共同で学術研究する場合に、A 大学が有している個人データを、当該学術研究のために、B 大学に提供するとき、又は、B 大学が A 大学に提供するとき
7	当該第三者が学術研究機関等である場合であって、当該第三者が当該個人データを学術研究目的で取り扱う必要があるとき（当該個人データを取り扱う目的の一部が学術研究目的である場合を含み、個人の権利利益を不当に侵害するおそれがある場合を除く）	A 大学における学術研究に用いるために、当該学術研究に必要な個人データを、個人情報取扱事業者 B が A に提供するとき

5　オプトアウト方式による例外

第二に、第三者提供にオプトアウト方式を用いれば、本人の事前同意の取得は不要である。これは、本人の求めに応じて当該本人が識別される個人データの第三者への提供を停止することとしている場合であって、所定の事項を、委員会規則の定めに従い、事前に、本人に通知又は本人が容易に知りうる状態に置くとともに、個人情報保護委員会に届け出たときは、本人の事前同意を取得することなく、当該個人データを第三者に提供しうるとする制度である（法27条2項本文）。

所定の事項とは、ⓐ第三者への提供を行う個人情報取扱事業者の氏名・名称及び住所並びに法人の場合は、その代表者（法人でない団体で代表者・管理人の定めがあれば、その代表者・管理人）の氏名、ⓑ第三者提供を利用目的とすること、ⓒ第三者提供される個人データの項目、ⓓ第三者提供される個人データの取得の方法、ⓔ第三者提供の方法、ⓕ本人の求めに応じて当該本人が識別される個人データの第三者提供を停止すること、ⓖ本人の求めを受け付ける方法、ⓗその他個人の権利利益を保護するために必要なものとして委員会規則で定める事項である。ⓗを受けて規11条4項は、ⓘ第三者提供される個人データの更新方法、及び、ⓙ当該届出に係る個人データの第三者提供開始予定日を定めている。

ただし、当該個人データが要配慮個人情報又は法20条1項に違反して取得されたもの若しくは他の個人情報取扱事業者からオプトアウト方式により提供されたもの（その全部又は一部を複製又は加工したものを含む）である場合は、この限りでない（法27条2項但書）。これらの場合にはオプトアウト方式による第三者提供は認められないという趣旨である。

法28条の場合には、これらの方式による提供は認められていない。

オプトアウト方式による第三者提供制度それ自体は、本法制定時から設けられている。住宅地図等に用いる必要性が高いことから認められたものである。ところが、そうした適正なケースでの活用だけでなく、名簿屋が悪用し、中には漏えいした個人データを転売するために用いるような濫用事例も登場している。こうした名簿屋対策の一環として、本法改正のたびに要件等の厳格化が図られて現行法に至っている。この方式に関する現在の概要については**〔図表**

Q2-14-3〕のとおりである。

6　その他の方法

匿名加工情報（**Q2-24・2-25**参照）、又は「特定の個人との対応関係が排斥されている統計情報」（**Q1-9**参照）として提供する場合には、もはや個人情報に、そして個人データに該当しないので、その提供に本人の事前同意取得は不要である。仮名加工情報の第三者提供は、法27条が一部読み替えられて適用される（**Q2-22・2-23**参照）。他方、個人関連情報データベース等を構成する個人関連情報の提供については義務の対象となり（法31条）、**Q1-12**で解説した。

〔図表Q2-14-3〕　オプトアウト方式による第三者提供

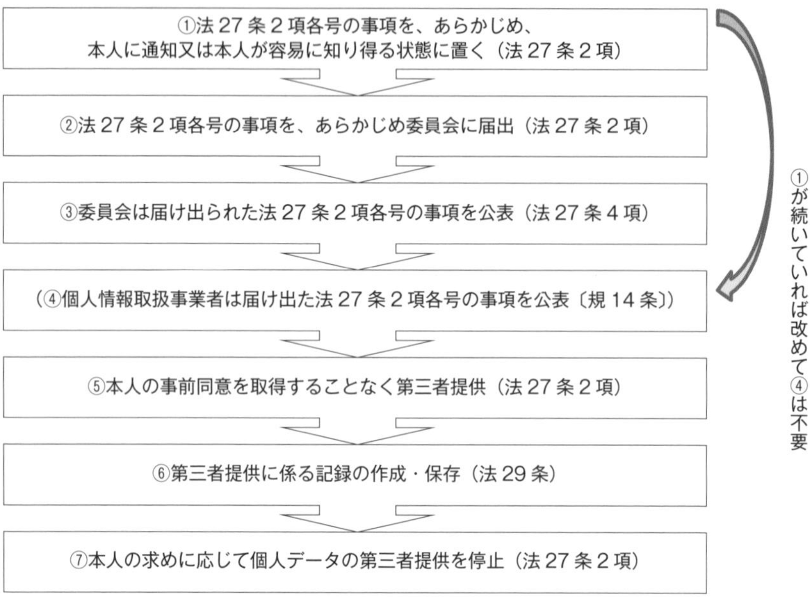

①法27条2項各号の事項を、あらかじめ、
本人に通知又は本人が容易に知り得る状態に置く（法27条2項）
②法27条2項各号の事項を、あらかじめ委員会に届出（法27条2項）
③委員会は届け出られた法27条2項各号の事項を公表（法27条4項）
（④個人情報取扱事業者は届け出た法27条2項各号の事項を公表〔規14条〕）
⑤本人の事前同意を取得することなく第三者提供（法27条2項）
⑥第三者提供に係る記録の作成・保存（法29条）
⑦本人の求めに応じて個人データの第三者提供を停止（法27条2項）
①が続いていれば改めて④は不要

※法27条2項1号の事項の変更又はオプトアウト提供をやめたときは遅滞なく、同項3号～5号・7号又は8号の事項を変更しようとするときは事前に、本人に通知又は本人が容易に知り得る状態に置くとともに、委員会に届け出なければならず（同条3項）、委員会は届出事項を公表（同条4項）

Q2-15 個人データに関する義務⑼ 第三者に該当しない場合（法27条5項）

Q　法27条5項各号（第三者に該当しない場合）を説明されたい。

A　同項は、個人データの提供が、①委託（1号）、②事業承継（2号）、③共同利用（3号）のいずれかに該当するときは、同条1項の「第三者」に該当しないと定める。したがって、それらの場合には、同項が求める本人の事前同意の取得は不要となる。

解説

1　委託に伴う提供（1号）

法27条5項1号は、委託元・委託先間の個人データ提供には本人の事前同意取得を不要とする。いちいち本人同意を要求することにより、広く普及した委託行為が実質的に不可能になる事態を避ける趣旨の規定である。したがって委託元への個人データの返還も同号の適用対象に含まれる。本人の関与がない状態の下で委託先における安全管理水準の低下を防止するため、委託先に対する監督義務を委託元に課すことによって（法25条）、調和を図っている（**Q2-12**参照）。

委託も「提供」の一種であり、法27条5項1号は「第三者」への該当性を除外するにとどまる。これに対し、そもそも「提供」に該当しない場合（例：個人データ入り荷物を配送事業者に配送依頼のため交付）には、「委託」への該当性を検討するまでもなく、本人の事前同意取得は不要となる（**Q2-14**参照）。

「個人データの取扱いの……委託」とは、提供元から委託された業務の範囲内でのみ、提供先が個人データを取り扱うものとされており、委託された業務以外には取り扱えないものをいう（通則GL3-6-3）。

委託された業務以外に当該個人データを取り扱うため同号の適用が認められない場合の具体例として、委託元から提供された個人データを、ⓐ委託先が委託内容と無関係な自社の営業活動等に利用する場合、ⓑ各個人情報取扱事業者から提供された個人データを区別せずに混ぜて取り扱っている場合（以上は委員会QA7-37）、ⓒ委託業務の範囲外で委託先が統計情報に加工し、作成された統計情報を自己のために用いる場合（委員会QA7-38）がある。委託された個人データ（例：広告配信用宛先データ）を利用して取得した別の個人データ（例：配信先の反応データ）も、委託された業務以外（例：自社業務用）には取り扱えない（委員会QA7-40）。

2　事業承継に伴う提供（2号）

法27条5項2号は、「合併その他の事由による事業の承継に伴って個人データが提供される場合」を、第三者に該当しないものとしている。事業承継の際には当該事業の顧客情報など個人データが一体的に移転されることが通常であるが、本人同意を要するとすれば、事業承継が事実上不可能になりかねないため、第三者提供の制限の例外とした。移転後における個人情報の取扱いが可能な範囲は従前の利用目的達成に必要な範囲内に限られるから（法18条2項）、移転に伴い本人の権利利益侵害のおそれは増大しない。

ただし、個人情報を承継した事業者は、法17条2項が許容する範囲内で、その利用目的を事後的に変更できる。その場合には変更後の利用目的を本人に通知、又は公表しなければならない（法21条3項）。この範囲を超えて目的外利用するためには、法18条3項各号のいずれかに該当しない限り、本人の事前同意を取得する必要がある（同条1項）。

3　共同利用（3号）

特定の者との間で共同利用される個人データが当該特定の者に提供される場合であって、その旨及び同号所定の事項（**図表Q2-15-1**）について、あらかじめ、本人に通知、又は本人が容易に知りうる状態に置いているときである。

個人データの提供元との一体的な取扱いに合理性がある範囲の者への提供に、本人の個別同意を要求することによる手続の煩雑性と過度な負担を回避するため、自己の個人データの取扱いを本人に認識しうる状態に置くことによって個人の権利利益保護との調和を図り、もって個人データの共同利用者全体を、その取扱いに関し単一主体とみなす趣旨の制度である。「特定の者」と規定するにとどまるので、その者は個人情報取扱事業者に限られない。通則GL3-6-3は、一部の共同利用者に対し一方向で行うことも可能とする。

同号の「あらかじめ」とは、共同利用開始時点よりも前という意味である(委員会QA7-46)。したがって、同号の通知等を行う前から取得していた個人データであっても共同利用の対象とすることができるが、取得の際に通知等した利用目的の範囲内でなければならない(法18条1項)。

同表③(共同利用者の範囲)は、本人がどの事業者まで将来利用されるか判断できる程度に明確にする必要があり、当該範囲が明確である限りでは、必ずしも事業者の名称等をすべて個別列挙する必要はないが、本人がどの事業者まで利用されるか判断可能にしなければならない(通則GL3-6-3)。「当社の連結子会社」というように示す場合である。他方、子会社を事業譲渡するような場合、事業譲渡前に当該子会社が取り扱っていた個人データは、事業譲渡後も当該子会社が引き続き取り扱いうるが(法27条5項2号)、従来から当該子会社名を共同利用者として公表していた場合、それを事業譲渡後に共同利用者から抹消しなければ、子会社でなくなったにもかかわらず、事業譲渡後も同項3号の共同利用関係が継続される。そのため、事業譲渡当事者間の譲渡契約の中で、事業譲渡前の個人データの引継ぎの有無や範囲、事業譲渡後の共同利用の継続の有無等を明確化しておくことが、後日の紛争を避けるために重要である。

個人情報取扱事業者は、同表の事項④及び⑤を変更する場合は、その旨を、本人に通知し、又は本人が容易に知りうる状態に置かなければならない(法27条6項)。

〔図表Q2-15-1〕共同利用につき本人に通知等を要する事項

事　項	6項による変更の可否
① 個人データを特定の者との間で共同して利用する旨	不可
② 共同して利用される個人データの項目	不可
③ 共同して利用する者の範囲	不可
④ 利用する者の利用目的	可能
⑤ 当該個人データの管理について責任を有する者の氏名又は名称及び住所並びに法人の場合はその代表者の氏名	可能

Q2-16　個人データに関する義務⑽ 外国にある第三者への提供

Q　事業者が個人データを外国にある第三者に提供する場合、どのような措置が事業者には必要か。

A　法27条1項各号のいずれかに該当する場合を除き、事前に本人に参考情報を提供した上で（法28条2項）、本人の事前同意を取得する必要がある（同条1項）。ただし、認定国の場合や基準適合体制整備者に該当する場合には、例外的に同条ではなく法27条が適用されるが（法28条1項括弧書）、基準適合体制整備者である場合には、相当措置の継続的実施確保に必要な措置を講ずるとともに、本人の求めに応じて当該必要な措置に関する情報を当該本人に提供しなければならない（同条3項）。

解説

1　概要

外国（後述の認定国を除く）にある第三者（後述の基準適合体制整備者を除く）に提供する場合には、法27条に代えて法28条が適用される（全体像は**〔図表Q2-16-1〕**参照）。

対象情報、提供概念、本人の事前同意取得を原則とすること（法27条1項各号のいずれかに該当する場合を除く）は、法27条の場合（**Q2-14**参照）と同様であるが（法28条1項）、後述のとおり同意取得の際に本人に参考情報を提供する義務がある（同条2項）。

これに対し、同条には、法27条2項以下に相当する規定は置かれていないので、オプトアウト方式による第三者提供はできず、委託・事業承継に伴う提供、共同利用であっても、法28条により、本人に参考情報を提供して本人の事前同意を取得する義務を負う。

2　外国

法28条1項の「外国」とは本邦の域外にある国・地域をいい（同条1項前段括弧書）、未承認国家も含む。他方で、「個人の権利利益を保護する上で我が国と同等の水準にあると認められる個人情報の保護に関する制度を有している外国として……委員会規則で定めるもの」は、「外国」から除かれ（同条1項前段括弧書）、これを（同等性）「認定国」という。

規15条1項は、この認定要件を同項各号所定の事項をすべて満たすものとして委員会が定めるものとした上、委員会は、認定の際に条件を付けることができ（同条2項）、認定国が上記要件・条件を満たしているか確認のため調査し（同条3項）、調査によって上記要件・条件を満たさなくなったと認めるときは、認定を取り消しうるとする（同条4項）。

平成31年委員会告示第1号は、同年1月23日時点における欧州経済領域協定（EEA）に規定された国を指すが、規15条1項により外国を定める場合、同条2項により付する条件は、①個人データの提供を受ける外国にある第三者とは、前項に定める外国に所在し、GDPR・英国一般データ保護規則に基づく規律に服する者としている。同告示は、定期的及び委員会が必要と認めるときに、委員会は外国の定めを見直すものとする。

「認定国」にある第三者に提供する場合には法28条ではなく法27条が適用され、国内にある第三者への提供と同等に扱われる。

3　外国にある第三者

法28条の「第三者」とは本人・当該事業者以外の者をいう。そのため同一事業者内における提供は、たとえ支店が外国にある場合でも同条は適用されない。

しかし、同条には法27条5項のような除外規定は置かれていない。これに代えて、「個人データの取扱いについてこの節（著者註：法第4章第2節）の規定により個人情報取扱事業者が講ずべきこととされている措置に相当する措置……を継続的に講ずるために必要なものとして……委員会規則で定める基準に適合する体制を整備している者」は、「外国にある第三者」から除かれる（法28条1項前段括弧書）。これを「基準適合体制整備者」という。したがって、この場合には法28条ではなく法27条が適用され、同条2項以下の適用を含め、国内にある第三者への提供と同等に扱われる（ただし後述の法28条3項参照）。

規16条は、「基準適合体制整備者」の基準について、①個人情報取扱事業者と個人データの提供を受ける者との間で、当該提供を受ける者における当該個人データの取扱いについて、適切・合理的な方法で、法第4章第2節の規定の趣旨に沿った措置（その内容は外国提供GL4-2参照）の実施が確保されていること（1号）、又は、②個人データの提供を受ける者が、個人情報の取扱いに係る国際的な枠組みに基づく認定を受けていること（2号）の、いずれかに該当することとしている。

規16条1号の措置内容に関し、外国提供GL4-2が具体化しており、「法第4章第2節の規定の趣旨」に鑑みて、実質的に適切・合理的な方法により、外国にある第三者に提供された個人データに係る本人の権利利益の保護に必要な範囲で、「措置」の実施が確保されていれば足りるとしつつ、法17条から40条までの規定を並べているが、ⓐ要配慮個人情報の内容は国ごとに異なるので法20条2項が除外、ⓑオプトアウトによる個人データの第三者提供（法27条2項・3項）は、委員会への届出等を定める規定という性質を考慮して除外、ⓒ法29条から31条、そして第三者提供記録の開示（法33条5項）及びそれに関連するその他の手続等（法32条及び36条から38条までのうち、第三者提供記録の開示に関連する手続等）についても除外している。

規16条2号の認定には、APECの越境プライバシールール（CBPR：Cross Border Privacy Rules）システムに関する認証を得ていることが該当する（外国提供GL4-3）。

現状では規16条2号の認定は普及していない。そのため、規16条1号に基づき、外国にある現地子会社や委託先から、法第4章第2節の規定の趣旨に沿った措置を行う旨を誓約する書面を徴収する方法によって基準適合体制整備者に該当させる方法が用いられることが多い。これによって、法27条の適用対象とした上、前者を共同利用（同条5項3号）、後者を委託（同項1号）として本人同意を不要とする方法が用いられるが、完全に国内並とはならず、法28条3項が義務を定めており、その内容は後述する。

4　本人に対する参考情報の提供（法28条2項）

「認定国」や「基準適合体制整備者」に該当しない場合は、法28条1項に基づき本人の事前同意を取得する必要があるが、その際には本人に対し参考情報を事前に提供する義務がある（同条2項）。情報提供方法は、電磁的記録の提供、書面の交付その他の適切な方法とする（規17条1項）。

参考情報とは、当該外国の個人情報保護制度、当該第三者（提供先）が講ずる個人情報保護措置等その他当該本人に参考となるべき情報をいう（法28条2項）。規17条2項が、①当該外国の名称（1号）、②適切で合理的な方法により得られた当該外国における個人情報保護制度に関する情報（2号）、③当該提供先が講ずる個人情報の保護のための措置に関する情報（3号）と定める。③は提供先の講ずる措置の情報なので、提供に先立ち提供元が提供先を調査することになる。本人同意取得時に事項①（移転先）が特定できないときは、事項①と②に代えて、事項①が特定できない旨とその理由、及び、事項①に代わる本人に参考となるべき情報があれば、その情報を提供しなければならない（同条3項）。

5　基準適合体制整備者に提供した場合の措置（法28条3項）

基準適合体制整備者に提供する場合には、完全に国内並とはならない。

委員会規則で定めるところにより、①当該第三者（提供先）による相当措置の継続的な実施の確保に必要な措置を講ずる義務、②本人の求めに応じて当該必要な措置に関する情報を当該本人に提供する義務を負う（法28条3項）。

上記①の措置内容を、規18条1項は、ⓐ当該提供先による相当措置の実施状況並びに当該相当措置の実施に影響を及ぼすおそれのある当該外国の制度の有無・内容の、適切で合理的な方法による定期確認（1号）、ⓑ当該提供先による相当措置の実施に支障が生じたときは、必要かつ適切な措置を講ずるとともに、当該相当措置の継続的実施の確保が困難となったときは、個人データの当該提供先への提供停止（2号）と定める。

上記②の提供すべき情報は、ⓐ当該提供先による法28条1項に規定する体制整備の方法、ⓑ当該提供先が実施する相当措置の概要、ⓒ規18条1項1号による確認の頻度と方法、ⓓ当該外国の名称、ⓔ当該提供先による相当措置の実施に影響を及ぼすおそれのある当該外国の制度の有無と概要、ⓕ当該提供先による相当措置の実施に関する支障の有無と概要、ⓖ当該支障に関して同項2号により当該提供元が講ずる措置の概要である（規18条3項）。

そのため、実務的には、提供元は、当該基準適合体制整備者に対し、契約等の合意によって、規18条1項1号の措置実施状況と制度（改正を含む）に関する報告義務、定期確認に応じる義務、同項2号の支障発生に関する報告義務と調査、措置要求及び提供停止に応じる義務を課すべきことになる。次に、本人の求めに応じて提供元が本人に同条3項の情報を提供できるよう、同項の情報について提供先が提供元に同項の情報（ⓒやⓖのように提供元側の措置を除く）を提供等する義務を課すべきことになる。

このように複雑なので、むしろ提供に係る業務完了後は提供情報の迅速な消去義務を課した上、消去完了を証明する資料を添付した通知義務を課すことが望ましい。これによる消去完了後は上記②として本人の求めに応じて消去完了後である旨の情報を回答することになるからである。

6　外国にある第三者への個人関連情報の提供（法31条）

以上に関連するものとして、外国にある第三者への個人関連情報の提供について説明する。個人関連情報データベース等を構成する個人関連情報を個人データとして取得することが想定されるときは、法27条1項各号のいずれかに該当する場合を除き、外国にある第三者への提供の場合には、本人同意を得ようとする場合に、あらかじめ、当該外国における個人情報の保護に関する制度、当該第三者が講ずる個人情報の保護のための措置その他当該本人に参考となるべき情報が当該本人に提供されていることについて、あらかじめ確認することなく、当該個人関連情報を当該第三者に提供してはならない（法31条1項2号）。同号の外国から認定国が除外され、第三者から基準適合体制整備者が除外される。法28条1項前段括弧書が、法31条1項2号において同じ、と規定しているからである。かかる除外事由に該当する場合には、同号ではなく、国内にある第三者と同様に同項1号が適用される（その内容は**Q1-12**参照）。

事業者は、個人データを外国にある基準適合体制整備者に提供した場合には、委員会規則で定めるところにより、当該第三者による相当措置の継続的な実施を確保するために必要な措置を講じなければならない（法31条2項により法28条3項を一部読み替えて準用）。

法30条2項から4項までの規定は、法31条1項により事業者が確認する場合に準用されるが、その場合、法30条3項中「の提供を受けた」とあるのは、「を提供した」と読み替える（法31条3項）。同項も **Q1-12** で解説した。

〔図表Q2-16-1〕外国にある第三者への提供

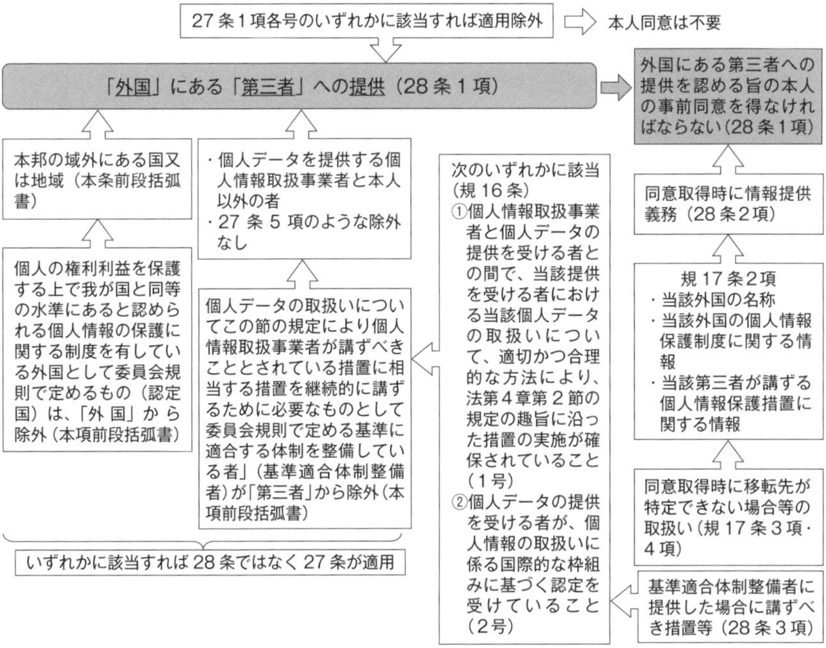

Q2-17 個人データに関する義務⑾ 第三者提供のトレーサビリティ確保

Q　本法は、第三者提供のトレーサビリティ（追跡性）を確保するため、どのような措置を設けているか。

A　個人データの第三者提供に関し、提供元（提供者）は、提供記録の作成・保存義務を負う（法29条）。提供先（受領者）も、提供元（提供者）に関する確認と確認記録の作成・保存義務を負うが、確認の際に当該提供元は当該確認事項を偽ってはならない（法30条）。この第三者提供記録（提供記録と確認記録）を順に遡ることによって、トレーサビリティ（追跡性）を確保しうる。第三者提供記録は本人開示請求の対象となる（法33条5項）。

解説

1　概要

個人データの第三者提供に関し、提供元（提供者）・提供先（受領者）の双方に、提供に関する記録（第三者提供記録）の作成・保存義務を課している（法29条・30条）。不正入手された個人データの名簿業者間における転売が社会問題化した事案の発生を踏まえて平成27年改正で設けられた。委員会は、各記録を順次遡って調査することにより（法146条による報告・資料提出等の対象にもなる）、トレーサビリティ（追跡性）の確保が図られる。令和2年改正によって、第三者提供記録は本人開示請求の対象となった（法33条5項）。一方が他方に記録作成を代行させることもできる。全体像は**〔図表Q2-17-1〕**参照。

2　提供元（提供者）の義務

事業者は、個人データを第三者に提供したときは、次の事項に関する記録を作成する義務を負う（法29条1項）。

この記録事項は、①当該第三者（提供先）の氏名・名称及び住所並びに法人の場合は代表者の氏名（不特定かつ多数の者に対して提供したときは、その旨）、②当該個人データの本人の氏名など本人を特定するに足りる事項、③当該個人データの項目、④本人の同意を得ている旨、であるが、オプトアウト方式による提供の場合は、④に代えて、⑤提供年月日である（規20条1項）。

記録は文書、電磁的記録又はマイクロフィルムを用いて作成する方法によるものとし（規19条1項）、原則として提供の都度、速やかに作成しなければならないが（同条2項本文）、記録を一括作成しうる場合（同項但書）、契約書等の代替手段によりうる場合がある（同条3項）。

作成した記録の保存義務を負うが（法29条2項）、保存期間は作成日から原則3年間である（規21条）。

3　提供先（受領者）の義務

法30条は、提供を受ける際、提供先（取得者）となる事業者に対し、①確認義務（1項）、②確認記録の作成義務（3項）、③当該記録の保存義務（4項）を課している。

①の確認事項は、当該第三者（提供元）の氏名・名称及び住所並びに法人の場合は代表者の氏名（1項1号）、当該第三者による当該個人データの取得の経緯である（同項2号）。提供元は当該確認事項を偽ってはならず（2項）、違反者は10万円以下の過料に処せられる（法185条）。

②の記録の作成方法は、規19条1項の方法と同様である（規23条1項）。原則として提供を受けた都度、速やかに作成しなければならないが（同条2項本文）、記録を一括作成しうる場合がある（同項但書）。契約書等の代替手段による方法も認められる（同条3項）。記録事項は、規24条1項が、ⓐオプトアウト方式による場合（1号）、ⓑ本人の同意による場合（2号）、ⓒ法31条1項の規定による個人関連情報の提供を受けて個人データとして取得した場合（3号）、ⓓ第三者（個人情報取扱事業者に該当する者を除く）から個人データの提供を受けた場合（4号）に分けて規定しているので参照されたい。保存期間は作成日から原則3年間である（規25条）。

4　法29条・30条の義務を負わない場合

個人データの提供につき、法27条1項各号（本人同意取得義務の適用除外事由）、若しくは、同条5項各号（第三者に該当しない場合）のいずれかに該当する場合には、法29条・30条の適用が除外されるので義務を負わない（法29条1項但書・30条1項但書）。

法16条2項各号に掲げる公的部門の者が、提供先（受領者）たる「第三者」である場合には、法29条・30条は適用されない。法29条の「第三者」から除かれており（同条1項括弧書）、法30条の適用主体でもないからである。

5　第三者提供記録の本人開示請求

令和2年改正で自己に関する第三者提供記録の開示請求が新設された（法33条5項）。

この改正までは、第三者提供記録を用いてトレーサビリティを確保しうるものは委員会に限られていた。しかし、この改正で第三者提供記録の開示請求が認められたことによって、本人が自らトレーサビリティを確保しうることになった。この点は**Q2-20**でも後述する。

〔図表Q2-17-1〕第三者提供のトレーサビリティ確保

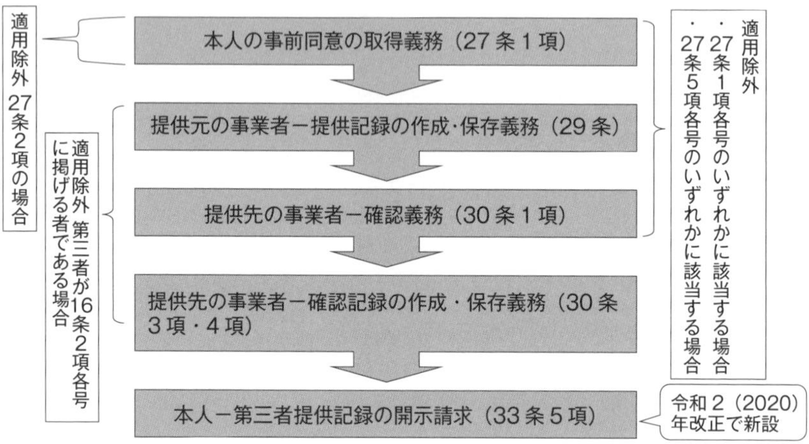

Q2-18 保有個人データに関する権利・義務(1)概念と義務の概要

Q　保有個人データの概念と、それに関する事業者の義務等の概要について説明せよ。

A　「保有個人データ」とは、事業者が、開示、内容の訂正、追加又は削除、利用の停止、消去及び第三者への提供の停止を行うことのできる権限を有する個人データであって、その存否が明らかになることにより公益その他の利益が害されるものとして政令で定めるもの〔図表Q2-18-1〕以外のものをいう（法16条4項）。それを対象情報とする権利・義務の概要は〔図表Q2-18-2〕のとおりである。

解説

1　保有個人データとは

「保有個人データ」の定義は本問Aに記載したとおりである（法16条4項）。したがって、(1) 個人データであること（同条3項）、(2) 事業者が、開示、内容の訂正、追加又は削除、利用の停止、消去及び第三者への提供の停止を行うことのできる権限を有するものであること、(3) その存否が明らかになることにより公益その他の利益が害されるものとして政令で定めるもの以外のものであること、のすべてを満たすことが要件となる。

(1) のとおり保有個人データは個人データの一種であるから、それを取り扱う事業者には、保有個人データに特有の義務規定（後述）が適用されるほか、個人データに関する義務規定（法22条～30条）、そして個人情報（要配慮個人情報を含む）に関する義務規定（法17条～21条・40条）の適用対象にもなる。その一方、法16条1項括弧書によって、個人情報データベース等から除外される場合には、個人データに該当しないので、要件(1)を満たさず、保有個人データにも該当しない。

(2) は保有個人データが、開示等の請求等の対象となることから、それが可能な権限を有するものであることを要件とするものである。したがって、同一の個人データであっても、前記権限の有無によって、事業者ごとに保有個人データへの該当性は相対的となる。法16条4項は複数の権限を列記している。それらの権限は「及び」で結ばれている。したがって、ある事業者にとって保有個人データに該当するためには、その事業者が、当該個人データについて、それらの権限の一部を有しているだけでは足りず、すべての権限を有している必要がある。換言すれば、その事業者にとって、例えば開示の権限だけを有しており、他の権限を有していない個人データは、保有個人データに該当しない。

⑶ によって除外されるものは令5条が**〔図表Q2-18-1〕**のとおり定めている。1号の具体例は、家庭内暴力等の被害者支援団体が保有する、加害者（配偶者・親権者）及び被害者（配偶者・子）を本人とする個人データである。2号の具体例は、反社会的勢力による不当要求被害等を防止するために事業者が保有している、当該反社会的勢力に該当する人物を本人とする個人データである。3号の具体例は、要人の訪問先やその警備会社が保有している、当該要人を本人とする行動予定等の個人データである。4号の具体例は、警察から捜査関係事項照会等がなされることにより初めて取得した個人データ、振り込め詐欺に利用された口座情報に含まれる個人データである。

かつて保有個人データは長期保有するものに限定されていたが、かかる限定は令和2年改正で廃止され、保有期間の長短を問わないものとなった。これによってGDPRとの国際的調和も図られた。しかし、完全消去してしまえば、それ以降は義務の対象とならない。そのため事業者としては、不要となった保有個人データを速やかに完全消去してしまえば、不必要に義務を負わずに済む。不要データの「大掃除」が必要となる理由である。保有個人データも個人データの一種なので、この点は法22条後段からも求められる。

〔図表 Q2-18-1〕保有個人データから政令で除外されるもの（令5条）

号	事　由
1	当該個人データの存否が明らかになることにより、本人又は第三者の生命、身体又は財産に危害が及ぶおそれがあるもの
2	当該個人データの存否が明らかになることにより、違法又は不当な行為を助長し、又は誘発するおそれがあるもの
3	当該個人データの存否が明らかになることにより、国の安全が害されるおそれ、他国若しくは国際機関との信頼関係が損なわれるおそれ又は他国若しくは国際機関との交渉上不利益を被るおそれがあるもの
4	当該個人データの存否が明らかになることにより、犯罪の予防、鎮圧又は捜査その他の公共の安全と秩序の維持に支障が及ぶおそれがあるもの

2　保有個人データに関する義務の概要

保有個人データに特有の義務は**〔図表 Q2-18-2〕**のとおりである。とはいえ保有個人データも個人情報、個人データの一種であることに変わりはないから、保有個人データについては、個人情報に関する義務規定、個人データに関する義務規定も適用される。それらに加えて、保有個人データには、**〔図表 Q2-18-2〕**に記載した義務が、さらに課されることによって、義務の厳格化が図られていることになる。また、保有個人データが要配慮個人情報にも該当するときは、要配慮個人情報に関する法20条2項・27条2項但書が重ねて適用される。

保有個人データに関する開示等の請求等は、利用目的の通知の求めを除き、出訴可能な本人の請求権でもある。

以下、これらの権利・義務を順に説明する。

〔図表 Q2-18-2〕保有個人データに特有の義務

	保有個人データに関する事項の公表等（32条1項）
開示等の請求等	①利用目的の通知の求め（32条2項・3項）
開示等の請求等	②開示請求（33条）
開示等の請求等	③訂正等の請求（34条）
開示等の請求等	④利用停止等の請求（35条）

Q2-19 保有個人データに関する権利・義務(2)事項の公表

Q　保有個人データに関し、事業者が公表等の義務を負う事項は何か、どういう方法で公表等を行えばいいのか。

A　上記事項は法32条1項各号・令10条1号が定めている。通常は事業者自身のウェブサイトに掲載することが多い。これには、本人の求めに応じて遅滞なく回答する場合を含む（法32条1項括弧書）。中小事業者の負担に配慮する趣旨から設けられている。照会窓口を設けておき、口頭・文書・メールで照会に回答できるよう体制を構築しておく場合等が、その例である。

解説

1　公表等の対象事項・方法

公表等の方法は、本問Aに記載したとおりである。法32条1項各号に定める公表等の対象事項は**〔図表Q2-19-1〕**のとおりであり、同項4号の政令委任事項を令10条が定める。同条1号の安全管理措置に含まれる「外的環境の把握」に関し、その事業者が外国で個人データを取り扱う場合における当該外国の個人情報保護制度等について、当該外国が極めて多岐にわたる場合のように、サイト上で一覧的に公表することが困難な事項があるときは、公表に代えて、「本人の求めに応じて遅滞なく回答する」という方法（法32条1項括弧書）を採用し、その問い合わせ窓口をサイトに掲載することも考えられる。

2　法21条等との関係

個人情報を取得する際には、その利用目的を本人に通知又は公表（直接書面取得の場合は事前に明示）する義務を負うが（法21条）、保有個人データについても、すべての利用目的（法32条1項2号）の公表等を要し、どちらの場合も事業者自身のウェブサイトへの掲載という方法によることが通常である（法21

〔図表Q2-19-1〕法32条1項各号に定める公表事項

32条1項	備　考
①当該個人情報取扱事業者の氏名・名称と住所、法人の場合は代表者の氏名（1号）	代表者につき、法人でない団体で代表者・管理人の定めのあるものは、その代表者・管理人（27条2項1号括弧書の準用）
②すべての保有個人データの利用目的（2号）	次の場合には対象外（32条1項2号括弧書） ・本人への通知・公表により本人・第三者の生命、身体、財産その他の権利利益を害するおそれがある場合（21条4項1号） ・本人への通知・公表により当該個人情報取扱事業者の権利や正当な利益を害するおそれがある場合（同項2号） ・国・地方公共団体の事務遂行に協力が必要な場合で、本人への通知・公表により当該事務遂行に支障を及ぼすおそれがあるとき。（同項3号）
③開示等の請求等に応じる手続（3号）	38条2項により手数料の額を定めたときは、その額を含む（32条1項3号括弧書）
④保有個人データの適正な取扱いの確保に関し必要な事項として政令で定めるもの（4号）	令10条 1.法23条により当該保有個人データの安全管理のために講じた措置（公表すると安全管理に支障を及ぼすおそれがあるものは除外）（1号） 2.当該個人情報取扱事業者が行う保有個人データの取扱いに関する苦情の申出先（2号） 3.当該個人情報取扱事業者が認定個人情報保護団体の対象事業者であるときは、当該認定個人情報保護団体の名称及び苦情解決の申出先（3号）

条2項の場合を除く）。そのため、両者の関係が問題となる。

まず、個人情報に該当すれば法21条の対象となるが、それが保有個人データに該当しなければ、法32条1項による公表の対象とならない。具体的には、①個人データに該当しない場合（例：法16条1項柱書括弧書に該当する場合）、②個人データに該当するが保有個人データに該当しない場合（例：開示等の権限を有していない委託先や令5条に該当するもの）である。以上のように論理的には整理できても、よほど特殊な事業者でなければ、それ以外に取引先担当者や自己の従業者等に関する保有個人データを取り扱っていることが通常である。しかも法32条1項各号の公表事項は、①又は②への該当性とは無関係な事項が中心を占めている（例：同項1号）。したがって、①又は②に該当する保有個人データが含まれている場合でも、それが法32条1項による同項各号の事項を公表することの妨げになることは実際には想定困難である。

次に、法21条4項4号（自明目的）は、同条による通知等の対象とならないが、法32条1項2号による公表等の対象となる。これは取得時には本人に自明であっても、その後の保有段階では自明とは限らないことによる。その方法も、法21条の場合には当該取得対象となる個人情報の利用目的についての本人通知でも足りるのに対し、法32条1項の場合には本人の求めに応じて遅滞なく回答する方法でも足りる点で違いがある。とはいえ、自明目的として法21条1項の義務対象外であるとしても、当該事業者の主軸となる業務に関する利用目的（例：弁当宅配サービスの提供）は、実務的には同項に準じて当該事業者サイトで利用目的として公表されていることが一般的である。したがって、実際には法32条1項に基づいて公表等する利用目的も、「法21条1項に基づく利用目的と同じ」と記載するにとどまるものと思われる。

3　安全管理措置との関係

保有個人データに関し「安全管理措置のために講じた措置」（公表すると安全管理に支障を及ぼすおそれがあるものは除外）も、令10条1号によって公表等の対象事項とされている。その一方、他にも営業秘密を含め、事業者にとってセキュリティを図るべき情報は多い。それら全体についてセキュリティポリシーを策定し（公表している事業者もある）、アセスメントを実施した上、それを踏まえて管理措置を講じることが求められる時代となっている。令10条1号は、保有個人データの部分に限定して、それを切り出して公表することを義務化するものである。このように安全管理措置の公表を、部分的にであっても推進することには意義がある。とはいえ、本法だけを対象とするとしても、保有個人データに該当しない個人データ（例：委託を受けたので開示等の権限を有しない個人データ）であっても、安全管理措置義務の対象であるから、保有個人データに限定することに合理性があるのか、さらにはセキュリティマネジメントが必要な他の重要情報を含めてセキュリティポリシーを公表する場合に、重複とならないよう、どのように整理すべきかなど、検討すべき課題が残されていることを指摘しておきたい。

Q2-20 保有個人データに関する権利・義務(3)開示等の請求等①

Q　保有個人データに関する「開示等の請求等」とは何か。

A　本人は自己が識別される保有個人データについて、事業者に対し、①利用目的の通知の求め（法32条2項・3項）、②開示請求（33条）、③訂正等の請求（34条）、④利用停止等の請求（35条）を行うことができる。これらを法37条1項括弧書は「開示等の請求等」と総称する。

解説

1　開示等の請求等

「開示等の請求等」の意味は本問Aに記載したとおりである。いずれも事業者の義務であると同時に、後述のとおり上記①を除き、本人の事業者に対する出訴可能な具体的権利という点で共通するため、別途、上記②から④までは「開示等の請求」と総称される（通則GL3-8-1）。差止・損害賠償請求だけが可能なプライバシーと異なり、多様な権利を本人に認める。

対象情報は、すべて明文で「当該本人が識別される保有個人データ」である（ただし②ではその第三者提供記録も対象情報）。

請求等に係る本人の保有個人データを有していなければ事業者は請求等を拒否しうるが、別途、請求等の種類ごとに固有の拒否事由も定めている。

請求手続はほぼ共通する（全体の流れは次の**Q2-21**参照）。

2　利用目的通知の求め（上記①）

本人が、自己に関する保有個人データの利用目的の通知を求めたときは、当該利用目的を事業者は本人に遅滞なく通知しなければならない（法32条2項）。これを「利用目的通知の求め」という。同条1項2号の公表事項は「すべての保有個人データの利用目的」であり、必ずしも個々の保有個人データの具体的な利用目的が本人に判然としないので本制度が設けられた。この通知を求めうる利用目的は、保有個人データのうち当該本人が識別されるものに限られる。実務では使われていないためか、事前の請求（法39条）の対象となっておらず、この求めは本人が出訴可能な具体的権利とは考えられていない。

この求めを拒否しうる場合は、ⓐ法32条1項に基づく公表内容によって、その保有個人データの利用目的が明らかな場合、ⓑ取得の際に利用目的の通知等の適用除外事由に該当する場合（法21条4項1号～3号）である。同項4号（自明目的）を除外した理由は法32条1項の場合と同様である（**Q2-19**参照）。

3　開示請求（上記②）

本人は、個人情報取扱事業者に対し、自己に関する保有個人データの開示を請求しうる（法33条1項）。これを「開示請求」という。

請求する際、本人は紙の文書か、電子データのような電磁的記録か、開示方法を選択・指定しうる。電子データを指定すれば、GDPR20条のデータポータビリティ権に準じた本人の権利が実現される。請求を受けた事業者は、本人に、指定された方法で、遅滞なく、当該保有個人データを開示しなければならない（法33条2項本文）。しかし、その方法による開示が困難であれば、書面の交付によりうる（同項本文括弧書）。通則GL3-8-2は、紙面だけで管理している小規模事業者にとって、指定された電子データによる提供が対応困難である場合を例示する。ⓐ本人又は第三者の生命、身体、財産その他の権利利益を害するおそれがある場合（例：医療機関等が病名開示により患者本人の心身状況を悪化させるおそれがある場合）、ⓑ当該個人情報取扱事業者の業務の適正な実施に著しい支障を及ぼすおそれがある場合（例：不当なクレーマーが嫌がらせ目的で開示請求を濫用する場合）、ⓒ他の法令に違反することとなる場合（例：刑法の秘密漏示罪に違反することとなる場合）のいずれかに該当すれば拒否しうる（同項但書）。

本人に関する第三者提供記録も対象情報となる（同条5項）。当該本人が識別される個人データに係る法29条1項及び30条3項の記録（その存否が明らかになることにより公益その他の利益が害されるものとして政令で定めるものを除く）をいい（法33条5項括弧書）、令11条（第三者提供記録から除外されるもの）

が、令5条（保有個人データから除外されるもの）と同様の事由を定める。令11条に該当すれば、請求に係る第三者提供記録を有していないとして、請求を拒絶する。法33条5項は同条1項を準用するので、本人は開示方法を選択・指定しうる。同条2項も準用するので、同項各号が不開示事由となり、3項も準用するので、開示・不開示の決定を遅滞なく本人に通知する。個人関連情報の第三者提記録（法31条3項が法30条3項を準用）は第三者提供記録に該当しない（委員会QA9-14）。

4　訂正等請求（上記③）

本人は、事業者に対し、自己に関する保有個人データの内容が事実でないときは、当該保有個人データの内容の訂正等を請求しうる（法34条1項）。訂正等とは、訂正、追加又は削除の総称である（同項括弧書）。この請求を受けた事業者は、利用目的の達成に必要な範囲内で、遅滞なく必要な調査をして、その結果に基づき、当該保有個人データの内容の訂正等を行わなければならない（同条2項）。これを「訂正等の請求」という。「内容が事実でない」という理由に限るので、評価、判断、診断等の評価情報それ自体は対象とならないが、評価等の前提事実が誤っていれば、その限度で訂正等に応じる義務を負う。

5　利用停止等請求（上記④）

法35条は、ⓐ法18条、19条又は20条違反を理由とする利用停止等の請求（法35条1項・2項）、ⓑ法27条1項又は28条違反を理由とする第三者提供停止の請求（法35条3項・4項）、さらに、ⓒ不要になった場合など本人の権利又は正当な利益が害されるおそれがある場合に利用停止等・第三者提供停止の請求（同条5項・6項）を、それぞれ定める（ⓒは令和2年改正で新設）。

本人の請求に理由はあっても、請求された措置の実施が困難ときは、本人の権利利益保護に必要な措置で代替しうる（法35条2項・4項・6項の各但書）。多額の費用を要する場合に本人への金銭補償を代替措置とするようなケースが想定されている。

Q2-21 保有個人データに関する権利・義務(4)開示等の請求等②

Q 「開示等の請求」に関する手続の流れを説明されたい。

A 請求の種類ごとに細部に違いがあるが、手続はほぼ共通しており、全体の流れは〔図表 Q2-21-1〕のとおりである。

〔図表 Q2-21-1〕手続全体の流れ

本人（代理人も可）による事前の請求（39 条 1 項）を事業者が受付（本人確認を含む）

↓

手数料の徴収（38 条 1 項）－利用目的の通知の求めか開示請求の場合のみ

↓

対象となる保有個人データの特定に足りる事項の提示を本人に求める（37 条 2 項）

↓

事業者が、要件を具備しているかチェックして、請求等に応じるかどうか判断

↓

請求等に応じる場合
○請求等に即した措置をとる
○訂正等の請求、利用停止等の請求は、その措置をとったことを本人に通知

請求等に応じない場合
○その旨を本人に通知（33 条 3 項等）
○理由の説明につき努力義務（36 条）
○利用停止等・第三者提供停止は、一定の場合、代替措置をとることも可能

↓

本人は、事前の請求の到達日から 2 週間経過後（請求拒否なら経過前）に、開示等の請求に係る訴え又は仮処分の提起が可能（39 条 1 項・3 項）

↓

請求認容判決等の場合は、それに応じた措置を講じる

※図中の条項はすべて本法、図中の点線のものは任意

解説

1　開示等の請求等続全体の流れ

開示前置主義を採用する行政機関等の場合と異なり、本人は、開示請求を経ずに訂正等や利用停止等を請求しうるが、事前の請求を要する（法39条）。

本人自身だけではなく、代理人によることもできる（法37条3項）。具体的には、ⓐ未成年者・成年被後見人の法定代理人（令13条1号）、及び、ⓑ任意代理人（同条2号）である。

2　受付方法

法37条1項は、受付方法を定めることを認めており、同項による政令委任事項を令12条が規定する。円滑・適正な処理を可能にするためであり、その内容は**〔図表Q2-21-2〕**のとおりである。これを定めるか否かは事業者の任意であるが、定めたときは、本人は当該方法に従わなければならない。そのため、定めた内容は、本人の知りうる状態（本人の求めに応じて遅滞なく回答する場合を含む）に置かなければならない（法32条1項3号）。無用な手続的混乱を避けるため、事業者としては定めておくことが望ましい。事業者は、開示等の請求等に応じる手続を定める際には、本人の過重負担とならないよう配慮しなければならない（法37条4項）。

〔図表Q2-21-2〕受付方法

法37条	施行令
・政令で定めるところにより、その求め・請求を受け付ける方法を定めることができる（1項） ・対象となる保有個人データを特定するに足りる事項の提示を求めることができる（2項）	受付方法として定めることができる事項は、次のとおり（令12条） 1. 開示等の請求等の申出先（1号） 2. 開示等の請求等に際して提出すべき書面（電磁的記録を含む）の様式その他の開示等の請求等の方式（2号） 3. 開示等の請求等をする者が本人又は令13条に規定する代理人であることの確認の方法（3号） 4. 法38条1項の手数料の徴収方法（4号）
・開示等の請求等は、政令で定めるところにより、代理人によってすることができる（3項）	次に掲げる代理人とする（令13条） 1. 未成年者又は成年被後見人の法定代理人（1号） 2. 開示等の請求等をすることにつき本人が委任した代理人（2号）
・開示等の請求等に応じる手続を定めるに当たっては、本人に過重な負担を課するものとならないよう配慮しなければならない（4項）	

3　本人確認

令12条3号は本人確認（代理人の確認を含む）の方法を定めることができるとしている。これは「成りすまし」による請求を未然防止するためである。代理人による場合の確認も必要である。**〔図表Q2-21-3〕**のような方法が一般的である。

〔図表Q2-21-3〕本人・代理人確認の方法（通則GL3-8-7）

対象となる場合	確認方法の具体例
本人の場合（来所）	運転免許証、健康保険の被保険者証、個人番号カード（マイナンバーカード）表面、旅券（パスポート）、在留カード、特別永住者証明、年金手帳、印鑑証明書と実印
本人の場合（オンライン）	本人が個人情報取扱事業者に対して事前に登録済みのIDとパスワード、公的個人認証による電子署名
本人の場合（電話）	本人が個人情報取扱事業者に対して事前に登録済みの一定の登録情報（生年月日等）、コールバック
本人の場合（送付〔郵送、FAX等〕）	運転免許証や健康保険の被保険者証等の公的証明書のコピーの送付を顧客から受け、当該公的証明書のコピーに記載された顧客等の住所に宛てて文書を書留郵便により送付
代理人による来所や送付等の場合	本人及び代理人ついて、以上に示す書類等のほか、代理人について、代理権を与える旨の委任状（親権者が未成年者の法定代理人であることを示す場合は、本人及び代理人が共に記載され、その続柄が示された戸籍謄抄本、住民票の写し。また、成年後見人が成年被後見人の法定代理人であることを示す場合は、登記事項証明書）

4　保有個人データ等を特定するに足りる事項の提示

個人情報取扱事業者は、本人に対し、開示等の請求等に関し、その対象となる保有個人データ・第三者提供記録を特定するに足りる事項の提示を求めることができる（法37条2項前段）。事業者の業務に支障を及ぼすような過重負担の発生を回避するためである。本人が、この求めに応じて、開示を請求する範囲を一部に特定した場合、本人が特定した範囲で開示等をすれば足りる（委員会QA9-7）。これに応じないことが業務の適正な実施に著しい支障を及ぼすおそれがある場合には、開示の場合には法33条2項2号に該当し、当該保有個人データの全部・一部を不開示としうる（委員会QA9-7）。

この場合に事業者は当該保有個人データの特定に資するよう本人の利便を考慮した適切な措置をとらなければならない（同項後段）。

5　事前の請求

本人は、開示等の請求に係る訴え（民事訴訟）の提起に先立ち、その訴えの被告となるべき者に対し事前に当該請求をして、その到達日から2週間経過後でなければ訴えを提起できない（法39条1項本文）。事業者に事前検討の機会を付与するとともに、本人としても、任意に開示に応じてもらうほうが迅速であり、手間や費用負担も軽減されるという趣旨から設けられた。ただし、その請求を事業者が事前に拒否すれば、この期間を置く意味がないので、期間経過前でも訴えを提起しうる（同項但書）。この請求が通常到達すべきであった時点で到達したものとみなされる（同条2項）。事業者の自己都合などで到達が遅延、又は不到達の場合、この期間の経過が遅れ、訴えの提起も遅れるという不都合を避けるためである。以上の規定は、第三者提供記録の開示請求の場合も含み、開示等の請求に係る仮処分命令の申立てにも準用される（同条3項）。

6　手数料

事業者は、利用目的通知の求めと開示請求については、当該措置の実施に関し、実費を勘案して合理的な範囲内で手数料を徴収しうる（法38条）。同条の反対解釈として、訂正等請求と利用停止等請求については手数料を徴収できない。

手数料の額を定めた場合には、本人の知りうる状態（本人の求めに応じて遅滞なく回答する場合を含む）に置くことが必要である（法32条1項3号）。開示等の請求等に応じる手続の一環として、手数料の徴収方法を定めることもできる（法37条1項、令12条4号）。

法38条は、現に開示を行ったか否かにより特に区別していないので、結果として開示しなかった場合でも、徴収した手数料を返還する義務は生じない（委員会QA9-28）。

7　請求等に対する決定等

事業者が開示等の請求等を認めるときは、遅滞なく、その請求等に係る措置を実施する。「遅滞なく」とは、理由のない滞りを生じさせることなくという趣旨であり、当該作業に通常必要な期間を考慮して合理的な期間内をいう（委員会 QA9-12）。

ただし、訂正等請求の場合には、その内容の訂正等に関して他の法令の規定で特別の手続が定められている場合を除き、利用目的の達成に必要な範囲内で、遅滞なく必要な調査を行い、その結果に基づき、その訂正等を行わなければならない（法 34 条 2 項）。この調査は真偽判断のためである。

訂正等請求と利用停止等請求については、実施した旨を遅滞なく本人に通知する義務を負う（法 34 条 3 項・35 条 7 項）。利用目的の通知や開示を実施する場合と異なり、これらの場合は通知を受けなければ措置を実施した事実を本人が知りえないからである。

ところで、令和 2 年改正によって、開示請求に関する開示方法として、①電磁的記録の提供による方法、②書面の交付による方法その他当該個人情報取扱事業者の定める方法（規 30 条）を、本人が選択しうることになった（法 33 条）。①の場合、事業者は、開示対象となる電磁的記録の提供方法を定めることができ、本人がファイル形式等を指定した場合でも応じる必要はなく、本人が指定したファイル形式等による開示が困難な場合、事業者としては、対応可能なファイル形式等で開示すれば足りる（委員会 QA 9-10）。

事業者が請求等に関し全部・一部を行わないと決定したとき又は請求された措置と異なる措置をとるときは、その旨を遅滞なく本人に通知する（法 32 条 3 項・33 条 3 項・34 条 3 項・35 条 7 項）。その場合には本人に理由を説明するよう努めなければならない（法 36 条）。本人が、その理由を検討して訴えを提起するか検討するためである。当該保有個人データが存在しないときについて、開示請求の場合のみ本人通知を規定している。開示前置主義を採用していないため、他の請求等についても当該保有個人データが存在しない場合が生じうるが、その場合には請求等に関し全部・一部を行わないと決定したときとして、その旨を理由として本人に説明することになろう。

Q2-22　仮名加工情報(1)

Q　仮名加工情報とは何か。これを事業者が作成する場合の利点と注意点とは。

A　個人情報に含まれる記述等の一部と個人識別符号の全部を削除し(これらを復元しうる規則性のない方法で他の記述等に置き換えることを含む)、他の情報と照合しない限り特定の個人を識別しえないように個人情報を加工して得られる個人に関する情報をいう（法２条５項)。事業者が仮名加工情報へと加工すれば、利用目的を自由に事後的変更ができて事業者内部におけるイノベーション促進に役立ちうるなど利点があるが、識別行為や連絡等への利用を禁じられるなどの義務を負い、匿名加工情報と異なり第三者提供はできない。

解説

1　仮名加工情報と法 41 条・42 条

仮名加工情報制度は令和 2 年改正で新設された。仮名加工情報の定義は本問 A に記載したとおりである。個人に関する情報ではあるが、他の情報と照合しない限り特定の個人を識別できない情報である。換言すると、当該情報それ自体からは特定個人を識別できないが、他の情報と照合すれば特定の個人を識別できる余地を残している点に特色がある。

仮名加工情報に該当するためには、後述の法 41 条 1 項・規 31 条が定める適正加工基準に合致するだけでなく、委員会 QA 14-4 は、仮名加工情報を作成する意図をもって加工されることを要するとする。これに従えば、この意図を持つことなく加工すれば、仮名加工情報に該当せず、なおも事業者は個人情報として取り扱いうるが、加工後に、仮名加工情報として取り扱うことにすれば、その時点から仮名加工情報に関する規定が適用される（委員会 QA 14-5)。事業者は、仮名加工情報への加工を行うこと自体を、加工前の個人情報の利用目的として特定する必要はない（委員会 QA 14-9)。

事業者による仮名加工情報の取扱いを法 41 条・42 条が規定している（**図表 Q2-22-1**）。この両規定の適用は、仮名加工情報のうち「仮名加工情報データベース等を構成するものに限る」（法 41 条 1 項括弧書）。同項括弧書が「以下この章及び第 6 章において同じ」と規定しているからである。個人情報データベースを構成する個人情報（個人データ）を超える規制内容を加えることになると均衡を失することに配慮したものである。したがって、散在情報にすぎない仮名加工情報は、この両条の適用対象外となるが、個人情報に該当する場合には、なおも個人情報に関する義務規定（**Q2-4 ～ 2-6** 参照）の適用対象となる。

「仮名加工情報データベース等」とは、仮名加工情報を含む情報の集合物であって、特定の仮名加工情報を電子計算機で検索しうるように体系的に構成したものその他特定の仮名加工情報を容易に検索しうるように体系的に構成した

〔図表 Q2-22-1〕仮名加工情報取扱事業者等の義務（法第 4 章第 3 節）

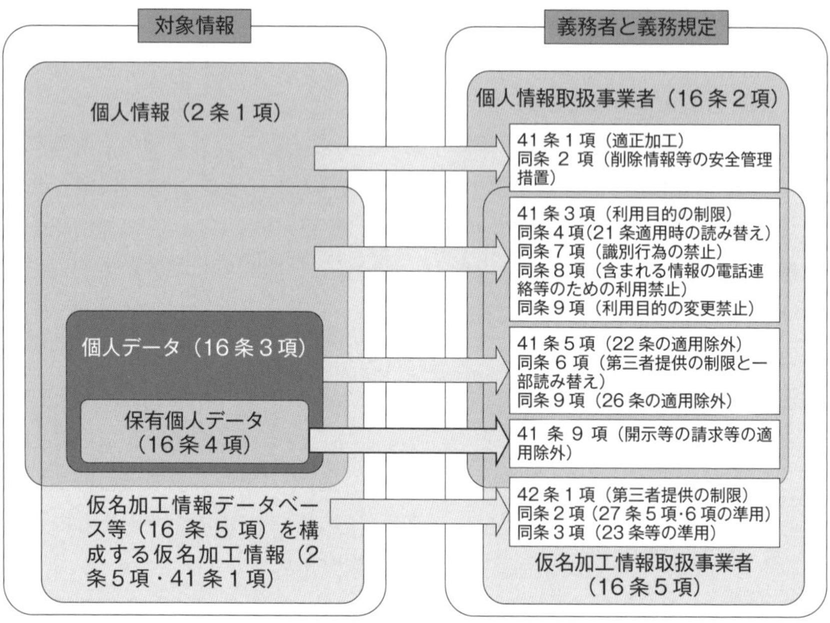

ものとして政令で定めるものをいう（法16条5項括弧書）。「政令で定めるもの」とは、当該集合物に含まれる仮名加工情報を一定の規則に従って整理することにより特定の仮名加工情報を容易に検索しうるように体系的に構成したものであって、目次、索引その他検索を容易にするためのものを有するものをいう（令6条）。

仮名加工情報データベース等を構成する仮名加工情報について、法41条は個人情報にも該当する場合に適用されるのに対し、法42条は個人情報に該当しない場合に適用される点で異なっている。というのも、法41条1項は個人情報を仮名加工する場合が対象、同条2項は仮名加工した事業者と、仮名加工情報とその削除情報等の双方を取得した事業者を対象としており（これらの者は双方を突き合わせることによって物理的には個人識別性を有する）、法41条3項は「個人情報であるものに限る」とした上、「以下この条において同じ」と規定しているからである。これに対し、法42条1項は「個人情報であるものを除く」とした上、「次項及び第3項において同じ」と規定している。

法42条は次の**Q2-23**で解説することにして、以下、法41条について解説する。

2　仮名加工情報を作成する際の適正加工義務

仮名加工情報データベース等を構成する仮名加工情報を作成するときは、事

〔図表Q2-22-2〕仮名加工情報を作成する際の基準（規31条）

号	事　項
1	個人情報に含まれる特定の個人を識別することができる記述等の全部又は一部を削除すること（当該全部又は一部の記述等を復元することのできる規則性を有しない方法により他の記述等に置き換えることを含む）
2	個人情報に含まれる個人識別符号の全部を削除すること（当該個人識別符号を復元することのできる規則性を有しない方法により他の記述等に置き換えることを含む）
3	個人情報に含まれる不正に利用されることにより財産的被害が生じるおそれがある記述等を削除すること（当該記述等を復元することのできる規則性を有しない方法により他の記述等に置き換えることを含む）

業者は、委員会規則で定める基準に従い個人情報を加工しなければならない(法41条1項)。これを仮名加工情報の適正加工義務という。規31条は同条各号の基準として〔**図表2-22-2**〕をすべて満たすよう定めており(具体例は仮名加工等GL2-2-2-1参照)、削除に代えて置換する場合(法2条5項)には、当該全部又は一部の記述等を復元しうる規則性を有しない方法により他の記述等に置き換えることを要件としている。匿名加工情報の適正加工基準(規34条→**Q2-24**参照)と比べて、より緩やかな基準とされている。

仮名加工情報を作成した事業者は、加工前の情報(原情報)を消去する義務を負わない。

こうして作成した仮名加工情報は、他の情報と照合すれば特定個人を識別しうる限り、作成した事業者にとって、個人情報に該当しうるとされている。これに対し、照合すれば特定個人を識別しうるような原情報その他の情報を消去してしまえば、個人情報への該当性は失われ、したがってまた、個人データ、保有個人データにも非該当となる。とはいえ、法41条7項は識別行為を禁止しているのであるから、なぜ原則として個人情報に該当するといえるのか、理解は困難である。

3　削除情報等の安全管理措置義務

作成した事業者は、委員会規則で定める基準に従い、削除情報等の安全管理措置義務を負い、仮名加工情報データベース等を構成する仮名加工情報及び当該仮名加工情報に係る削除情報等を取得したときも同様である(法41条2項)。

削除情報等とは、仮名加工情報の作成に用いられた個人情報から削除された記述等及び個人識別符号並びに同条1項により行われた加工方法に関する情報をいう(同条2項括弧書)。漏えい等によって第三者が削除情報等を取得することにより再識別化(復元)することを未然防止するためである。加工方法に関する情報とは、その情報を用いることによって元の個人情報を復元しうるものをいう(委員会QA14-10)。氏名を仮 ID に置き換えた場合における置き換えアルゴリズムに用いられる乱数等のパラメータや氏名と仮 ID の対応表のようなものは該当するのに対し、「氏名を削除した」というような復元につながらない情報は、削除情報等に該当しない(仮名加工等GL2-2-2-2)。削除情報等それ自体が個人データに該当するときは、それを取り扱う事業者には、法23条以下に定める安全管理措置義務が、重ねて適用される。委員会規則で定める基準は〔**図表Q2-22-3**〕のとおりであり、その内容はマネジメントシステム的である（具体例は仮名加工等GL2-2-2-2参照）。

〔図表Q2-22-3〕 削除情報等に係る安全管理措置の基準（規32条）

号	事　項
1	法41条2項に規定する削除情報等（同条1項により行われた加工方法に関する情報は、その情報を用いて仮名加工情報の作成に用いられた個人情報を復元できるものに限る）を取り扱う者の権限及び責任を明確に定めること
2	削除情報等の取扱いに関する規程類を整備し、当該規程類に従って削除情報等を適切に取り扱うとともに、その取扱いの状況について評価を行い、その結果に基づき改善を図るために必要な措置を講ずること
3	削除情報等を取り扱う正当な権限を有しない者による削除情報等の取扱いを防止するために必要かつ適切な措置を講ずること

4　利用目的との関係

事業者は、仮名加工情報データベース等を構成する仮名加工情報であって、個人情報にも該当するものを、法18条にかかわらず、法令に基づく場合を除き、法17条1項により特定された利用目的の達成に必要な範囲を超えて取り扱ってはならない（法41条3項）。したがって、本人同意取得による目的外利用（法18条1項）や、同条3項2号以下の事由による目的外利用は認められない。なお、この利用目的は公表しておく必要がある（法41条4項により法21条1項を一部読み替えて適用）。仮名加工情報それ自体に個人識別性がなく、識別行為も禁止されている性格のものなので（法41条7項）、本人通知の方法を除外して公表に一本化する趣旨である。

しかし、個人情報にも該当する仮名加工情報について、実際には利用目的による制限は存在しないに等しい。事業者は利用目的の事後的変更を自由に行えるからである（法41条9項による法17条2項の適用除外）。この場合、変更後の利用目的を、事業者は公表しなければならない（法41条4項により法21条4項を一部読み替えて適用）。この一部読み替えは、仮名加工情報の上記性格に鑑みて公表に一本化する趣旨である。

5　法22条の適用除外

事業者は、仮名加工情報データベース等を構成する仮名加工情報である個人データ及び削除情報等を利用する必要がなくなったときは、当該個人データ及び削除情報等を遅滞なく消去すべき努力義務を負う（法41条5項前段）。不要となった場合に、復元されるおそれが生じないよう、それらの消去について努力義務を課す趣旨である。この場合には法22条は適用しない（法41条5項後段）。仮名加工情報の性格に鑑み、仮名加工情報について最新性・正確性を求める必要はないことによる。

6　第三者提供の制限

仮名加工情報制度は事業者内部における分析用のものであるから、法令に基づく場合を除き、仮名加工情報データベース等を構成する仮名加工情報である個人データの第三者提供を禁じる一方（法41条6項前段）、これを委託、事業承継に伴う提供、共同利用することを許容して、それに伴う読み替えを行っている（同項後段）。この一部読み替えは、仮名加工情報の上記性格に鑑み公表に一本化するとともに、それに伴い法29条1項・30条1項の各但書も読み替えるものである。仮名加工情報の共同利用によって、複数の事業者による共同研究開発等に役立ちうる。匿名加工情報が一定の条件の下で本人同意を得ることなく第三者提供しうるのと対照的である。

7　識別行為の禁止

事業者は、仮名加工情報データベース等を構成する仮名加工情報を取り扱うに当たっては、当該仮名加工情報の作成に用いられた個人情報に係る本人を識別するために、当該仮名加工情報を他の情報と照合してはならない（法41条7項）。仮名加工情報制度は義務を一部緩和する代わりに利用範囲を限定する趣旨の制度であるから、事業者内部でも仮名加工情報を他の情報と自由に照合して本人を識別しうるとすると、原情報たる個人情報それ自体と実質的に変わりがないにもかかわらず義務の一部が減免される事態となることを回避するため、個人識別化のための照合を禁止する趣旨である。

8　連絡等への利用禁止

事業者は、仮名加工情報データベース等を構成する仮名加工情報を取り扱う際に、電話をかけ、郵便若しくは一般信書便事業者（信書便法2条6項）若しくは特定信書便事業者（同条9項）による信書便（同条2項）により送付し、電報を送達し、ファクシミリ装置若しくは電磁的方法を用いて送信し、又は住居を訪問するために、当該仮名加工情報に含まれる連絡先その他の情報を利用してはならない（法41条8項）。これを連絡等禁止義務という。本人を識別しうる記述等が削除されていても、それに含まれる電話番号等を用いて、本人の意に反した連絡・接触等が行われることによって本人が不利益を受けるおそれがあるので、それを回避する趣旨の規定である。

9　適用除外となるその他の条項

仮名加工情報データベース等を構成する仮名加工情報は、個人データにも該当する場合であっても、法26条（漏えい等の報告等）の適用が除外される（法41条9項）。仮名加工情報制度は、漏えい等による個人の権利利益の侵害リスクの低減が図られるものであるから、その漏えい等が発生した場合に、同条所定の委員会への報告等を要しないものとする趣旨である。

保有個人データに関する開示等の請求等の規定（法32条～39条）は、仮名加工情報が保有個人データに該当するものであっても適用しない（法41条9項）。仮名加工情報それ自体には個人識別性がないので、開示等の請求等に係る「当該本人が識別される保有個人データ」の要件を満たさない。その一方、一般に仮名加工情報を作成した事業者は、その作成に用いた原データたる保有個人データも保有していると想定されるため、本人は当該原データに対し開示等の請求を行えるので特段の不都合もない。このような趣旨から適用除外とした。保有個人データに該当しないが、個人情報、個人データに該当する仮名加工情報には、本項にかかわらず、もともと法32条から39条までの規定は適用されない。

Q2-23　仮名加工情報(2)

Q　仮名加工情報に関する法 42 条は何を定めているか。

A　仮名加工情報データベース等を構成する仮名加工情報のうち、個人情報に該当しないものについて規定している。法令に基づく場合、委託、事業承継又は共同利用による場合に限り提供を認める一方、漏えい防止のために限定して安全管理措置義務等を課している。

解説

1　法 42 条の対象情報

法 42 条は、仮名加工情報のうち、仮名加工情報データベース等を構成するが（法 41 条 1 項括弧書）、個人情報に該当しないもの（法 42 条 1 項括弧書）を対象情報としている点で、法 41 条と異なる。

こうした個人情報に該当しない仮名加工情報は、他の事業者が作成した仮名加工情報を、法令に基づいて提供を受けた場合、又は法 41 条 6 項により一部読み替えて適用される法 27 条 5 項によって提供を受けたような場合に、これを取得した事業者に発生する。

法 41 条 1 項によって仮名加工情報を作成した事業者には、法 42 条ではなく法 41 条が適用されるのが原則であるが、例外的に原情報と削除情報等の双方を完全消去した場合には、それ以降の取扱いは法 42 条の対象となる。

2　第三者提供の制限（法 42 条 1 項・2 項）

事業者は、法令に基づく場合を除き、上記対象情報を第三者提供しえない（法 42 条 1 項）。事業者内部における分析用のものだからである。

しかし、法 27 条 5 項・6 項は、上記対象情報の提供を受ける者について、一部読み替えて準用される（法 42 条 2 項）。委託、事業承継又は共同利用による仮名加工情報の提供が必要な場合があることには変わりがなく、これを認める個人データの場合（法27条5項・6項）や、個人データに該当する仮名加工情報の場合（法41条）と比べても本人の権利利益を害するおそれは少ないので、法27条5項・6項の読み替えによる準用によって「第三者」に該当しないとすることにより、これを認める趣旨である。「本人に通知」は、本人が識別されないという仮名加工情報の性格に適合しないので、それに代えて「公表」に統一するなど、必要な読み替えを行う趣旨の規定である。

もともと法42条の対象情報は個人情報に該当しないものであるから、個人データを対象情報とする法27条は「適用」されないので、それに代えて「準用」としている。

仮名加工情報を共同利用する場合、仮名加工情報である個人データの提供に先立って、①仮名加工情報である個人データを共同利用する旨、②共同して利用される仮名加工情報である個人データの項目、③共同して利用する者の範囲、④利用する者の利用目的、⑤当該仮名加工情報である個人データの管理について責任を有する者の氏名又は名称及び住所並びに法人では、その代表者の氏名を公表する必要がある（委員会QA14-18）。その場合に事業者間で事前に取り決めておくことが望ましい事項については、仮名加工等GL2-2-3-3（3）を参照されたい。

3　法23条等の一部読み替えによる準用

法23条から25条まで、40条並びに41条7項及び8項は、仮名加工情報取扱事業者による仮名加工情報（仮名加工情報データベース等を構成するものであって個人情報に該当しないものに限る）の取扱いについて準用する（法42条3項前段）。

個人情報に該当しない仮名加工情報でも、安全管理措置義務を負い（法23条〜25条）、苦情処理の対象となり（法40条）、作成した仮名加工情報の識別行為を禁じ（法41条7項）、仮名加工情報に含まれる連絡先その他の情報を電話連絡等のために利用することを禁じる（法41条8項）という趣旨の規定である。対象情報が個人情報にも、個人データにも該当しないものなので、すべて準用という形式が採用されている。

この場合に、法23条中「漏えい、滅失又は毀損」とあるのは「漏えい」と、法41条7項中「ために、」とあるのは「ために、削除情報等を取得し、又は」と読み替えるものとする（法42条3項後段）。読み替えによって、安全管理措置義務の範囲が漏えい防止のために限定し、法41条7項との関係では削除情報等の取得も加える趣旨である。もともと仮名加工情報制度は内部分析のためのものであり、滅失又は毀損による本人の権利利益侵害のおそれが必ずしも大きいとはいえないからである。

苦情処理に関する法40条も準用される。法42条は個人情報に該当しない仮名加工情報に関する規定であるから、誰が本人であるのか個人識別性がないが、もともと法40条は苦情処理の対象を本人によるものに限っておらず、仮名加工情報が電話連絡等のために利用されている疑いがあることや、当該事業者が講じている安全管理措置が杜撰であることなど、個人識別性に関連しない苦情も想定されるところである。

他に準用される法41条7項は識別行為禁止義務、同条8項は連絡等禁止義務を定めた規定であり、これらを準用した趣旨は、個人情報に該当しない仮名加工情報であっても、個人情報に該当する仮名加工情報の場合と区別する理由がないからである。

なお、法41条9項が準用されなかったのは、そもそも同項が適用除外する各条項の対象情報に、法42条の対象情報（個人情報に該当しない仮名加工情報）が該当しないので、わざわざ準用しなくとも、もともと上記各条項が適用されないからである。

Q2-24　匿名加工情報(1)

Q　匿名加工情報とは何か。これを事業者が作成する場合の利点と注意点とは。

A　個人情報に含まれる記述等の一部や、個人識別符号を含む場合はその全部を削除し（これらを復元しうる規則性のない方法で他の記述等に置き換えることを含む）、特定の個人を識別しえないように個人情報を加工して得られる個人に関する情報であって、当該個人情報を復元することができないようにしたものをいう（法２条６項）。事業者が匿名加工すれば、個人情報に非該当となるので、これを利用目的による制限を受けることなく自ら利用し、本人同意を取得せずに第三者提供しうる半面、識別行為の禁止等の義務を負う。

解説

1　対象情報と義務の概要

匿名加工情報の定義は本問Aに記載したとおりである。この制度は、個人情報の利便性を図るため平成27年改正で新設された。個人識別性について、仮名加工情報の場合における「他の情報と照合しない限り」という限定が付けられていない点で異なる。そのため、匿名加工情報は、個人情報に該当しないものとして位置付けられている。EUのGDPR前文には「匿名情報（anonymous information）」「匿名化（rendered anonymous）」という概念が登場するが、これは個人識別性が誰にとっても一切認められないためGDPRの適用対象とならないものとされており、本法の匿名加工情報と言葉は似ているが、全く異なる性格のものである。

事業者による匿名加工情報の取扱いを、法43条から46条までが規定している。これらの規定の対象情報はすべて、匿名加工情報のうち匿名加工情報データベース等を構成するものに限られている（法43条1項括弧書）。個人情報データベースを構成する個人情報（個人データ）を超える規制内容を加えるとアンバランスになることを回避するためである。したがって、散在情報にすぎない匿名加工情報は、これらの規定の適用対象外となる。

「匿名加工情報データベース等」とは、匿名加工情報を含む情報の集合物であって、特定の匿名加工情報を電子計算機で検索しうるように体系的に構成したものその他特定の匿名加工情報を容易に検索しうるように体系的に構成したものとして政令で定めるものをいう（法16条6項括弧書）。「政令で定めるもの」とは、当該集合物に含まれる匿名加工情報を一定の規則に従って整理することにより特定の匿名加工情報を容易に検索しうるように体系的に構成したものであって、目次、索引その他検索を容易にするためのものを有するものをいう（令7条）。

匿名加工情報データベース等を構成する匿名加工情報について、自ら作成する個人情報取扱事業者の義務を法43条、それ以外の事業者の義務を法44条から46条の規定が定めている。その概要は**〔図表Q2-24-1〕**のとおりである。

公的部門の中でも学術研究機関・医療機関は例外的に民間の事業者と同様に

〔図表Q2-24-1〕匿名加工情報に関する事業者の義務

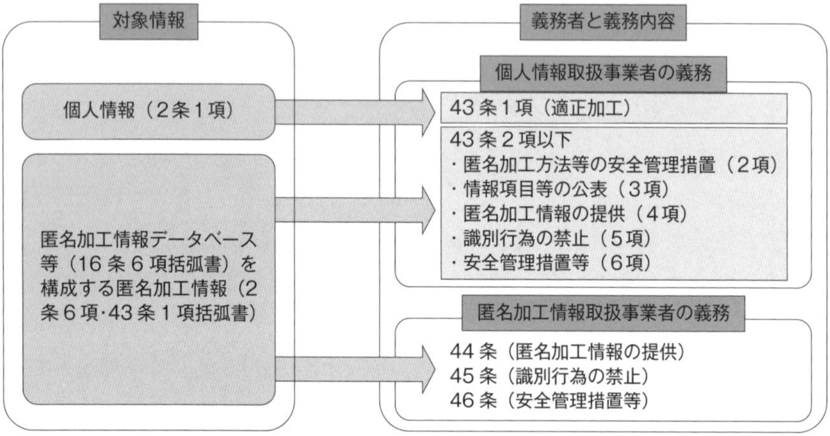

※※図中の条項は令和3年後の本法による

扱われるが、例外の例外として、匿名加工情報の関係では、事業者と同様ではなく、法第5章第5節（行政機関等匿名加工情報の提供等）の規定が適用される（法58条・125条→**Q1-6**）。

法44条以下の規定は次の**Q2-25**で解説することにして、以下、法43条を解説する。

2　匿名加工情報を作成する際の適正加工義務

匿名加工情報データベース等を構成する匿名加工情報を作成するときは、事業者は、委員会規則で定める基準に従い個人情報を加工しなければならない（法43条1項）。これを匿名加工情報の適正加工義務という。

仮名加工情報は「他の情報と照合しない限り特定の個人を識別することができないように個人情報を加工」すれば足りるのに対し（法2条5項柱書）、匿名加工情報は「特定の個人を識別することができないように個人情報を加工」した上、さらに「当該個人情報を復元することができないようにしたもの」とする必要がある点で厳格である（同条6項柱書）。

作成する際の具体的な適正加工基準として、規34条は**〔図表Q2-24-2〕**をすべて満たすよう定めている（具体例は仮名加工等GL3-2-2-5別表2参照）。

〔図表Q2-24-2〕匿名加工情報の作成の方法に関する基準（規34条）

号	内　容
1	個人情報に含まれる特定の個人を識別しうる記述等の全部又は一部の削除（当該全部又は一部の記述等を復元しうる規則性のない方法により他の記述等に置き換えることを含む）。
2	個人情報に含まれる個人識別符号の全部の削除（当該個人識別符号を復元しうる規則性のない方法により他の記述等に置き換えることを含む）。
3	個人情報と当該個人情報に措置を講じて得られる情報とを連結する符号（現に個人情報取扱事業者において取り扱う情報を相互連結する符号に限る）の削除（当該符号を復元しうる規則性のない方法により当該個人情報と当該個人情報に措置を講じて得られる情報を連結しえない符号への置き換えを含む）。
4	特異な記述等の削除（当該特異な記述等を復元しうる規則性のない方法により他の記述等に置き換えることを含む）。
5	前各号の措置のほか、個人情報に含まれる記述等と当該個人情報を含む個人情報データベース等を構成する他の個人情報に含まれる記述等との差異その他の当該個人情報データベース等の性質を勘案し、その結果を踏まえて適切な措置を講ずること。

このように、仮名加工情報の場合（規31条→**Q2-22**参照）と比べて、匿名加工情報の場合には規34条3号・4号・5号の各措置が要求されている点で、より厳しい加工基準が採用されている。削除に代えて置換する場合には、当該全部又は一部の記述等を復元しうる規則性を有しない方法により他の記述等に置き換えることが要件となる（法2条6項、規34条1号〜4号）。

匿名加工情報を作成した事業者は、加工前の情報（原情報）を消去する義務を負わないので、加工後も消去せずに持ち続けることができる。

3　加工方法等情報の安全管理措置義務

作成した事業者は、その作成に用いた個人情報から削除した記述等及び個人識別符号並びに法43条1項により行った加工の方法に関する情報の漏えいを防止するために必要なものとして委員会規則で定める基準に従い、これらの情報の安全管理措置義務を負う（法43条2項）。規35条は、上記情報のうち、その情報を用いて当該個人情報を復元しうるものを「加工方法等情報」と定義した上、**〔図表Q2-24-3〕**のとおり安全管理措置の基準をマネジメントシステム的に定めている（具体例は仮名加工等GL3-2-3-1別表3参照）。仮名加工情報の加工方法等情報に係る安全管理措置の基準（規32条）と実質的に同様の内容である。

〔図表Q2-24-3〕　加工方法等情報に係る安全管理措置の基準（規35条）

号	規定内容
1	加工方法等情報を取り扱う者の権限及び責任を明確に定めること。
2	加工方法等情報の取扱いに関する規程類を整備し、当該規程類に従って加工方法等情報を適切に取り扱うとともに、その取扱いの状況について評価を行い、その結果に基づき改善を図るために必要な措置を講ずること。
3	加工方法等情報を取り扱う正当な権限を有しない者による加工方法等情報の取扱いを防止するために必要かつ適切な措置を講ずること。

4　作成時の公表義務

匿名加工情報を作成した事業者は、委員会規則に従い、当該匿名加工情報に含まれる個人に関する情報の項目につき公表義務を負う（法43条3項）。この項目とは、当該匿名加工で削除した項目を除いた残りの項目である。この公表によって、本人に対する透明性と委員会による監督の確保が図られる。作成後、遅滞なく、インターネットの利用その他の適切な方法により行う（規36条1項）。同じ手法で反復・継続的に作成するときは、最初の公表時に、継続的に作成される旨を明らかにすることにより包括的公表を行いうる（仮名加工等GL3-2-4）。委託を受けて委託先が匿名加工情報を作成したときは、委託元が上記公表義務を負い、その公表によって委託先が公表したものとみなす（規36条2項）。

5　作成した匿名加工情報の第三者提供

事業者は、作成した当該匿名加工情報を第三者に提供するときは、委員会規則に従い、あらかじめ、第三者に提供される匿名加工情報に含まれる個人に関する情報の項目・提供方法を公表するとともに、当該第三者に対し、当該提供に係る情報が匿名加工情報である旨を明示する義務を負う（法43条4項）。「あらかじめ」としたのは、匿名加工情報の第三者提供を一般に十分に知らせるに足る期間を置かせる趣旨である（仮名加工等GL3-2-5）。提供する情報が匿名加工情報であることを提供先事業者に知らせることによって、法44条以下に定める義務を遵守させるため（**Q2-25**参照）、提供先への明示義務を課した。電子メールの送信又は書面の交付その他の適切な方法によるものとする（規37条2項）。

6　識別行為の禁止

当該匿名加工情報の作成に用いられた個人情報に係る本人を識別するために、当該匿名加工情報を他の情報と照合することが禁じられる（法43条5項）。原情報を消さずに持ち続けることを認める代わりに、「本人を識別するため」の照合（識別）行為を禁止したものである。

Q2-25　匿名加工情報(2)

Q　他の者が作成した匿名加工情報を取得した事業者は、どのようなことができるか、どのような義務を負うか。

A　匿名加工情報のうち匿名加工情報データベース等を構成するものに限定して、法44条から46条までの規定が適用される。

解説

1　義務の対象情報と名宛人

匿名加工情報に関する事業者の義務規定（法43条～46条）の対象情報は、すべて匿名加工情報のうち匿名加工情報データベース等を構成するものに限られている（**Q2-24**参照）。

義務の名宛人について、法43条は自ら作成する事業者の義務を定めるのに対し、法44条から46条の規定は、それ以外の事業者（他の者が作成した匿名加工情報を取得した事業者）の義務を定める点で異なっている。法44条1項括弧書が、対象情報たる匿名加工情報について「自ら個人情報を加工して作成したものを除く」とした上、「以下この節において同じ」と規定するからである。法44条から46条の規定はすべて義務の名宛人を「匿名加工情報取扱事業者」（法16条6項で定義）と規定するが、これらの条項は「匿名加工情報データベース等を事業の用に供する者は、それに含まれる匿名加工情報を……しなければならない」という程度の意味にすぎず、公的部門が原則的に除外されるという点を確認しておけば足りる（**Q1-5**参照）。以下、法44条から46条の規定を解説する。

2　義務の内容

法43条1項から3項までの規定は、匿名加工情報の作成に関係する規定であるから、これを作成しない事業者に負わせるべき性格のものではない。このため、以上の条項の義務を除外して、その作成に関係しない同条4項から6項までの規定と概ね同様の義務を、自ら個人情報を加工して作成した者を除いた上記事業者に規定しているのが、法44条から46条までの規定である。

まず、上記対象情報を第三者に提供するときは、委員会規則に従い、あらかじめ、第三者に提供される匿名加工情報に含まれる個人に関する情報の項目とその提供方法について公表するとともに、当該第三者に対して、当該提供に係る情報が匿名加工情報である旨を明示しなければならない（法44条）。法43条4項に対応する規定である。

次に、本人を識別するために、その作成に用いられた個人情報から削除された記述等若しくは個人識別符号若しくは法43条1項若しくは116条1項（同条2項において準用する場合を含む）の規定により行われた加工の方法に関する情報を取得し、又は当該匿名加工情報を他の情報と照合することが禁止される（法45条）。再識別化を禁止する趣旨の規定である。法43条5項に対応する。

最後に、適正な取扱いを確保するために必要な措置を自ら講じ、かつ、当該措置の内容を公表するよう努めなければならないとして、安全管理措置、苦情処理を例示する（法46条）。法43条6項に対応する規定である。

Q2-26 仮名加工情報と匿名加工情報との比較

Q　結局のところ、仮名加工情報と匿名加工情報には、どのような違いがあるのか。

A　どちらも適正加工基準を委員会規則で定めている点、本人同意を取得することなく目的外利用が可能である点、識別化が禁じられている点、原情報の消去を要しないこと、開示等の請求等の対象とならない点で共通している。しかし、仮名加工情報は、匿名加工情報と比べて、主として、適正加工基準が緩やかであり、他の情報と照合しない限り特定個人を識別できなくすれば足りる代わりに、少なくとも作成者にとって個人情報該当性がある点、原則として第三者提供ができないという違いがある。

解説

両制度の違いを個人情報と対比して示すと、**〔図表 Q2-26-1〕**のとおりとなる。

〔図表 Q2-26-1〕個人情報・仮名加工情報・匿名加工情報の違い

	個人情報	仮名加工情報 （個人情報であるもの）	匿名加工情報
定義	生存する個人に関する情報であって、当該情報に含まれる氏名、生年月日その他の記述等により特定の個人を識別することができるもの（他の情報と容易に照合することができ、それにより特定の個人を識別することができることとなるものを含む。）又は個人識別符号が含まれるもの	他の情報と照合しない限り特定の個人を識別することができないように個人情報を加工して得られる個人に関する情報	特定の個人を識別することができないように個人情報を加工して得られる個人に関する情報であって、当該個人情報を復元することができないようにしたもの

適正な加工	特定の個人を識別することができる記述等の削除	× （規制なし）	○	○
	個人識別符号の削除		○	○
	不正に利用されることにより財産的被害が生じるおそれのある記述等の削除		○	× （規制なし）
	情報を相互に連結する符号の削除		× （規制なし）	○
	特異な記述等の削除		× （規制なし）	○
	個人情報データベース等の性質を踏まえたその他の措置		× （規制なし）	○
利用目的の制限等（利用目的の特定、変更の制限）		・利用目的の特定が必要 ・原則あらかじめ同意を取得しなければ利用目的の変更は不可	・利用目的の特定が必要 ・利用目的の変更は可能 ・本人を識別しない、本人に連絡しないこと等が条件	× （規制なし）
通知・公表		・利用目的の通知・公表など	・仮名加工情報を取得した場合又は利用目的を変更した場合は、原則利用目的の公表が必要	・匿名加工情報の作成時に匿名加工情報に含まれる個人に関する情報の項目を公表 ・第三者提供をするときは、あらかじめ第三者提供される匿名加工情報に含まれる個人に関する情報の項目、提供の方法を公表
利用する必要がなくなったときの消去		○ （努力義務）	○ （努力義務）	× （規制なし）
安全管理措置		○	○ （仮名加工情報、削除情報等について義務）	○ （匿名加工情報について努力義務、加工方法等情報について義務）

漏えい等報告等	○	× （対象外）	× （対象外）
第三者提供に係る規律	原則あらかじめ同意を取得しなければ第三者提供できない	原則第三者提供は禁止だが例外（法令に基づく場合、委託、事業の承継、共同利用）あり	第三者提供は可 ただし公表義務有
開示・利用停止等の請求対応	○	× （対象外）	× （対象外）
識別行為の禁止	× （識別行為についての規律なし）	○ （識別行為を禁止する規定あり）	○ （識別行為を禁止する規定あり）
本人への連絡の禁止	× （利用目的の範囲内であれば可）	○	— （匿名加工情報を用いて本人への連絡を行うことは不可能）

出典・委員会事務局「仮名加工情報・匿名加工情報　信頼ある個人情報の利活用に向けて—制度編—」

Q2-27　事業者に対する実効性の確保

Q　事業者に対する本法の実効性確保のため、どのような制度が用意されているか。

A　基本的には事業者が苦情処理により解決すべきであるが、それによる解決には限界があるので、委員会の監督（法第6章第2節第1款）によって実効性が確保され、間接罰も用意されている。開示等の請求は出訴可能な本人の具体的権利であり（Q2-20参照）、それらの解決は最終的には裁判所によって図られる。直罰規定（法179条）も置いている。

解説

1　苦情処理による解決

事業者は個人情報の取扱いに関する苦情の適切・迅速な処理に努めなければならず、そのために必要な体制の整備（例：苦情受付窓口の設置、苦情処理手順の策定）に努めなければならないが（法40条）、とりわけ保有個人データについては、苦情の申出先（認定個人情報保護団体の対象事業者であれば当該団体の名称・苦情解決申出先も対象）が、公表事項とされている（法32条1項4号、令10条2号・3号）。

仮名加工情報については、それが個人情報にも該当する場合には法40条、該当しない場合には法42条3項による法40条の準用により、匿名加工情報については法43条6項・46条により、それぞれ事業者は苦情処理の努力義務を負う。

事業者による苦情処理による解決を充実させるため複層的な構造が設けられており、認定個人情報保護団体が補完し（法53条）、地方公共団体が苦情処理のあっせんその他必要な措置を講ずるよう努め（法14条）、国も必要な措置を講ずるものとする（法10条）。

報に限って業務対象とする法人は認定対象とならないという趣旨であり、個人関連情報も加えて自主的取組を実施すること自体は望ましい（認定団体GL2）。

認定を受けようとする法人から申請（法48条が欠格事由を規定）された場合、委員会は認定基準への適合性が認められなければ認定できない（法49条）。変更の認定等は法50条、廃止の届出は法51条（違反行為は法185条で過料の対象）が定める。

この認定を受けた法人を「認定個人情報保護団体」といい、認定業務の対象となることに同意を得て前記業務の対象となる事業者を「対象事業者」という（法52条）。いわば認定個人情報保護団体と対象事業者間の合意による契約法理をベースとして、前者の後者に対する強制力を及ぼさせることになる。認定個人情報保護団体は、認定業務の実施に際して知り得た情報の目的外利用の禁止を法55条（違反行為は法155条の対象）が、認定個人情報保護団体でない者が、認定個人情報保護団体という名称又は紛らわしい名称を用いることの禁止を法56条（違反行為は法185条で過料の対象）が規定する。

3 苦情の処理

認定個人情報保護団体は、対象事業者に対する関係者の苦情処理をサポートする（法53条）。まず、本人その他の関係者から対象事業者の個人情報等の取扱いに関する苦情について解決の申出があれば、その相談に応じ、申出人に必要な助言をし、その苦情に係る事情を調査するとともに、当該対象事業者に対し、その苦情の内容を通知してその迅速な解決を求めなければならない（同条1項）。そのため、苦情の解決に必要があれば、当該対象事業者に対し、説明や資料の提出を求めることができ（同条2項）、これを対象事業者は、正当な理由なく拒否しえない（同条3項）。対象事業者は、認定個人情報保護団体の名称及び苦情解決の申出先の公表義務を負う（法32条1項4号・令10条3号）。

4 個人情報保護指針

認定個人情報保護団体は、対象事業者の個人情報等の適正な取扱いの確保のために、個人情報保護指針を作成するよう努めなければならない（法54条1項）。これを作成・変更したときは、遅滞なく委員会に届け出なければならない（同条2項）。委員会は、この届出があったときは、当該個人情報保護指針を公表しなければならない（同条3項）。委員会による公表後、認定個人情報保護団体も、届け出た指針を、遅滞なく、インターネットの利用その他の適切な方法により公表する（規42条）。認定個人情報保護団体は、対象事業者に対し、公表された個人情報保護指針を遵守させるため必要な指導、勧告その他の措置をとらなければならない（法54条4項）。

5　委員会の監督

委員会の認定個人情報保護団体に対する監督権限を、法第6章第2節第2款（153条～155条）が定めている。監督権限とは、①報告の徴収（法153条）、②命令（法154条）、及び、③認定の取消し（法155条）である。

①の報告違反は間接罰の対象となり（法182条2号）、両罰規定の対象にもなる（法184条）。②の命令違反に間接罰は設けられていない。

〔図表Q2-28-1〕認定個人情報保護団体

委員会に認定を申請（法47条）

↓

委員会が認定（法49条）

↓

認定個人情報保護団体には、個人情報保護指針作成の努力義務（法54条1項）

↓

認定個人情報保護団体は、作成・変更した指針を委員会に届出（法54条2項）

↓

委員会は届け出られた指針を公表（法54条3項）

↓

認定個人情報保護団体も、届け出た指針を公表（規42条）

↓

認定個人情報保護団体は対象事業者に当該指針の遵守に必要な措置（法54条4項）

Q2-29　法第4章の包括的適用除外

Q　法第４章の規定の適用が包括的に除外されている事業者はあるか。

A　同章の規定は、①報道機関（報道を業とする個人を含む）が報道の用に供する目的（目的の全部又は一部が該当すれば足り、以下も同様）で（法57条１項１号）、②著述を業とする者が著述の用に供する目的で（同項２号）、③宗教団体が宗教活動（これに付随する活動を含む）の用に供する目的で（同項３号）、④政治団体が政治活動（これに付随する活動を含む）の用に供する目的で（同項４号）、個人情報等・個人関連情報を取り扱うときは、包括的に適用が除外される（同項柱書）。

解説

1　法57条の趣旨

法57条1項は、本問Aの各事業者が上記各目的で取り扱う場合について、法第4章の適用を包括的に除外しており、これらの適用除外の対象となる事業者は、個人情報等の適正な取扱いの確保に必要な自主的措置（その内容の公表を含む）の努力義務を負うにとどまる（同条3項）。憲法が保障する表現の自由（報道・取材の自由を含む）、信教の自由、政治活動の自由を考慮して定められた。なお同条2項は「報道」に関する定義規定である。

令和3年改正前は、民間部門の学術研究機関（それに属する者を含む）が学術研究目的で取り扱う場合も、同様に包括的適用除外の対象としていた。同年改正で個別的適用除外へと移行するとともに、公的部門の学術研究機関等についても民間部門の学術研究機関等と原則的に同様の規定が適用されるものとしつつ、前記個別的適用除外に関し、法59条によって自主的措置の対象とした（**Q1-6**参照）。

法57条1項各号の事業者であっても、その取り扱う目的の全部又は一部が同項各号に該当しなければ上記包括的適用除外の対象とならない。

法149条1項は、委員会は、事業者に対し報告・資料提出の要求、立入検査、指導、助言、勧告又は命令を行うにあたり、表現の自由、学問の自由、信教の自由及び政治活動の自由を妨げてはならないことを定める。

上記包括的適用除外の対象は法第4章の規定に限られるので、法57条1項各号の事業者でも、個人情報データベース等不正提供罪（法179条）の適用対象となる。

2　配慮規定

委員会は、法57条1項各号の目的で個人情報等を取り扱う当該各号の事業者に対し、個人情報等を提供する事業者の行為については、その権限を行使しないものとする（法149条2項）。配慮規定と呼ばれている。

報道機関が報道目的で取材する際、取材先の事業者が法18条・27条等の違反行為になることをおそれて、その取材に応じないような事態が生じれば、法57条1項の趣旨が損なわれるので、法149条2項が置かれた。

法57条1項各号の事業者であっても、その取り扱う目的の全部又は一部が同項各号に該当しなければ、法149条2項は適用されない。

Q2-30　適用範囲

Q　本法は事業者の日本国内における個人情報等の取扱いに限って適用されるか。

A　国内における取扱いに適用されることが原則である。しかし、法171条は、それに加え、本法が域外適用される場合を定めている。

解説

1　原則

本法のような行政法と呼ばれる性格の法令は、その性格上、国内に限って適用されることが原則である。国内で取り扱う限り、その事業者が日本法人か、外国法人かを問わない。取り扱われる個人情報等に関する本人の国籍、所在地も問わない。

2　域外適用

国外の行為であっても、国内に影響を及ぼすような場合には、例外的に域外適用を認める法制度が設けられることがある。これを域外適用という。EUのGDPR3条は、1項でEU 域内の管理者又は処理者の拠点の活動過程における個人データの取扱いに適用されるとしつつ、2項で域外適用を定めており、中国個人情報保護法3条2項もほぼ同様である。

本法についても、グローバル化とICTを利用した事業の進展に対応する必要があること、役務等を利用する日本居住者等の感覚としても、日本向けの役務等を利用する以上、当該事業者の拠点所在地如何にかかわらず日本法の適用を期待するのが通常であることから、平成27年改正によって新設された。

さらに令和2年改正によって、後述のとおり域外適用の対象規定が本法全体へと拡張され、条文番号を変更して令和3年改正に引き継がれた。

本法の域外適用を定める法171条は、本法全体を対象規定とする形式を採用しているが、このように個人情報取扱事業者等のみを適用主体としていた令和2年改正によって現在の法文となった。したがって、その適用主体は個人情報取扱事業者等であるが、それに対する監督規定の位置が、令和3年改正によって法第6章第2節第1款へと移動したこと等も踏まえ、それらの規定対象とするため、本法全体の雑則を定める法第7章の中に置かれるに至っている。後述のとおり取得経路は本人からの直接取得・間接取得を問わず、間接取得における提供元については、国内の個人情報取扱事業者等か否かも問わず、個人や行政機関等である場合も含む。そのため、本書では事業者の義務等に関する規定として、この箇所で解説する。

3　域外適用の対象情報

法171条の対象情報は「国内にある者を本人とする個人情報、当該個人情報として取得されることとなる個人関連情報又は当該個人情報を用いて作成された仮名加工情報若しくは匿名加工情報」である。

この「国内にある者」とは、対象情報ではなく本人の所在地を基準とする。基準となる時点は、物品・役務の提供時点である。本人の国籍を問わないので、当該時点で国内に滞在する者であれば国籍を問わず、その滞在が一時的か否かも問わない。他方、本人が日本国籍であっても、上記時点で外国にある者であれば同条の対象とならない。ただし、取扱地が国内であれば、本人の所在地が外国でも、前記「原則」によって本法がストレートに適用される。

4　域外適用の対象となる行為

個人情報取扱事業者、仮名加工情報取扱事業者、匿名加工情報取扱事業者又は個人関連情報取扱事業者が、「国内にある者に対する物品又は役務の提供に関連」して、前記対象情報を、外国において取り扱う場合である。このような場合には、当該事業活動の一部が日本で行われていると評価することが可能であり、日本との間に、域外適用の対象なる特別の関連性を認めうるからである。

この「国内にある者」は、法人か個人かを問わず、「国内にある者を本人とする」にいう「国内にある者」と、同一の者か、別の者かも問わない。海外の

A社がネットを介して東京のB社（物品・役務の提供先たる「国内にある者」）にサービスを提供する際に、B社の担当者が同社情報システム部のC（本人たる「国内にある者」）である旨の個人情報をA社がB社購買部から取得して、当該サービス提供のためにCにメールで連絡するような場合も本条の対象となる。

令和2年改正前には「国内にある者に対する物品又は役務の提供に関連してその者を本人とする個人情報を取得した」と規定していたので、本人から直接取得する場合に限られると解釈されていた。これに対し、同年改正によって現行の法文へと改正されたため、直接取得だけでなく、このような間接取得も含むものとなった。

5　域外適用の対象となる規定

以上の要件を満たす限り、外国における前記対象情報の取扱いにも、本法が定める各規定が域外適用される。法第6章第2節第1款（委員会による監督）もすべて含む。

令和2年改正前は、域外適用規定は一部規定にすぎず、国内事業者と国外事業者との間で法適用が不公平であるという指摘がなされていたが、同年改正によってすべての規定が域外適用の対象となったことによって、かかる不公平が一応解消された。

とはいえ、委員会が外国の事業者に命令等を行う場合、その外国と対立するおそれがある。そこで「国際約束の誠実な履行等」に関する法173条が設けられている。さらに、命令等に違反した事業者に対し委員会が外国で執行することは、外国主権との関係で無理がある。そのため、命令違反の場合、その旨を委員会は公表しうる旨の法148条4項が置かれた。

6　他国法との抵触

EU域内の事業者が、以上の要件を満たした取扱いを行う場合、本法とGDPRとが重畳適用される。他方、GDPRは、事業者の取扱いがEU域内で行われるものであるか否かを問わず、EU域内の管理者・処理者の拠点の活動の過程における個人データの取扱いに適用されるが（GDPR 3条1項）、EU 域内に拠点のない管理者・処理者であっても、日本国内からネットを介するなどして、EU 域内のデータ主体に対し物品・サービスを提供する場合や、EU 域内で行われるデータ主体（本人）の行動の監視に該当する場合の、いずれかに関連する個人データの取扱いにも適用される（同条２項）。「標的基準」と呼ばれている。これらの場合には本法と重畳適用されうる。GDPR との関係では、データの越境移転に注目されがちである。しかし、それ以前の問題として、域外適用される外国法についても検討・確定しておく必要がある。「GDPR の地理的適用範囲（第３条）に関するガイドライン」が公表されている。その邦訳が日本の委員会サイトの「国際関係　情報提供・国外の法令・GDPR」の箇所に掲載されているので参照されたい。GDPR に限らず、中国その他の外国の個人情報保護法制（関連法制を含む）についても同様に、越境移転条項とともに域外適用条項を確認しておく必要がある。

第3章

行政機関等の義務等

Q3-1 行政機関等の義務等を定める法第5章の概要

Q　行政機関等の義務等を定める法第５章はどのような構造か。

A　同章は全６節から構成される（図表Q3-1-1参照）。第１節は同章特有の概念に関する定義規定である。第２節は行政機関等における個人情報等の取扱い、第３節は個人情報ファイル、第４節は開示、訂正及び利用停止、第５節は行政機関等匿名加工情報の提供等に関する規定、第６節は「雑則」である。同章以外にも行政機関等の義務等に関連する規定がある。各対象情報の概要は〔図表Q3-1-2〕参照。

解説

1　法第５章の適用対象・義務者

法第5章「行政機関等の義務等」は、令和3年改正によって新設された。行個法・独個法（同年改正に伴い廃止）の基本的内容を統合して一部改変しつつ継受した上、地方公共団体の機関・独立地方行政法人にも適用範囲を拡張して「行政機関等」と総称する一方、例外的に公的部門の学術研究機関・医療機関を、原則として民間部門と共通の規制内容としたものである（Q1-6参照）。

同章の表題「行政機関等の義務等」にいう「行政機関等」は、法2条11項が定義する（Q1-5参照）。しかし、本法は同章の義務者について、法61条・62条は「行政機関等」とするが、それ以外の条項では「行政機関の長等」という概念形式を用いることが通常である。これは行政機関の長、地方公共団体の機関、独立行政法人等及び地方独立行政法人をいう（法63条括弧書）。

同条の「行政機関の長」として、「行政機関」という組織それ自体（例：環境省）ではなく、その「長」（例：環境大臣）を主体とする規定形式は、現行の行政法が伝統的に採用してきた作用法的行政機関概念を踏襲したものであり、その長に、その実施に関する最終責任が帰属することを示す趣旨の概念である。それにとどまらず、「行政機関」を定義する法2条8項4号・5号の政令で定める機関（警察庁・検察庁）では、「行政機関の長」とは、その機関ごとに政令で定める者をいう（法63条括弧書）。この政令委任を受けて、令18条が、警察庁は警察庁長官としつつ、検察庁関係で、最高検察庁は検事総長、高等検察庁はその庁の検事長、地方検察庁はその庁の検事正、区検察庁は、その庁の対応する簡易裁判所の所在地を管轄する地方裁判所に対応する地方検察庁の検事正と規定して細分化を図っている。この点で「行政機関等」の概念と異なる。「地方公共団体の機関」には、知事、市区町村長、教育委員会、公安委員会、選挙管理委員会、監査委員等の執行機関、公営企業管理者（病院事業管理者を含む）、警察本部長及び消防長等が該当する（行政機関等GL 4-1-1）。法63条括弧書にいう地方公共団体の機関から地方議会が除かれる点でも「行政機関等」と同様である。法2条11項2号括弧書は、法第2章、第3章及び法69条2項3号を除き、「以下同じ」と規定するからである。「独立行政法人等」及び「地方独立行政法人」から学術研究機関・医療機関が除外される。法2条11項3号・4号の各括弧書は、法63条において同じと規定するからである。

以上のとおり、「行政機関の長等」（法63条括弧書）は、検察庁について細分化が図られている点を除き、「行政機関等」（2条11項）と、形式的に異なっているだけであり、実質的には同一内容である（**Q1-5**参照）。

他に、法第5章には「行政機関」だけを適用主体とする規定（例：法74条）、「地方公共団体」だけを適用対象とする規定（例：法108条）、「地方公共団体の

〔図表Q3-1-1〕法第5章の構成

節	表　題	条　項	備　考
1	総　則	60条	法第5章の定義規定
2	行政機関等における個人情報等の取扱い	61条～73条	個人情報・保有個人情報・個人関連情報・仮名加工情報に関し規定
3	個人情報ファイル	74条・75条	事前通知・個人情報ファイル簿
4	開示、訂正及び利用停止	76条～108条	全5款で構成
5	行政機関等匿名加工情報の提供等	109条～123条	行個法・独個法の非識別加工情報制度を統合して移植
6	雑　則	124条～129条	法第5章固有の雑則

※表中の各条項・節番号等は令和3年改正後の法第5章による

機関」だけを適用対象とする規定（例：129条）、「独立行政法人等」だけを適用対象とする規定（例：119条5項）、「地方独立行政法人」だけを適用対象とする規定（例：同条8項以下）もある。

民間部門の事業者や個人も対象となる場合がある。法66条2項は委託先・指定管理者等を義務者、法67条は従事者を義務者とする。民間部門の事業者である場合には、法第4章が定める個人情報取扱事業者等の義務等の対象にもなる。法68条との関係では、行政機関等から個人データの取扱いの委託を受けた個人情報取扱事業者は、法26条1項本文によって漏えい等の報告等の義務を負うが、同項但書の通知をしたときは、この限りでない。

2　法第5章の対象情報

同章の対象情報は**〔図表Q3-1-2〕**のとおりである。

まず、①最も広い対象情報が個人情報（法2条1項）であり、個人情報とそれに包含された各対象情報に義務規定を紐付ける点で、事業者に関する法第4章第2節と同様の階層構造であるが、各対象情報と義務内容は異なる。

②保有個人情報につき、法60条1項が同図表記載のとおり定義する。「職務上作成し、又は取得」とは、職員がその者に割り当てられた仕事を遂行する立場（公的立場）で作成・取得したこと、「当該行政機関等が保有」とは、その利用、提供、廃止等につき決定権限を有し、当該情報を事実上支配していること、「組織的に利用」とは、組織の業務上必要な情報として利用されることを、それぞれいう。さらに「保有しているもの」に限られる。

③保有個人情報の集合物をデータベース化等したものが個人情報ファイルである（**Q3-4**参照）。したがって、「①＞②＞③」として順に前者が後者を包含する関係にある。③に関連するものとして、法75条1項は、行政機関の長等に対し、その行政機関等が保有する③について、同項が定める事項を記載した帳簿の作成・公表を義務付けており、この帳簿を個人情報ファイル簿という（同項括弧書）。その詳細は、③とともに**Q3-4**で解説する。他に、④要配慮個人情報も①の一種として登場するが、②及び③とレイヤーが異なるという限度では、事業者の場合と同様である（ただし義務内容は異なる）。

また、⑤個人関連情報、⑥仮名加工情報、⑦匿名加工情報も登場する。さら

〔図表 Q3-1-2〕法第５章の主たる対象情報

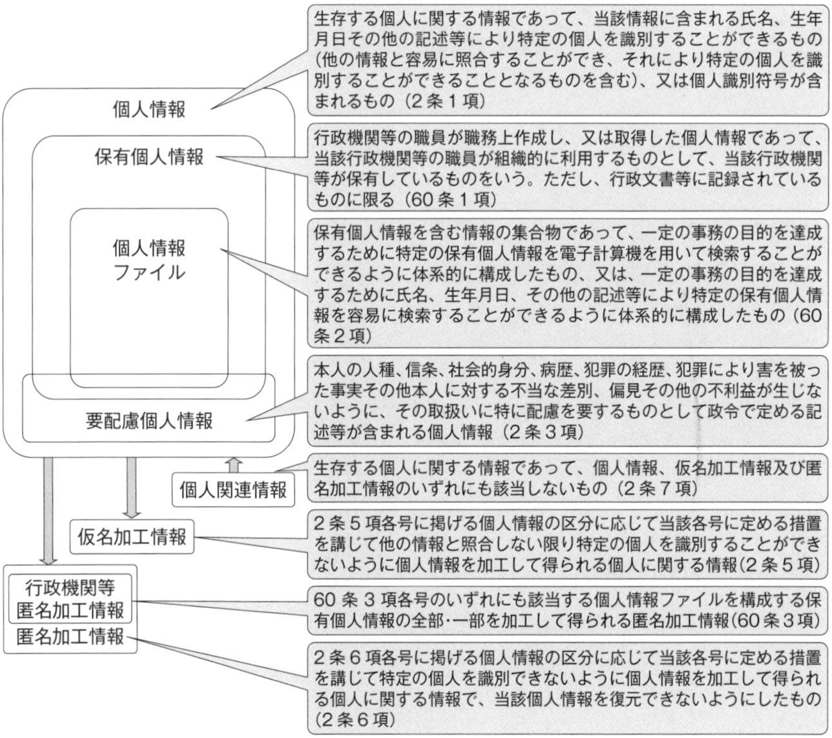

個人情報
生存する個人に関する情報であって、当該情報に含まれる氏名、生年月日その他の記述等により特定の個人を識別することができるもの（他の情報と容易に照合することができ、それにより特定の個人を識別することができることとなるものを含む）、又は個人識別符号が含まれるもの（2条1項）
保有個人情報
行政機関等の職員が職務上作成し、又は取得した個人情報であって、当該行政機関等の職員が組織的に利用するものとして、当該行政機関等が保有しているものをいう。ただし、行政文書等に記録されているものに限る（60条1項）
個人情報ファイル
保有個人情報を含む情報の集合物であって、一定の事務の目的を達成するために特定の保有個人情報を電子計算機を用いて検索することができるように体系的に構成したもの、又は、一定の事務の目的を達成するために氏名、生年月日、その他の記述等により特定の保有個人情報を容易に検索することができるように体系的に構成したもの（60条2項）
要配慮個人情報
本人の人種、信条、社会的身分、病歴、犯罪の経歴、犯罪により害を被った事実その他本人に対する不当な差別、偏見その他の不利益が生じないように、その取扱いに特に配慮を要するものとして政令で定める記述等が含まれる個人情報（2条3項）
個人関連情報
生存する個人に関する情報であって、個人情報、仮名加工情報及び匿名加工情報のいずれにも該当しないもの（2条7項）
仮名加工情報
2条5項各号に掲げる個人情報の区分に応じて当該各号に定める措置を講じて他の情報と照合しない限り特定の個人を識別することができないように個人情報を加工して得られる個人に関する情報（2条5項）
行政機関等匿名加工情報
60条3項各号のいずれにも該当する個人情報ファイルを構成する保有個人情報の全部・一部を加工して得られる匿名加工情報（60条3項）
匿名加工情報
2条6項各号に掲げる個人情報の区分に応じて当該各号に定める措置を講じて特定の個人を識別できないように個人情報を加工して得られる個人に関する情報で、当該個人情報を復元できないようにしたもの（2条6項）

※仮名加工情報は個人情報に該当する場合がある。

に、⑦の一部として「行政機関等匿名加工情報」という概念も登場しており、これは行個法の行政機関非識別個人情報、独個法の独立行政法人等非識別個人情報の概念を統合し、地方公共団体の機関・地方独立行政法人にも適用対象を拡大したものである。個人情報概念を事業者のそれと一元化したため、併せて、前記概念中の「非識別個人情報」の部分を「匿名加工情報」に改めた。

このように行政機関等に関する対象情報は、事業者の対象情報と共通するものが存在している半面、それとは異なる対象情報が設けられており、それぞれに対応する義務内容も異なっている。行個法・独個法を、部分的に変更しつつも、それらを基本的に踏襲したことによるものである。それぞれの対象情報と具体的な義務内容の対応関係は、次の **Q3-2** で説明する。

Q3-2　行政機関等の義務等の全体像

Q　行政機関等の義務等と対象情報との対応関係はどのようものか。

A　法第５章の全体構成はQ3-1の〔図表Q3-1-1〕で示したが、同章第１節は同章特有の概念（主として対象情報）に関する定義規定であり、その概要はQ3-1で説明した。同章第２節から第５節までが〔図表Q3-2-1〕のとおり行政機関等に関する義務を定めており（同章第４節は本人の権利）、第６節は「雑則」である。義務者を主に「行政機関の長等」とする点は、その理由を含めQ3-1参照。

解説

1　第２節の概要

第2節の対象情報は、①個人情報とする規定（61条～64条・66条2項・67条）と、②保有個人情報とする規定（65条・66条1項・68条～71条）、③それ以外の情報（72条・73条）に分けて、それらの行政機関等における取扱いを定めている。

①は主として取得段階を含んだ規定であるため、保有個人情報ではなく個人情報を対象情報とする。61条は、個人情報の保有は、法令（条例を含む）の定める所掌事務又は業務の遂行に必要な場合に限り、かつ、その利用目的をできる限り特定しなければならず（1項）、当該利用目的の達成に必要な範囲に限るものとした上（2項）、利用目的を事後的に変更可能な範囲を定める（3項）。62条は直接書面取得時の「利用目的の明示」、63条は「不適正な利用の禁止」、64条は「適正な取得」の規定である。63条・64条に対応する規定は行個法・独個法になく、令和3年改正による本法への統合時に導入された。

これに対し、②は保有後に関する規定であることから保有個人情報を対象情報とする。65条は「正確性の確保」、66条1項は「安全管理措置」、68条は「漏えい等の報告等」、69条は「利用及び提供の制限」、70条は「保有個人情報の提供を受ける者に対する措置要求」、71条は「外国にある第三者への提供の制限」である（68条・71条は令和3年改正で新設）。

ただし、66条2項は委託先等の安全管理措置義務、67条は従事者の義務に関する規定なので、行政機関等の保有後に関するものであっても、②保有個人情報ではなく、広く①個人情報を対象情報としている。

最後に③は、72条が「個人関連情報の提供を受ける者に対する措置要求」、73条が「仮名加工情報の取扱いに係る義務」である。これらは令和3年改正によって導入された。

2　第3節の概要

第3節は表題それ自体が、対象情報たる「個人情報ファイル」である。保有個人情報を含む情報の集合物であって、一定の事務の目的を達成するために特定の保有個人情報を電子計算機を用いて検索することができるように体系的に構成したもの、そのほか、一定の事務の目的を達成するために氏名、生年月日、その他の記述等により特定の保有個人情報を容易に検索することができるように体系的に構成したものをいう（60条2項）。集合物を構成するものが保有個人情報である点を除けば、事業者に関する個人情報データベース等に、ほぼ対応する概念である。

その内容は、①個人情報ファイルの保有等に関する事前通知（74条）、②個人情報ファイル簿の作成及び公表（75条）である。

3　第4節の概要

第4節は「開示、訂正及び利用停止」を規定しており、その対象情報は保有個人情報である。これらの請求は本人の権利である。

4　第5節の概要

第5節（109条～123条）は「行政機関等匿名加工情報の提供等」を規定する。「行政機関等匿名加工情報」とは、個人情報ファイルを構成する保有個人情報の全部又は一部を加工して得られる匿名加工情報をいうが、情報公開法制上の不開示情報をはじめ、多くの適用除外が定められている（60条3項）。

〔図表 Q3-2-1〕行政機関等が負う義務の概要

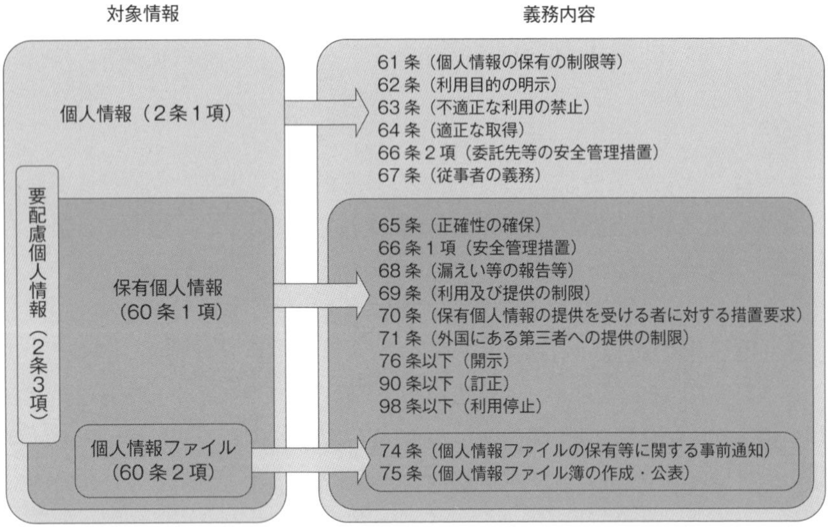

※他に、個人関連情報に関する72条、仮名加工情報に関する73条、行政機関等匿名加工情報に関する第5章第5節がある。

同節の中でも法123条は、行政機関匿名加工情報以外の匿名加工情報について、行政機関等における取扱いを定める規定である。

Q3-3 行政機関等における個人情報等の取扱い

Q　法第５章第２節「行政機関等における個人情報等の取扱い」は、どのような内容か。

A　同節は、①個人情報の保有の制限等（法61条）、②利用目的の明示（法62条）、③不適正な利用の禁止（法63条）、④適正な取得（法64条）、⑤正確性の確保（法65条）、⑥安全管理措置（法66条）、⑦従事者の義務（法67条）、⑧漏えい等の報告等（法68条）、⑨利用及び提供の制限（法69条）、⑩保有個人情報の提供を受ける者に対する措置要求（法70条）、⑪外国にある第三者への提供の制限（法71条）、⑫個人関連情報の提供を受ける者に対する措置要求（法72条）、⑬仮名加工情報の取扱いに係る義務（法73条）から構成されている。それぞれの対象情報概念はQ3-1の〔図表Q3-1-2〕、対象情報と義務の対応関係はQ 3-2の〔図表Q3-2-1〕参照。

解説

1　個人情報の保有の制限等（法61条）

個人情報を保有するに当たっては、法令の定める所掌事務又は業務の遂行に必要な場合に限り、かつ、その利用目的をできる限り特定しなければならず（法61条1項）、特定された利用目的の達成に必要な範囲を超えて、個人情報を保有してはならない（同条2項）。新たに保有する場合を含めて遵守すべき規定なので、対象情報を「個人情報」とした上、それを「保有」する際の規制という規定形式としている。保有する場合に限るから、身分証明書の提示を受けて閲覧するにとどまるような場合には両項の対象とならないが、そのコピーを取るような場合には両項の対象となる。

保有後における利用目的の変更は、変更前の利用目的と相当の関連性を有すると合理的に認められる範囲に限られる（同条3項）。民間の事業者を主要対象とする法17条2項と異なり、「相当の」を要件とする。通常は提出が任意な民間部門の場合と異なり、行政事務に用いられる個人情報には義務性・権力性・秘匿性が高いものが多いことから、厳格な要件とされた。変更後の利用目的は「法令……の定める所掌事務又は業務を遂行するため必要な場合」（法61条1項）である必要があることは当然である。

2　利用目的の明示（法62条）

本人から個人情報を直接書面取得するときは、原則として、あらかじめ本人に利用目的を明示しなければならない（法62条）。例外的に明示が不要な場合として、同条1号から4号までの除外規定を置いている。

これに対し、非直接書面取得の場合には、明示はおろか通知・公表義務も負わない点で、事業者の場合と異なる。行政機関等における個人情報の利用目的はすべて既に設置法等で明らかにされており、取得段階で改めてこれを本人に通知等する意味に乏しく、行政機関等では直接本人から個人情報を取得しており、本人は利用目的を容易に知りうる場合が多く、個人情報ファイル簿の閲覧・公表制度が設けられていることなどから、改めて通知等を要しないとする趣旨である。

3　不適正な利用の禁止等（法63条～65条）

法63条（不適正な利用の禁止）は事業者に関する法19条と同様の規定であるから、**Q2-6**を参照されたい。法64条（適正な取得）は事業者に関する法20条1項と同趣旨であるから、**Q2-4**を参照されたい。法65条（正確性の確保）は対象情報を除き法22条前段と実質的に同趣旨であるから、**Q2-8**を参照されたい。法22条後段に相当する努力義務（不要となった個人情報の消去）は、行政機関等については規定されていない。不要となったか否かを問わず、その消去の可否・手続は、本法ではなく公文書管理法制に委ねられている。

4　安全管理措置（法66条）

法66条1項は、対象情報を除き、法23条と実質的に同趣旨であるから、**Q2-9**以下を参照されたい。法66条2項は、同項各号に掲げる者が当該各号

〔図表Q3-3-1〕法66条2項が定める対象者等

号	対象者	対象業務
1	行政機関等から個人情報の取扱いの委託を受けた者	当該委託を受けた業務
2	指定管理者	公の施設の管理の業務
3	法58条1項各号に掲げる者	法令に基づき行う業務であって政令で定めるもの
4	法58条2項各号に掲げる者	同項各号に定める業務のうち法令に基づき行う業務であって政令で定めるもの
5	前各号に掲げる者から当該各号に定める業務の委託（二以上の段階にわたる委託を含む）を受けた者	当該委託を受けた業務

に定める業務を行う場合（〔図表Q3-3-1〕参照）における個人情報の取扱いについて、同条1項の規定を準用する。行政機関等から事務事業の実施に際して個人情報の取扱いの委託を受けていることから、これを行政機関等と同様の厳格な規律の対象としたものであるが、その性格上、対象情報を個人情報全般とする。

同項の受託業務従事者たる事業者が、個人情報取扱事業者に該当するときは、法23条以下の安全管理措置義務も重畳適用される。

5　従事者の義務（法67条）

個人情報の取扱いに従事する行政機関等の職員若しくは職員であった者、法66条2項各号に定める業務に従事している者若しくは従事していた者又は行政機関等において個人情報の取扱いに従事している派遣労働者若しくは従事していた派遣労働者は、その業務に関して知り得た個人情報の内容をみだりに他人に知らせ、又は不当な目的に利用してはならない（法67条）。対象情報は保有個人情報ではなく個人情報全般である。保有に至らない場合や組織的利用でない場合でも適正な取扱いが求められるからである。国家公務員法・地方公務員法等による守秘義務では義務者や対象情報の範囲が不十分であることから規定された。同条違反に対する罰則規定はないが、関連する罰則として、行政機関等の職員が職権を濫用して、専らその職務の用以外の用に供する目的で個人の秘密に属する事項が記録された文書等を収集したときは罰則の対象となる（法181条）。

6　漏えい等の報告等（法 68 条）

事業者に関する法 26 条と同趣旨の規定であり、令和 3 年改正で新たに行政機関の長等に対し、保有個人情報を対象情報として義務付けたものである。法 68 条については **Q 2-13** で併せて説明したので参照されたい。

7　利用及び提供の制限（法 69 条）

法 69 条は、行政機関の長等が、法令に基づく場合を除き、保有個人情報を利用目的外で自ら利用・提供することを禁止しつつ（1 項）、その適用除外事由（**〔図表 Q3-3-2〕**参照）を定めるとともに（2 項）、それに付随する条項（3 項・4 項）を定めている。「提供」は、行政機関は省庁等が単位とされており（法 2 条 8 項）、地方公共団体は単一の地方公共団体でも「機関」が単位となる（同条 11 項 2 号）。事業者の場合、除外事由に該当する場合を除き、本人の事前同意を取得しなければ、目的外利用・第三者提供ができない。これに対し、行政機関の長等の場合、法令に基づく場合に限られるが、利用目的の範囲内であれば、本人同意を取得することなく提供できる。その例外として適用除外事由が定められている点では共通するが、その内容は事業者の場合と異なっている。

法 69 条 2 項 2 号・3 号の「相当の理由があるとき」とは、社会通念上、客観的な合理的理由があることをいい、適用除外事由とした趣旨にふさわしい理由か否かが判断基準となる（行政機関等 GL 5-5-2）。同項 4 号の「明らかに本人の利益になるとき」とは、本人の生命、身体又は財産の保護に必要な場合や、本人への金銭給付、栄典授与等のために必要な場合等を含み、同号の「特別の理由があるとき」とは、本来行政機関の長等が厳格に管理すべき保有個人情報について、同項 3 号が定める者以外の者に例外的に提供が認められるためにふさわしい要件として、個人情報の性質、利用目的等に則して「相当の理由」よりもさらに厳格な理由が必要であるとする趣旨であり、①行政機関等に提供する場合と同程度の公益性、②提供先が自ら当該保有個人情報に相当する個人情報を取得することが著しく困難であること、③提供先の事務が緊急を要すること、④その提供を受けなければ提供先の事務の目的達成が困難であること等によって判断される（行政機関等 GL 5-5-2）。

〔図表 Q3-3-2〕法 69 条 2 項各号が定める適用除外事由

号	事　由
1	本人の同意があるとき、又は本人に提供するとき
2	行政機関等が法令の定める所掌事務・業務の遂行に必要な限度で保有個人情報を内部で利用する場合であって、当該保有個人情報を利用することについて相当の理由があるとき
3	他の行政機関、独立行政法人等、地方公共団体の機関（議会を含むー法 2 条 11 項 2 号括弧書の反対解釈）又は地方独立行政法人に保有個人情報を提供する場合において、保有個人情報の提供を受ける者が、法令の定める事務・業務の遂行に必要な限度で提供に係る個人情報を利用し、かつ、当該個人情報を利用することについて相当の理由があるとき
4	前 3 号に掲げる場合のほか、専ら統計の作成又は学術研究の目的のために保有個人情報を提供するとき、本人以外の者に提供することが明らかに本人の利益になるとき、その他保有個人情報を提供することについて特別の理由があるとき

8　保有個人情報の提供を受ける者に対する措置要求（法 70 条）

行政機関の長等は、利用目的のために又は法 69 条 2 項 3 号・4 号に基づき、保有個人情報を提供する場合に、必要があると認めるときは、保有個人情報の提供を受ける者に対し、提供に係る個人情報について、その利用の目的若しくは方法の制限その他必要な制限を付し、又はその漏えいの防止その他の個人情報の適切な管理のために必要な措置を講ずることを求めるものとする（法 70 条）。提供先が現に講じている安全管理措置の水準が、提供する保有個人情報の性質に照らして不十分な場合に、当該受領者に対し必要な安全管理措置を講ずることを求めるようなケースを想定した規定である。

9　外国にある第三者への提供の制限（法 71 条）

法 71 条は、行政機関の長等に対し、利用目的の範囲内である場合を除き、個人情報取扱事業者に関する法 28 条とほぼ同様の義務を課している。認定国・基準適合体制整備者への提供も適用除外した上、利用目的以外の目的のために保有個人情報を提供する場合には、法令に基づく場合及び法 69 条 2 項 4 号に掲げる場合を除くほか、外国にある第三者への提供を認める旨の本人の事前同意を得なければならず（法 71 条 1 項）、同意を得る際に事前に参考情報を提供しなければならず（同条 2 項）、基準適合体制整備者に提供した場合の措置について法 28 条 3 項と同趣旨の法 71 条 3 項を設けている。対象情報が保有個人情報である点、利用目的の範囲内である場合が、本人同意取得が不要な場合として規定されている点が、法28条と異なっている。

10　個人関連情報の提供を受ける者に対する措置要求（法72条）

Q1-12で解説したので参照されたい。

11　仮名加工情報の取扱いに係る義務（法73条）

仮名加工情報制度は、民間部門におけるイノベーション促進のための制度である一方、行政機関等では保有個人情報の内部利用等は比較的自由に認められるので、行政機関等それ自体にとって仮名加工情報制度を利用する必要性に乏しい。そのため、法41条1項（適正加工義務）に相当する規定は設けられていない。しかし、行政機関等が「法令に基づく場合」として仮名加工情報を取得することがあり、その場合には個人情報に該当しない場合もあるので、その行政機関等における取扱いについて本人の権利利益保護を図るため、民間部門に準じた義務を法73条で置いている。仮名加工情報を第三者（当該仮名加工情報の取扱いの委託を受けた者を除く）に提供することが禁止され（同条1項）、その取り扱う仮名加工情報の安全管理措置義務を負い（同条2項）、識別行為が禁止され（同条3項）、連絡等への利用が禁止される（同条4項）。同条2項を除き、法令に基づく場合が除外されている。

Q3-4　個人情報ファイル

Q　個人情報ファイルについて、どのような規制が課されているか。

A　法60条2項が「個人情報ファイル」概念を定義した上、法第5章第3節で、①行政機関の長に個人情報ファイルの保有等に関する事前通知義務を課し（法74条）、②行政機関の長等に個人情報ファイル簿の作成・公表義務を課す（法75条）。

解説

1　個人情報ファイル

法60条2項は、保有個人情報を含む情報の集合物であって、①一定の事務の目的を達成するために特定の保有個人情報を電子計算機を用いて検索ができるように体系的に構成したもの（同項1号）、②同項1号のほか、一定の事務の目的を達成するために氏名、生年月日、その他の記述等により特定の保有個人情報を容易に検索ができるように体系的に構成したもの（同項2号）と定義する。

事業者における「個人情報データベース等」（法16条1項）とほぼ同様の概念であるが、ⓐ集合物を構成する情報を、個人情報全般ではなく「保有個人情報」に限定している点、ⓑ「一定の事務の目的を達成するために」検索ができるように体系的に構成したものに限定している点、ⓒ検索対象を「特定の個人情報」ではなく「特定の保有個人情報」としている点、ⓓ同項柱書括弧書に相当する除外事項が存しない点、ⓔ同項2号のような政令委任がない点、ⓕ少人数のものや、短期保有のためのものを除いている点（法74条2項6号・9号、75条2項1号）で異なる。

2　個人情報ファイルの保有等に関する事前通知（法74条）

法74条は、行政機関の長に限定して、個人情報ファイルの保有・変更について、委員会に対する事前通知義務を課す（法74条1項）。行政機関の中でも、会計検査院は、その独立的性格に鑑み義務が除外されている（同項括弧書）。行政機関以外の公的部門については、この事前通知義務を負わない。これらは国とは別の法人格を有するので、法運用の統一性等の判断を、第一次的には当該機関の自己責任と自律性に委ね、法75条で公開性を確保して、開示請求等の本人の権利行使や委員会の監視によれば足りるとしたものである。

通知事項は同項各号が定めており、**〔図表Q3-4-1〕**参照。法運用の統一性・法適合性を確保するための調整という観点から、事前段階から委員会にチェックを委ね、必要に応じて監視機能を働かせる趣旨である。そのため、作成・取得・正式運用前に、委員会による検討・助言に要する時間的余裕をもって通知しなければならない。

保有をやめたとき、又は当該個人情報ファイルが法74条2項9号に該当するに至ったとき（1,000人に満たない少人数のものとなったとき）は、遅滞なく、委員会にその旨を通知しなければならない（同条3項）。

事前通知の適用除外事由を、同条2項各号が規定する（**〔図表Q3-4-2〕**の右から2列目を参照）。法75条と大きく異なる点は、マニュアル（手作業）処理の個人情報ファイルが除外されるため（法74条2項11号）、事前通知の対象が電算機処理の個人情報ファイルに限定されている点である。

番号法28条4項により特定個人情報保護評価の評価書が公表されたときは、法74条1項による通知があったものとみなされる（番号法28条5項）。評価書が委員会へ提出されることによって、法74条の趣旨が十分に果たされているからである。令和3年改正によって通知先が総務大臣から委員会へと変更されたことから、各行政機関は保有する個人情報ファイルについて、同年改正施行期日（令和4年4月1日）後に遅滞なく通知をすれば足りる（令和3年改正法附則7条）。

3　個人情報ファイル簿の作成及び公表（法75条）

法75条は、行政機関の長等に、当該行政機関等が保有している個人情報ファイルについて、個人情報ファイル簿の作成・公表義務を課す。行政機関等が保有する個人情報ファイルは公的記録であり、その存在・概要について、でき

〔図表Q3-4-1〕個人情報ファイルの保有等に関する事前通知事項及び個人情報ファイル簿の記載事項

号	事前通知事項	個人情報ファイル簿への記載
1	個人情報ファイルの名称	○
2	当該行政機関の名称と個人情報ファイルが利用に供される事務をつかさどる組織の名称	○
3	個人情報ファイルの利用目的	○
4	記録項目（個人情報ファイルに記録される項目）と記録範囲（本人として個人情報ファイルに記録される個人の範囲）	○
5	記録情報（個人情報ファイルに記録される個人情報）の収集方法	○
6	記録情報に要配慮個人情報（又は条例要配慮個人情報）が含まれるときは、その旨	○
7	記録情報を当該行政機関以外の者に経常的に提供する場合には、その提供先	○
8	法75条3項に基づき、記録項目の一部若しくは5号若しくは7号の事項を個人情報ファイル簿に記載しないこととするとき、又は個人情報ファイルを個人情報ファイル簿に掲載しないこととするときは、その旨	×
9	法76条1項、90条1項又は98条1項による請求を受理する組織の名称と所在地	○
10	法90条1項ただし書又は98条1項ただし書に該当するときは、その旨	○
11	その他政令で定める事項－令20条1項 ・個人情報ファイルの保有開始の予定年月日（1号） ・その他委員会規則で定める事項（2号） 次に掲げる事項とする（規50条）。 ・法90条1項ただし書又は98条1項ただし書に規定する他の法令の規定により特別の手続が定められているときの、当該法令の条項（1号） ・法74条1項に基づき通知をした事項を変更しようとするときの、当該変更の予定年月日（2号）	×

（○は必要、×は不要な事項）

る限り国民への透明性を図る趣旨である。これによって後述の本人による開示等の請求や、委員会への事前通知と相まって委員会による監視も容易になる。

法74条と異なり行政機関（会計検査院を除く）の長に限定しておらず、会計検査院を含めて、他の行政機関の長等も法75条の対象となり、さらに公的部門の学術研究機関・医療機関も対象となる（法125条）。

個人情報ファイル簿の記載事項は、法74条1項1号から7号まで、9号及び10号に掲げる事項その他政令で定める事項である（法75条1項）。法74条1項8号・11号の事項が除かれている理由は、これらは専ら委員会が法適合性確保のために通知事項としたものだからである。地方公共団体の機関・地方独立行政法人についての法75条1項の適用については特例がある。

法75条2項・3項で適用除外事由が定められている（**〔図表Q3-4-2〕**の右端の列参照）。

〔図表Q3-4-2〕事前通知及び個人情報ファイル簿作成等の適用除外事由

号	個人情報ファイルの種別	事前通知	個人情報ファイル簿
1	国の安全、外交上の秘密その他の国の重大な利益に関する事項を記録する個人情報ファイル	○	○
2	犯罪の捜査、租税に関する法律の規定に基づく犯則事件の調査又は公訴の提起若しくは維持のために作成し、又は取得する個人情報ファイル	○	○
3	行政機関の職員又は職員であった者に係る個人情報ファイルであって、専らその人事、給与若しくは福利厚生に関する事項又はこれらに準ずる事項を記録するもの（行政機関が行う職員の採用試験に関する個人情報ファイルを含む）	○	○
4	専ら試験的な電子計算機処理の用に供するための個人情報ファイル	○	○
5	法74条1項による通知に係る個人情報ファイルに記録されている記録情報の全部又は一部を記録した個人情報ファイルであって、その利用目的、記録項目及び記録範囲が当該通知に係るこれらの事項の範囲内のもの	○	○
6	1年以内に消去することとなる記録情報のみを記録する個人情報ファイル	○	○
7	資料その他の物品若しくは金銭の送付又は業務上必要な連絡のために利用する記録情報を記録した個人情報ファイルであって、送付又は連絡の相手方の氏名、住所その他の送付又は連絡に必要な事項のみを記録するもの	○	○
8	職員が学術研究の用に供するためその発意に基づき作成し、又は取得する個人情報ファイルであって、記録情報を専ら当該学術研究の目的のために利用するもの	○	○
9	本人の数が政令で定める数に満たない個人情報ファイル（令20条2項は1,000人と規定）	○	○

10	法74条2項3号から9号までに掲げる個人情報ファイルに準ずるものとして政令で定める個人情報ファイル （令20条3項） 次に掲げる者に係る個人情報ファイルであって、専らその人事、給与若しくは福利厚生に関する事項又はこれらに準ずる事項を記録するもの（イに掲げる者の採用又は選定のための試験に関する個人情報ファイルを含む）（1号） イ　次に掲げる者又はこれらの者であった者 ⑴ 当該機関以外の行政機関等の職員 ⑵ 行政機関の職員以外の国家公務員であって行政機関又は行政機関の長の任命に係る者 ⑶ 行政機関が雇い入れる者であって国以外のもののために労務に服するもの ⑷ 行政機関又は行政機関の長から委託された事務に従事する者であって当該事務に1年以上にわたり専ら従事すべきもの ロ　法74条2項3号に規定する者又はイに掲げる者の被扶養者又は遺族 法74条2項3号に規定する者及び前号イ又はロに掲げる者を併せて記録する個人情報ファイルであって、専らその人事、給与若しくは福利厚生に関する事項又はこれらに準ずる事項を記録するもの（2号）	○	○
11	法60条2項2号に係る個人情報ファイル	○	×
	法75条1項の規定による公表に係る個人情報ファイルに記録されている記録情報の全部又は一部を記録した個人情報ファイルであって、その利用目的、記録項目及び記録範囲が当該公表に係るこれらの事項の範囲内のもの（法75条2項2号）	－	○
	法75条2項2号に掲げる個人情報ファイルに準ずるものとして政令で定める個人情報ファイル（法75条2項3号） （令21条7項） 法60条2項2号に係る個人情報ファイルで、その利用目的及び記録範囲が法75条1項の規定による公表に係る法60条2項1号に係る個人情報ファイルの利用目的及び記録範囲の範囲内であるものとする。	－	○

（○は適用除外、×は適用、－は法74条の対象外）

Q3-5　開示、訂正及び利用停止(1)

Q　本人は自己に関する保有個人情報について開示、訂正及び利用停止を請求できるか。

A　本人は行政機関の長等に対し、①開示するよう請求すること（開示請求）、②その内容が事実でないと思料するときに、その訂正（追加又は削除を含む）を請求すること（訂正請求）、③法98条1項各号のいずれかに該当すると思料するときに当該各号に定める措置を請求すること（利用停止請求）ができる。利用目的の通知の求めに対応する規定が存しない点で、事業者に対する場合と異なる。請求手続はほぼ共通しており、全体の流れは次のQ3-6で説明する。

解説

1　概要

令和3年改正によって、行個法・独個法の規定を統合して一部改変の上、本法に法第5章第4節として移植された。その際に、新たに地方公共団体の機関・地方独立行政法人を対象機関に加え、その特性を踏まえて法108条も置かれた。

本人の具体的権利である。自己情報コントロール権の仕組を、実質的に一部取り入れる趣旨の制度といえよう。

2　開示請求

請求を受けた保有個人情報を有していれば開示決定が原則であるが、法78条1項各号の不開示情報（〔図表Q3-5-1〕参照）に該当すれば不開示決定し、不開示情報に該当する部分を容易に区分して除けるときは部分開示とする（法79条）。不開示情報が含まれる場合でも、個人の権利利益保護のため特に必要なときは開示しうるという裁量的開示（法80条）、存否を答えるだけで不開示

〔図表 Q3-5-1〕不開示情報

号	不開示情報
1	開示請求者（法76条2項の規定により代理人が本人に代わって開示請求をする場合にあっては、当該本人をいう……）の生命、健康、生活又は財産を害するおそれがある情報
2	開示請求者以外の個人に関する情報（事業を営む個人の当該事業に関する情報を除く）であって、当該情報に含まれる氏名、生年月日その他の記述等により開示請求者以外の特定の個人を識別することができるもの（他の情報と照合することにより、開示請求者以外の特定の個人を識別することができることとなるものを含む）若しくは個人識別符号が含まれるもの又は開示請求者以外の特定の個人を識別することはできないが、開示することにより、なお開示請求者以外の個人の権利利益を害するおそれがあるもの。ただし、次に掲げる情報を除く。 イ　法令の規定により又は慣行として開示請求者が知ることができ、又は知ることが予定されている情報 ロ　人の生命、健康、生活又は財産を保護するため、開示することが必要であると認められる情報 ハ　当該個人が公務員等（国家公務員法2条1項に規定する国家公務員〔独立行政法人通則法2条4項に規定する行政執行法人の職員を除く〕、独立行政法人等の職員、地方公務員法2条に規定する地方公務員及び地方独立行政法人の職員をいう）である場合において、当該情報がその職務の遂行に係る情報であるときは、当該情報のうち、当該公務員等の職及び当該職務遂行の内容に係る部分
3	法人その他の団体（国、独立行政法人等、地方公共団体及び地方独立行政法人を除く。以下この号において「法人等」という。）に関する情報又は開示請求者以外の事業を営む個人の当該事業に関する情報であって、次に掲げるもの。ただし、人の生命、健康、生活又は財産を保護するため、開示することが必要であると認められる情報を除く。 イ　開示することにより、当該法人等又は当該個人の権利、競争上の地位その他正当な利益を害するおそれがあるもの ロ　行政機関等の要請を受けて、開示しないとの条件で任意に提供されたものであって、法人等又は個人における通例として開示しないこととされているものその他の当該条件を付することが当該情報の性質、当時の状況等に照らして合理的であると認められるもの
4	行政機関の長が法82条各項の決定（以下この節において「開示決定等」という）をする場合において、開示することにより、国の安全が害されるおそれ、他国若しくは国際機関との信頼関係が損なわれるおそれ又は他国若しくは国際機関との交渉上不利益を被るおそれがあると行政機関の長が認めることにつき相当の理由がある情報
5	行政機関の長又は地方公共団体の機関（都道府県の機関に限る）が開示決定等をする場合において、開示することにより、犯罪の予防、鎮圧又は捜査、公訴の維持、刑の執行その他の公共の安全と秩序の維持に支障を及ぼすおそれがあると当該行政機関の長又は地方公共団体の機関が認めることにつき相当の理由がある情報
6	国の機関、独立行政法人等、地方公共団体及び地方独立行政法人の内部又は相互間における審議、検討又は協議に関する情報であって、開示することにより、率直な意見の交換若しくは意思決定の中立性が不当に損なわれるおそれ、不当に国民の間に混乱を生じさせるおそれ又は特定の者に不当に利益を与え若しくは不利益を及ぼすおそれがあるもの

7	国の機関、独立行政法人等、地方公共団体又は地方独立行政法人が行う事務・事業に関する情報であって、開示することにより、次に掲げるおそれその他当該事務又は事業の性質上、当該事務又は事業の適正な遂行に支障を及ぼすおそれがあるもの イ　独立行政法人等、地方公共団体の機関又は地方独立行政法人が開示決定等をする場合において、国の安全が害されるおそれ、他国若しくは国際機関との信頼関係が損なわれるおそれ又は他国若しくは国際機関との交渉上不利益を被るおそれ ロ　独立行政法人等、地方公共団体の機関（都道府県の機関を除く）又は地方独立行政法人が開示決定等をする場合において、犯罪の予防、鎮圧又は捜査その他の公共の安全と秩序の維持に支障を及ぼすおそれ ハ　監査、検査、取締り、試験又は租税の賦課若しくは徴収に係る事務に関し、正確な事実の把握を困難にするおそれ又は違法若しくは不当な行為を容易にし、若しくはその発見を困難にするおそれ ニ　契約、交渉又は争訟に係る事務に関し、国、独立行政法人等、地方公共団体又は地方独立行政法人の財産上の利益又は当事者としての地位を不当に害するおそれ ホ　調査研究に係る事務に関し、その公正かつ能率的な遂行を不当に阻害するおそれ ヘ　人事管理に係る事務に関し、公正かつ円滑な人事の確保に支障を及ぼすおそれ ト　独立行政法人等、地方公共団体が経営する企業又は地方独立行政法人に係る事業に関し、その企業経営上の正当な利益を害するおそれ

情報を開示することとなるとき（例：児童虐待の告発等の児童本人に関する情報を親が法定代理人として開示請求する場合）は、その存否を明らかにせず拒否する存否応答拒否（法81条）も用意されている。手数料につき法89条参照。

情報公開法制と制度趣旨は異なってはいるが、行個法に関する最三小判平13・12・18民集 55巻7号1603頁は、それと相互に補完し合って公の情報の開示を実現するための制度であるとする。

3　訂正請求

請求事由は「事実でない」ことなので、単なる評価それ自体は対象とならない。行政機関の長等は、当該請求に理由があれば、利用目的の達成に必要な範囲内で訂正しなければならない（法92条）。この訂正するか否かの決定は請求者に書面通知する（法93条）。

4　利用停止請求

法98条1項各号のいずれかに該当すると思料するときに当該各号に定める措置を請求するものである（**図表Q3-5-2**）。法58条に掲げる者に適用される際の読み替えにつき法125条3項参照。

〔図表 Q3-5-2〕利用停止事由と措置

号	事　由	措　置
1	法 61 条 2 項に違反して保有されているとき、63 条に違反して取り扱われているとき、64 条に違反して取得されたものであるとき、又は 69 条 1 項・2 項に違反して利用されているとき	利用の停止又は消去
2	法 69 条 1 項・2 項又は 71 条 1 項に違反して提供されているとき	提供の停止

当該利用停止請求に理由があれば、当該行政機関の長等の属する行政機関等における個人情報の適正な取扱いを確保するために必要な限度で利用停止をしなければならない（法 100 条本文）。ただし、利用停止により、当該保有個人情報の利用目的に係る事務・事業の適正な遂行に著しい支障を及ぼすおそれがある場合は、この限りでない（同条但書）。

決定は請求者に書面通知する（法 101 条）。

5　その他

事業者に対する利用目的の通知の求め（法 32 条 2 項）に対応する規定が、行政機関の長等に対する関係では置かれていない。その理由は、行政機関等の場合、ファイル化された保有個人情報につき、個人情報ファイルごとに、利用目的、記録されている者の範囲等を公表しているので、公表制度の補完としての利用目的の通知制度を別途設ける必要はなく、散在情報の利用目的は、それを記録した行政文書の利用目的に通常包含されており、当該行政文書が判明すればおのずとその利用目的が判明するから個人情報の探索の問題に帰着し、その仕組の中で解決される問題だからであると説明されている。

Q3-6　開示、訂正及び利用停止(2)

Q　開示、訂正及び利用停止の各請求について手続の流れを説明されたい。

A　請求の種類ごとに細部に違いがあるが、手続はほぼ共通している。ただし、訂正請求・利用停止請求は、先行して開示請求を経る必要がある点（開示前置主義）等で、事業者に対する場合と異なる。

解説

1　対象情報

すべて請求者自身を本人とする保有個人情報であり、単なる個人情報では足りない一方、個人情報ファイルであることを要しない。

上記保有個人情報に該当するものであっても、適用除外となる場合について、法124条が規定している。

まず、本節の規定は、刑事事件・少年の保護事件に係る裁判、検察官、検察事務官若しくは司法警察職員が行う処分、刑若しくは保護処分の執行、更生緊急保護又は恩赦に係る保有個人情報（当該裁判、処分若しくは執行を受けた者、更生緊急保護の申出をした者又は恩赦の上申があった者に係るものに限る）については、適用が除外される（法124条1項）。同項と同趣旨の行個法45条1項に関し、最三小判令3・6・15民集75巻7号3064頁は、刑事施設の被収容者が収容中に受けた診療に関する保有個人情報は、同項の保有個人情報に当たらず、同法による開示請求の対象となるとする。被収容者が収容中に受けた診療は、社会一般において提供される診療と性質が異なるものではないからである。法124条1項は、行個法45条1項を令和3年改正による保護3法の統合に伴って継受した同趣旨の規定であるから、法124条1項についても同様の考え方となろう。

次に、法124条2項は、未整理のもので利用目的が同一のものが著しく大量なためその中から特定の保有個人情報の検索が著しく困難なものは、同節（第

4款を除く）との関係では行政機関等に保有されていないものとみなす。請求を受けた保有個人情報の検索が現に困難な段階のものは、開示、訂正及び利用停止の対象としないという趣旨の規定である。したがって、その後に整理された段階に至れば上記対象となる。本項に基づいて不開示決定を行った場合でも、当該決定に対する審査請求を可能とするため、第4款を除いている。

2　請求者・請求先

すべて請求者は本人（国籍、居住地を問わない）である。代理人については行個法・独個法では法定代理人に限って認めていたが、令和3年改正による本法への統合に伴い、上記法定代理人に加えて任意代理人による請求も可能となった（法76条2項・90条2項・98条2項）。

すべて請求先は当該保有個人情報を保有する行政機関の長等である。本来は独立行政法人等・地方独立行政法人である学術研究機関・医療機関は、原則的に法第5章ではなく法第4章の適用対象機関となり、民間部門並みに扱われるが、これらの機関は例外的に同節については適用対象となる（法58条1項・125条2項）。地方公共団体の機関が運営する学術研究、病院・診療所についても同様である（法58条2項・125条1項）。

3　請求手続

各請求は、所定の事項を記載した書面（請求書）の提出（書面主義）による（法77条1項・91条1項・99条1項）。必要的記載事項は**〔図表Q3-6-1〕**のとおりである。デジタル手続法6条1項に基づき、オンライン請求も可能とされている。

訂正・利用停止の各請求は、開示請求に基づく開示決定を前置する必要があり（開示を受けた日から90日以内に請求）、それを前置しない法第4章の開示等の請求等の規定と異なっている。これを開示前置主義という。

他方で、本法には「事前の請求」（法39条）に相当する規定は置かれていない。行政事件訴訟法に基づく取消訴訟という形で争いになるので、訴訟外の請求に対する行政処分が先行する性格の事柄だからである。

請求の際、本人確認のために、政令で定めるところにより、当該請求に係る

〔図表 Q3-6-1〕請求書の必要的記載事項

記載事項	開示請求（法77条1項）	訂正請求（法91条1項）	利用停止請求（法99条1項）
①請求者の氏名及び住所又は居所	○（1号）	○（1号）	○（1号）
②請求に係る保有個人情報が記録されている行政文書等の名称その他の請求に係る保有個人情報を特定するに足りる事項	○（2号）	×	×
③請求に係る保有個人情報の開示を受けた日その他当該保有個人情報を特定するに足りる事項	×	○（2号）	○（2号）
④請求の趣旨・理由	×	○（3号）	○（3号）

○は必要、×は不要。

保有個人情報の本人であること、代理人による請求については、当該請求に係る保有個人情報の本人の代理人であることを示す書類を提示又は提出しなければならない（法77条2項・91条2項・99条2項）。開示請求の本人確認手続等は令22条が定め、同条（4項・5項を除く）は、訂正請求・利用停止請求の本人確認に一部読み替えて準用される（令29条）。

請求書に必要的記載事項が欠けていれば不適法となるので、それを回避するため補正制度（形式上の不備がある請求者に対し、相当の期間を定めて補正を求めることができる制度）がある（法77条3項・91条3項・99条3項）。

請求を受けた行政機関の長等は応否を決定して書面通知する（法82条・93条・101条）。決定までの期限は原則として30日以内であるが、補正を求めた場合には、当該補正に要した日数は当該期間に算入しない（法83条1項・94条1項・102条1項）。正当な理由があれば、30日以内に限り期間延長しうるが、行政機関の長等は、請求者に、延長後の期間と延長理由を書面通知しなければならない（法83条2項・94条2項・102条2項）。

4　開示決定等に対する不服申立て

上記決定の法的性格は処分なので、当該処分に不服がある者は、行政不服審査法4条に基づき審査請求しうる（同法2条）。**〔図表 Q3-6-2〕**参照。

〔図表Q3-6-2〕行政機関等の開示決定等への不服申立ての扱い

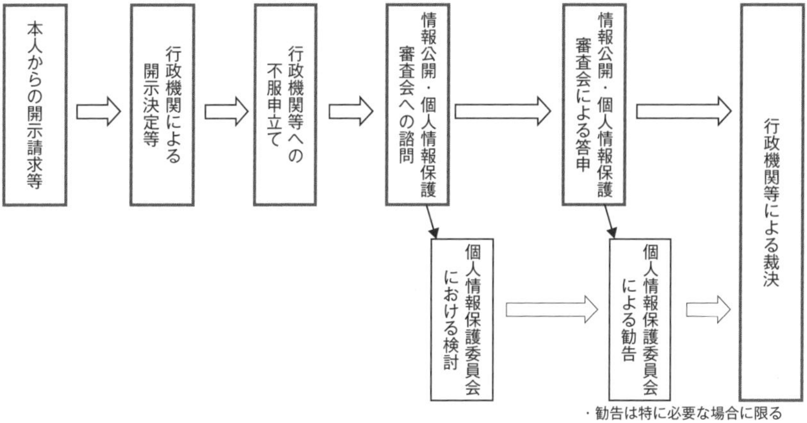

出典・令和3年改正最終報告概要

5　条例との関係

法第5章第4節の規定は、地方公共団体が、保有個人情報の開示、訂正及び利用停止の手続並びに審査請求の手続に関する事項について、同節の規定に反しない限り、条例で必要な規定を定めることを妨げるものではない（法108条）。

条例で定めうるものとして、開示等の請求の処理を迅速かつ適切に行うため、請求書の記載事項に必要事項を追加するもの、開示等の請求の処理期限を本法より短期間とするものが想定される（行政機関等GL7-6）。本法、行政不服審査法等の関係法令に反しない限り、地方公共団体の判断により、行政不服審査法に基づく審査請求とは別に、不服の申出を受ける独自制度を設けることは妨げられず（行政機関等QA5-9-2）、審議会等を設けてきた地方公共団体も多いので、令和3年改正全面施行後も、法105条3項の「行政不服審査法第81条第1項又は第2項の機関」として位置付け、引き続き当該機関を活用することができ、本法の開示決定等に係る審査請求の諮問機関として、法129条に基づく審議会等の役割や、情報公開条例に係る審査請求の諮問を受ける役割など、必要な役割を持たせることも妨げられない（行政機関等QA5-9-3）。

Q3-7　行政機関等匿名加工情報

Q　行政機関等匿名加工情報制度とは。

A　行政機関等が保有している個人情報ファイルの行政機関等匿名加工情報としての利用について提案を募集し、これに応じて事業者が行った提案を審査して、所定の基準に適合するときは、当該事業者との間で利用契約を締結した上、行政機関等匿名加工情報を作成して、それを当該事業者に提供する制度であり、法第５章第５節で定めている。

解説

1　制度趣旨

制度の概要は本問Ａのとおりであり、「新たな産業の創出並びに活力ある経済社会及び豊かな国民生活の実現に資する」（法１条）ことを目的に、行政機関等が保有している個人情報ファイルについて、その特質を踏まえつつ、匿名加工をして民間部門に提供するために設けられた制度である。とはいえ、行政機関等匿名加工情報制度は、匿名加工の困難性・高コストという点で利活用が困難な制度であって、保護３法の下で普及が進んでこなかったという事実に鑑みると、今後における普及という点で大きな課題が残されている。

本来は独立行政法人等・地方独立行政法人である学術研究機関・医療機関は、原則的に法第５章ではなく法第４章の適用対象となり、民間部門並みに扱われるが、上記趣旨から、例外的に、本節については、これらの機関は適用対象となる（法58条１項・125条２項）。地方公共団体が運営する学術研究、病院・診療所も同様である（法58条２項・125条１項）。

2　対象情報

行政機関等匿名加工情報ファイルを構成する行政機関等匿名加工情報である（法109条１項括弧書）。

行政機関等匿名加工情報とは、法60条3項各号すべてに該当する個人情報ファイル（同条2項）を構成する保有個人情報（同条1項）の全部又は一部（情報公開法制上の不開示情報に該当する部分を原則として除く）を加工して得られる匿名加工情報（法2条6項→**Q2-24**参照）をいう（法60条3項）。

行政機関等匿名加工情報ファイルとは、行政機関等匿名加工情報を含む情報の集合物であって、①特定の行政機関等匿名加工情報を電子計算機を用いて検索しうるように体系的に構成したもの、②そのほか、特定の行政機関等匿名加工情報を容易に検索しうるように体系的に構成したものとして政令で定めるものをいう（法60条4項）。令17条は、一定の規則に従って整理することにより特定の行政機関等匿名加工情報を容易に検索しうるように体系的に構成したものであって、目次、索引その他検索を容易にするためのものを有するものと定める。

3　作成・提供等の流れ

流れの概要は次のとおりである。

① まず、当該行政機関等が保有している個人情報ファイルに関し、行政機関等匿名加工情報としての利用について提案の募集事項を個人情報ファイル簿に記載して（法110条）、上記提案を募集する（法111条）。

② これに応じて事業者（欠格事由につき法113条）が行った提案（法112条）を審査して（法114条）、それが所定の基準に適合すると認めるときは、当該事業者との間で利用契約を締結した上（法115条）、行政機関等匿名加工情報を作成して（法116条）、それを当該事業者に提供する。提案の審査基準（法114条1項）は**〔図表Q3-7-1〕**のとおりである。

③ 作成した行政機関等匿名加工情報に関する事項は個人情報ファイル簿に記載され（法117条）、これによって記載された行政機関等匿名加工情報を事業の用に供するため、行政機関の長等に対し、同一事業者が別の提案等をしうるし、別の事業者も、当該事業に関し提案等をしうるが、この場合には法112条2項から115条までの規定が、一部読み替えて準用される（法118条）。

④ 提供を受けた事業者は、手数料を納付した上（法119条）、本法及び利

〔図表 Q3-7-1〕提案の審査基準（法 114 条 1 項）

号	基　準
1	法 112 条 1 項の提案をした者が法 113 条各号のいずれにも該当しないこと。
2	法 112 条 2 項 3 号の提案に係る行政機関等匿名加工情報の本人の数が、行政機関等匿名加工情報の効果的な活用の観点からみて委員会規則で定める数以上であり、かつ、提案に係る個人情報ファイルを構成する保有個人情報の本人の数以下であること。 ー委員会規則で定める数は 1000 人とする（規 56 条）
3	法 112 条 2 項 3 号及び 4 号に掲げる事項により特定される加工の方法が法 116 条 1 項の基準に適合するものであること。
4	法 112 条 2 項 5 号の事業が新たな産業の創出又は活力ある経済社会若しくは豊かな国民生活の実現に資するものであること。
5	法 112 条 2 項 6 号の期間が行政機関等匿名加工情報の効果的な活用の観点からみて委員会規則で定める期間を超えないものであること。 ー法 112 条 2 項 5 号の事業並びに同号の提案に係る行政機関等匿名加工情報の利用の目的・方法からみて必要な期間とする（規 57 条）
6	法 112 条 2 項 5 号の提案に係る行政機関等匿名加工情報の利用の目的及び方法並びに同項 7 号の措置が当該行政機関等匿名加工情報の本人の権利利益を保護するために適切なものであること。
7	前各号に掲げるもののほか、委員会規則で定める基準に適合するものであること。 ーこの基準は、行政機関の長等が提案に係る行政機関等匿名加工情報を作成する場合に当該行政機関の長等の属する行政機関等の事務・事業の遂行に著しい支障を及ぼさないものであることとする（規 58 条）

用契約によって定められた条件を遵守して使用しうる。このように行政機関等匿名加工情報ファイルを事業の用に供している者は、匿名加工情報取扱事業者（法 16 条 6 項）に該当する者として義務（法 44 条～ 46 条）を負うほか、当該契約に違反した場合等は解除しうる（法 120 条）。

4　その他の関係規定

行政機関等匿名加工情報等の取扱いに関し、識別行為の禁止等（法 121 条）、従業者の義務（法 122 条）が置かれている。行政機関等匿名加工情報以外の匿名加工情報の行政機関等における取扱いについて、法 123 条が定められている。

Q3-8　地方公共団体・地方独立行政法人と本法

Q　本法令和３年改正の全面施行によって、それまで地方公共団体が制定してきた個人情報保護条例（個条例）はどのようになるか。

A　同年改正によって、地方公共団体（地方議会を原則除外）・地方独立行政法人にも本法による共通のルールが及ぶことになったが、例外的に本法には地方公共団体の裁量に委ねている事項がある。以上に即して地方公共団体は個条例を再整備して「個人情報保護法施行条例」（個情法施行条例）とすることになった。

解説

1　令和３年改正と地方公共団体

同年改正によって、地方公共団体についても共通のルールが定められた。同年改正前は、各地方公共団体は、主として自ら（傘下の地方独立行政法人を含む）が保有する個人情報について、それぞれ個条例を制定してきており、その対象情報・適用主体について、原則として他の保護法制との重複はみられなかった。もともと個条例は当該地方公共団体の機関・地方独立行政法人を適用主体に、その取得・保有する個人情報を対象情報としており、保護３法とは対象情報・適用主体を異にする性格のものであったからである。

しかし、ボーダレス化への対応等を理由に、同年改正によって、新たに国の行政機関や独立行政法人等とともに、行政機関等を構成するものとして本法の対象として組み込まれた。そのため、既存の個条例について再整備をする必要が生じた。とはいえ、形式的には個々に異なっているようにみえても、実質的には行個法に準じた内容であったため、さほど同年改正前と異なる内容となったわけではない。他方、同年改正によって新設された制度があるので、それに対応する必要がある。その筆頭が行政機関等匿名加工情報制度の対象となったことである。とはいえ、匿名加工の困難性・高コストに照らし、匿名加工情報制度それ自体が、利活用が困難な制度であって、保護3法の下における利活用が進んでいなかったという事実に鑑みると、それを地方公共団体に及ぼしても普及を進めることができるのか、実効性の点で大きな課題が残されている。

2 地方公共団体による対応

本法は個条例がなくとも地方公共団体・地方独立行政法人に直接適用される。その限度では、改めて個条例で定める必要はなくなったが、本法と異なる内容を個条例で定めることも原則として許容されていない（行政機関等GL4-2-6）。

ただし、部分的にではあるが、条例によるなど地方公共団体に委ねられている部分も残している。

具体的には、①開示等請求の手数料（法89条2項）、②行政機関等匿名加工情報の利用契約の手数料（法119条3項・4項）は条例に委任されている。

さらに、限定的に条例で規定しうるものとして、③条例要配慮個人情報（法60条5項）、④個人情報取扱事務登録簿の作成・公表に係る事項（法75条5項）、⑤開示等請求における不開示情報の範囲（法78条2項）、⑥開示請求等の手続（法107条2項・108 条）、⑦個人情報の適正な取扱いを確保するため専門的な知見に基づく意見を聴くことが特に必要があるときの審議会等への諮問（法129条）がある。上記③は、地方公共団体の機関・地方独立行政法人が保有する個人情報（要配慮個人情報を除く）のうち、地域の特性その他の事情に応じて、本人に対する不当な差別、偏見その他の不利益が生じないようにその取扱いに特に配慮を要する記述等として当該地方公共団体の条例で定める記述等が含まれる個人情報をいう（法60条5項）。これは当該条例に係る地方公共団体と、その設立した地方独立行政法人が保有する個人情報にのみ適用されるが（行政機関等GL4-2-6）、個人情報ファイル簿の記載事項となる（法75条1項・4項）。条例要配慮個人情報が含まれる保有個人情報の漏えい等が発生（おそれを含む）する事態が生じれば委員会への報告義務を負う（法68条1項・規43条5号）。

上記⑤は情報公開条例の規定と連動しているので、地方公共団体ごとに条例で定める必要がある。上記⑦にいう「特に必要な場合」とは、個人情報保護制度の運用やそのあり方についてサイバーセキュリティに関する知見等の専門的知見を有する者の意見も踏まえた審議が必要であると合理的に判断される場合をいう（行政機関等 GL 9-4）。

3　個条例の再整備（個情法施行条例への再編）

地方公共団体としては、従前の個条例を改正して、条例に委ねられている部分に限定した法施行条例とすることになる。これに対し、原則的に本法と同様の内容とした上、条例に委ねられている部分を付加する方法について、委員会は「法と重複する内容の規定を条例で定めることは、同一の取扱いについて適用されるべき規定が法と条例とに重複して存在することとなるため、法の解釈運用を委員会が一元的に担うこととした令和３年改正法の趣旨に照らし、許容されない」とする（行政機関等 GL 11）。なお、死者に関する情報の取扱を、個人情報保護制度とは別制度として、条例で定めることは妨げられない（行政機関等 QA 2-2-1）。

ただし、当該法施行条例本体によって定めるべき事項の粒度は別として、当該地方公共団体の内部における行政組織法的な組織体制（行政機関等 QA 9-2-1）や手続の具体化を要する事項を条例で規定すべきことは当然である。地方公共団体の機関が個人情報ファイルを作成等する際、委員会への通知義務（法74条）の対象とならないが、地方公共団体の内部管理として、地方公共団体内部で事前通知を求める制度を法施行条例で定めることは許容される（行政機関等 QA 4-1-1）。また、「法の目的や規範に反することがなく、また、事業者や市民の権利義務に実体的な影響を与えることがない限りにおいて」という限定付きで、法施行条例に独自の理念規定を設けることも許容される（行政機関等 QA 9-1-1）。

地方公共団体の長は、この法律の規定に基づき個人情報の保護に関する条例を定めたときは、遅滞なく、委員会規則で定めるところにより、その旨・内容を委員会に届け出なければならず（法 167 条１項）、委員会は、この届出があったときは、当該届出に係る事項をインターネットの利用その他適切な方法により公表しなければならない（同条２項）。同条１項・２項は、同条１項による届出事項の変更に準用される（同条３項）。この条例への該当性は、その名称等の形式的事項ではなく、当該条例の各規定について、法の趣旨・目的に照らして実質的に判断される（行政機関等GL10-5）。

なお、個人情報保護委員会事務局・総務省自治行政局「個人情報保護法の施行に係る関係条例の条文イメージ」（令和4年4月）が公表されているので、これを参考とすることが有用である。

4　地方公共団体の議会

法第5章の対象機関である「行政機関等」から地方公共団体については議会が除外されており（法2条11項2号括弧書）、同章の義務の主な名宛人である「行政機関の長等」についても同様である（同号括弧書、法63条括弧書）。

同年改正前の個条例には地方公共団体の議会も対象とするものが多かったが、法第5章の対象機関に含まれず、空白部分となったので、同年改正後も地方公共団体の議会における個人情報保護は、その自律的対応によるべきことになる。

なお、法第2章（国及び地方公共団体の責務等）、第3章（個人情報の保護に関する施策等）及び法69条2項第3号（利用及び提供の制限の除外先となる者）については、その性格に鑑み、地方公共団体に議会も含む（法2条11項2号括弧書）。地方公共団体の政策決定には議会の関与を要するからである。

5　令和3年附則

以上のとおり、令和3年改正によって地方公共団体との関係が激変することから、令和3年附則で経過規定等（8条～10条）を置いているので、併せて参照する必要がある。

Q3-9　行政機関等に対する実効性の確保

Q　行政機関等に対する本法の実効性確保を図るための構造は、どのようなものか。

A　基本的には行政機関等が苦情処理により解決すべきであるが、それによる解決には限界があるので、委員会の監視（法第６章第２節第３款）によって実効性が確保されている。開示等請求は出訴可能な本人の具体的権利であり（Q3-5・3-6参照）、それらの解決は最終的には裁判所によって図られる。

解説

1　苦情処理による解決

行政機関の長等は、行政機関等における個人情報、仮名加工情報又は匿名加工情報の取扱いに関する苦情の適切かつ迅速な処理に努めなければならない（法128条）。行個法・独個法の同趣旨の規定を承継して一本化した上、その対象情報・対象機関を拡大したものである。苦情の申出は、本人に限定されておらず、第三者も申出が可能である。苦情の対象情報は上記のとおりである。委員会も行政機関等として同条による自らに対する苦情処理に努めるべき義務を負うが、苦情の申出についての必要なあっせん等は委員会の所掌事務である（法132条2号）。なお、国の苦情処理のための措置を定めた法10条は事業者・本人間のみを対象としているから、行政機関等・本人間の苦情処理は対象外である。

2　委員会の監視

苦情処理による解決には限界があるので、法第6章第2節第3款「行政機関等の監視」（156条～160条）は、独立した一元的な監督機関たる委員会による行政機関の長等に対する監視制度を定めている。ただし、会計検査院長は、その独立性に鑑み、同款の監視対象から除かれている（法156条括弧書）。

監視制度の内容は、個人情報等の取扱いに関する、①資料の提出の要求・実地調査（法156条）、②指導・助言（法157条）、③勧告（法158条）、及び、④勧告に基づいてとった措置についての報告の要求（法159条）である。

行個法・独個法上の監視権限よりも強化されたが、やや個人情報取扱事業者等の監督（法第6章第2節第1款）と異なっている。まず、①は法146条と比べて、報告に代えて説明とする点、立入検査に代えてその職員に実地調査をさせるとする点、違反が罰則の対象でない点で異なる。③勧告に従わなかった場合を含めて命令制度がなく、したがってまた命令違反の罰則もない。これに代えて、④その勧告に基づいてとった措置について報告を求めうるにとどまる（法159条）。

以上のように、法第6章第2節第1款が定める事業者の監督（**Q2-27**）と比べて、同節第3款が定める行政機関等の監視の内容は異なっている。立案担当者は、このような違いが生じた理由について、同款の対象機関が委員会と対等の立場にある他の行政機関等であって、両者間に上級・下級の指揮命令関係がなく、行政組織の基本的な体系との整合性を踏まえたものであり、罰則が設けられていない点を除けば実地調査は立入検査と同じであり、実地調査に協力しなければ委員会は勧告を行うことができること、事業者に対する場合と異なって命令の規定がなくとも、委員会の勧告は独立規制機関の意見として当然に尊重され、勧告に従わない事態は想定されず、万一、従わない場合には最終的には内閣総理大臣の指示によって取扱いの統一が図られることによるものであると、説明している。

3　その他

罰則（法176条・180条・181条）が設けられている。本法以外にも、プライバシー権侵害・名誉毀損等として司法的救済の対象となる場合がある。

第4章

本法遵守のために必要な事業者の実務対応

Q4-1 プライバシーポリシーの策定・公表

Q　事業者には、プライバシーポリシーを策定・公表する義務があるか。

A　本法には規定がないが、法７条に基づく政府の基本方針は、6「個人情報取扱事業者等が講ずべき個人情報の保護のための措置に関する基本的な事項」の中で、事業者が「プライバシーポリシー、プライバシーステートメント」等の対外的な明確化を、自主的取組として事業者に求めている。したがって、法的義務ではないが、これを公表することが望ましい。

解説

1　プライバシーポリシーとは

本章では事業者の実務対応について解説する。最初にプライバシーポリシーの策定・公表について説明する。ただし論理的な意味でこれが先行するという趣旨ではない。実際には、少なくとも「事業者の内部組織編成」（Q4-4参照）が一部先行する。

「ポリシー」概念それ自体は本法を含めて日本法には見受けられない。しかし、自社の事業において取り組むべき経営の基本方針を経営陣が策定することは当然である。その対象にはコンプライアンス（法令遵守）も含まれ、遵守すべき法令には本法も該当する。

「ポリシー」概念に最も近い法律概念は、会社法362条4項によって取締役会が決定すべき事項とされる「業務適性確保体制」（同法上の内部統制システム）であり、役員の善管注意義務に由来する。本法との関係では、その一環たる法令定款遵守体制に含まれるものといえよう。さらに安全管理措置（法23条等）は損失危険管理体制の性格も併有する。その公表は、東京証券取引所「コーポレートガバナンス・コード」の基本原則3「適切な情報開示と透明性の確保」、特に「原則4-3」にいう「取締役会は……内部統制やリスク管理体制を適切に整備すべきである」にも適合する。とはいえ、これらは本法よりも対象範囲が広く抽象度が高いので、本法に特化して決定等を要する性格のものではない。

関連するものに「セキュリティポリシー」（ISO/IEC 27001 参照）がある。これも日本法上に規定はないが、会社上の内部統制システムとの関係では、損失危険管理体制の一環を構成するものといえよう。対象行為を個人情報の取扱い全般とする「プライバシーポリシー」と比べると、安全管理措置（情報セキュリティ・サイバーセキュリティ管理措置）に限定される点で狭い半面、対象情報が個人情報に限定されない点で広い（技術情報に係る営業秘密等も含む）という違いがある。保有個人データの安全管理措置の公表につき **Q2-19** 参照。

「プライバシーポリシー」は個人情報保護の「基本方針」と呼ばれることもあり、いずれも、必ずしも公表を含む概念ではない。しかし、政府の基本方針6（1）は「対外的に明確化すること」として外部への公表を求めている（ただし事業者の義務ではない）。「プライバシーステートメント」という事業者の対外的な「宣言」に相当する概念を併記するのも、このような点に配慮したものであろう。実際にも自社サイトで公表している事業者が一般的である。とはいえ、「プライバシーポリシー」又はその邦訳たる「個人情報保護の基本方針」という表題を用いることが、現在では広く行き渡っているのが実情であることを考えると、これらの名称によることも何ら差し支えない。

2　プライバシーポリシーの内容

政府の基本方針6（1）は、「プライバシーポリシー、プライバシーステートメント」を、「プライバシーを含む個人の権利利益を一層保護する観点から、個人情報保護を推進する上での考え方や方針」と位置付けている。換言すると、これを「プライバシーポリシー」の記載内容として捉えている。

「プライバシーポリシー」は「個人情報保護の基本方針」と邦訳されることもあることは前述した。通則GL 10-1も「基本方針」という言葉を用いた上、広く「個人データの適正な取扱いの確保について組織として取り組むため」とする一方、それに続く通則GL 10-2以降では「安全管理措置」に限定して記載している。この部分は通則GL 10の表題「講ずべき安全管理措置の内容」との関連で「プライバシーポリシー」を論じたことの帰結にすぎず、これに安全管理措置以外の記載を否定する趣旨ではない。政府の基本方針が示しているように、本来の「プライバシーポリシー(個人情報保護基本方針)」は個人データの安全管理措置に尽きるものではなく、個人情報等の取扱い全般を対象とするものである。番号法GL事業者編「(別添1) 特定個人情報に関する安全管理措置」の2Aが「基本方針の策定」として「特定個人情報等の適正な取扱いの確保について組織として取り組むために、基本方針を策定することが重要である」としつつ、その安全管理措置を中心に解説しているのも、対象情報の広狭について違いはあっても、上記と同様の趣旨であろう。

その場合、本法（施行令・施行規則を含む）と関連法令の遵守を誓約した上、本法上の義務を要約して記載しつつ、その遵守を行うべき旨を内容とすべきである。ときおり、保有個人データではなく個人情報について、その開示等を誓約するかのような文言のプライバシーポリシーを見掛けることがある。しかし、本法で義務付けられていない事項について、できもしないこと（例：保有個人データに限定することなく事業者内の散在情報すべてを含めた無限定な個人情報の開示等）を誓約しても、顧客その他の利害関係人の信頼を得るどころか、自ら誓約したことを遵守しなかったとして、信用を失墜させるだけである。なお、本法では多くの対象情報が登場するので、それをポリシー上で定義することは極めて困難である。したがって、定義は本法に従うものとして、e-govの本法に関するウェブページ該当箇所にリンクを張っておくという方法がある。

3　法定公表事項

本法には、本人への通知又は公表の義務を課している条項（例：法21条1項）が多いが、できる限り自社サイト上で事前に公表しておくことが望ましい。大量処理の必要上、通知という方法に頼ると、必ずしも本人全員の連絡先が明らかでない場合もあり、失念や遺漏が生じるおそれがあるからである。また、「本人が（容易に）知り得る状態に置いている」ことを要求する条項（例：法27条5項3号・6項、32条1項）や、苦情処理（法40条等）の窓口案内についても、できる限り同様の方法によることが望ましい。参考のため、次の**Q4-2**で関連事項とともに整理したので参照されたい。

そのため、自社サイト上に掲載した「プライバシーポリシー」に続けて、又は別のウェブページにリンクを張って、これらの公表事項を一括掲載している事業者が多数を占めている。利用目的の公表（法21条1項・32条1項2号）を例に取ると、顧客関係と従業員関係、さらに従業員関係は現職（これに限れば同報メールによる通知も容易）、退職者、求職者で異なって当然であるから、別ページへのリンクとしているケースもある。こうした公表事項の中には、本人通知による場合を除き、事業の用に供するため個人情報を取り扱う以上は実際上必要となる事項（例：雇用管理関係の利用目的）と、当該取扱いを行わないのであれば不要となる事項（例：オプトアウト方式による第三者提供に関する法27条2項が定める事項）とがある。後者については行わないのであれば公表を要しないが、「当社はオプトアウト方式による第三者提供をしていません」と公表することによって、顧客への信頼確保に役立ちうる。

さらに、開示等の請求に係る手続案内とともに請求書式も掲載してダウンロードしてもらえるようにしている事業者も多い。

4 その他

本法の改正や当該事業者の事業内容の変化等に即して、プライバシーポリシー等の内容も見直すことが必要となる。事業者の事業内容の変化に伴い、利用目的等を見直す必要が生じる場合もある。

なお、GDPRにはデータ保護方針（data protection policies）が登場する。GDPR 24条は「管理者の責任」として、管理者は、本規則に従って取扱いが遂行されることを確保し、かつ、そのことを説明できるようにするための適切な技術上・組織上の措置を実装するものとした上（1項）、取扱活動と関連して比例的である場合、1項の措置には、管理者による適切なデータ保護方針の実装を含むものとしている（2項）。したがって、EUを含めて国際展開を図る事業者の場合には、邦語版は「個人情報保護方針」としつつ、英語版では“data protection policies”という表題を用いることも考えられる。付言すると、GDPR 39条は「データ保護オフィサーの職務」として、「個人データ保護と関連する管理者又は処理者の保護方針（the policies of the controller or processor in relation to the protection of personal data）」の遵守を監視することを掲げる。

Q4-2　法定公表事項等

Q　事業者にとって、自社サイト等で公表すべき項目には、どのようなものがあるか、本人への通知、本人同意の取得、委員会への届出は、どのような場合に必要か。

A　公表を要するのは〔図表Q4-2-1〕の場合であり、本人への通知だけが認められる事項もある。本人同意の取得が必要なのは、目的外利用、要配慮個人情報の取得、第三者提供の場合である。委員会への届出を要するのは、オプトアウト方式による第三者提供を開始・変更等する場合である。

解説

1　公表等が必要な場合

本法は、事業者が公表等の義務を負う場合として、**〔図表Q4-2-1〕**のとおり定めている。その根拠条項は同表左列、時期は同表中央列、対象事項は同表右列を参照されたい。

その中には、「公表」に限る条項（例：法41条6項）があるほか、「本人の知り得る状態（本人の求めに応じて遅滞なく回答する場合を含む。）に置」くに限る条項（例：法32条1項）がある。「通知」に限る条項（例：法32条2項・3項）、「明示」に限る条項（例：法21条2項）もある。

それ以外の条項では、「通知又は公表」（「本人が容易に知り得る状態に置く」ことを含む）の、事業者による選択制となっている。その場合、「通知」に代えて、自社サイト上にプライバシーポリシーとともに、「公表」に限る条項の場合と一緒に掲載するという公表方法が選択されることが多い。そのため「法定公表事項」という俗称で呼ばれることがある（**Q4-1**参照）。

2　本人同意を取得する必要がある場合

関連事項として、本人同意の取得が必要な場合を掲げると、①法18条1項・2項まで（利用目的の制限関係）、②20条2項（要配慮個人情報の取得関係）、③27条1項（第三者提供の制限関係）、④28条1項・2項（外国にある第三者への提供の制限関係）、⑤31条1項（個人関連情報の第三者提供の制限等関係）である。③から⑤までは第三者提供関係である。もっとも、⑤について、本人同意を取得する必要があるのは、提供先となる事業者であって、提供元となる事業者は確認等の義務を負うにとどまる。

法28条1項の場合には、同意取得に先立ち、同条2項に基づいて所定の参考情報を本人に提供しなければならない。

なお、プライバシーポリシーに記載したことをもって、本人同意を取得したことになる旨の誤解を、ときおり耳にすることがある。あくまでもプライバシーポリシーは事業者それ自体が本法（それに関連する自主的取組を含む）を遵守することを対外的に誓約するものにすぎないので、それに記載したからといって、本人同意を取得したことにはならないことは当然である。そのため、別途、実際に本人同意を取得する必要がある。

いずれにしても、本人同意の取得が必要な場合には、当該同意を取得したことを裏付けることが可能な記録等を残すことが重要となる。そうしなければ、後日になって問題が生じたときに、当該同意取得の事実をめぐって紛争となるからである。記録等を残す必要がある点は公表等についても同様である。

3　委員会への届出等が必要な場合

事業者が委員会への届出を要する場合とは、オプトアウト方式による第三者提供をしようとする場合である（法27条2項）。それを変更する場合や、やめる場合も同様である（同条3項）。これらの場合に、両項は、併せて本人通知等を必要としている。

法26条（漏えい等の報告等）及び法146条（報告及び立入検査）の場合には、事業者に委員会への報告が義務付けられる。

〔図表Q4-2-1〕公表等が必要な場合

条項	ケース	通知・公表等を要する事項
法21条	個人情報を取得する際	利用目的を通知又は公表するが、本人からの直接書面取得の場合は本人に利用目的を事前に明示し、利用目的を変更した場合は変更後の利用目的を本人に通知又は公表（仮名加工情報にも該当する場合の特則として法41条4項）
法26条2項	規7条に定める漏えい等が生じた場合	本人に対し、当該事態が生じた旨を通知
法27条2項	オプトアウト方式で第三者提供する場合	委員会規則に定めるところにより、法27条2項各号の事項を、あらかじめ、本人に通知又は本人が容易に知り得る状態に置く
規14条	同　上	あらかじめ委員会に届け出た事項を公表
法27条3項	法27条2項各号（2号・6号を除く）の事項を変更、又はオプトアウト提供をやめた場合	変更する内容を、あらかじめ（1号関係とオプトアウト提供終了の場合のみ遅滞なく）、本人に通知又は本人が容易に知り得る状態に置く
同条5項3号	共同利用する場合	同条5項3号に掲げる事項を、あらかじめ、本人に通知又は本人が容易に知り得る状態に置く（仮名加工情報にも該当する場合の特則として法41条6項）
同条6項	共同利用する者の利用目的又は個人データの管理について責任を有する者の氏名・名称等を変更する場合	変更する内容を、あらかじめ（氏名・名称若しくは住所又は法人の場合に代表者の氏名に変更があったときは遅滞なく）、本人に通知又は本人が容易に知り得る状態に置く（仮名加工情報にも該当する場合の特則として法41条6項）
法32条1項	保有個人データを取り扱っている場合	法32条1項各号、令10条に掲げる事項について、本人の知り得る状態（本人の求めに応じて遅滞なく回答する場合を含む）に置く
同条2項	保有個人データの利用目的通知の求めを受けたとき	本人に対し、遅滞なく、利用目的を通知
同条3項	同　上	通知しない旨の決定をしたときは、本人に、遅滞なく、その旨を通知
法33条3項	保有個人データの開示請求を受けたとき	全部若しくは一部を開示しない旨の決定をしたとき、当該保有個人データが不存在のとき、又は、本人が請求した方法による開示が困難であるときは、本人に、遅滞なくその旨を通知
同条5項	第三者提供記録の開示請求を受けたとき	同条3項の準用

法 34 条 3項	保有個人データの訂正等の請求を受けたとき	全部若しくは一部の訂正等を行ったとき、又は訂正等を行わない旨の決定をしたときは、本人に、遅滞なく、その旨（訂正等を行ったときはその内容を含む）を通知
法 35 条 7項	保有個人データの利用停止等・第三者提供の停止の請求を受けたとき	全部若しくは一部の利用停止等・第三者提供の停止を行ったとき若しくは行わない旨の決定をしたときは、本人に、遅滞なくその旨を通知
法 41 条 6 項・42 条 2 項	仮名加工情報を共同利用するとき	個人データを共同利用するとき（変更を含む）と同様の項目を公表
法 43 条 3項	匿名加工情報を作成したとき	当該匿名加工情報に含まれる個人に関する情報の項目を公表
同条 4 項	匿名加工情報を作成して当該匿名加工情報を第三者に提供するとき	あらかじめ、第三者に提供される匿名加工情報に含まれる個人に関する情報の項目及びその提供の方法について公表するとともに、当該第三者に対して、当該提供に係る情報が匿名加工情報である旨を明示
同条 6 項	匿名加工情報を作成したとき	当該匿名加工情報の適正な取扱いを確保するために必要な措置として自ら講じた当該措置の内容を公表（努力義務）
法 44 条	他人が作成した匿名加工情報を第三者に提供するとき	あらかじめ、第三者に提供される匿名加工情報に含まれる個人に関する情報の項目及びその提供の方法について公表するとともに、当該第三者に対して、当該提供に係る情報が匿名加工情報である旨を明示
法 46 条	他人が作成した匿名加工情報を取り扱う場合	当該匿名加工情報の適正な取扱いを確保するために必要な措置として自ら講じた当該措置の内容を公表（努力義務）

※法 44 条・46 条（匿名加工情報取扱事業者の義務）を除き、個人情報取扱事業者の義務

Q4-3 事業者が取り扱う個人情報等の範囲のアセスメント・PIA

Q　取り扱う個人情報等のアセスメント・PIAとは何か。

A　アセスメントとは、個人情報等に関し、事業者が取り扱う個人情報等をそのライフサイクルに即して洗い出し、個々の段階・過程で遵守すべき義務やリスク内容等を明確化するものである。その結果を適正な法令遵守方法、管理策の選択に反映させることができる。PIAは後述する。

解説

1　アセスメントの重要性

本法が課す義務を果たすためには、まずは取り扱う個人情報等の「洗い出し」を行うことが有用である。その事業者が、どのような個人情報等を、取得から消去に至るまで、どのようなプロセス（段階・過程）を経て取り扱っているのか、「棚卸」を行うというものである。サイバーセキュリティにおける「リスクアセスメント」と同様の面があるが、取扱いの各プロセスにおける個人情報等の種類の変遷（例：取得した個人情報の個人データ化）の有無・内容、それに対応して遵守すべき条項、漏えい等のリスク内容等を、この「洗い出し」によって浮き彫りにして「見える化」（明確化）しうる。それによって、適正な対応に要する措置内容の選択・決定が容易となる。特に令和２年改正によって、個人関連情報・仮名加工情報制度が新設される一方、保有個人データに関する短期保有の除外もなくなり、令和３年改正でも事業者の負うべき義務の内容が一部変更されたので（**Q2-18**参照）、既にアセスメントを行っている事業者を含め、それを踏まえた「洗い出し」が、改めて必要となった。

GDPRなど外国法令が適用されるときは、その法令遵守も必要となるから、事業者における個人情報の流れの把握は、その意味でも有用であり、当該外国法令が適用されるプロセスが介在することが判明すれば、当該プロセスにおいて当該外国法令が要求する事項を探り、それと照らし合わせて検討する作業も必要となる。それは法23条・通則GL10、法28条2項・規17条2項、法28条3項・規18条1項、法31条1項2号、法32条1項4号・令10条1号に基づいて求められる「外的環境の把握」にも連なるものである。

2 「洗い出し」の対象と方法

各事業者にとって、個人情報は一般に取得を始点として廃棄・消去という終点に至るまでのライフサイクルをたどる。その間には、利用、保管、提供の全部又は一部も発生する。同一データが事業者内の他部署に移行されることもあり、それによって、どの部署の管理下に置かれるのかも変化する。外部に第三者提供される場合や、委託される場合もある。

別の視点からすると、途中で別の情報が付加され、又は一部削除されて変貌を遂げることもあれば、データベース化されて個人データ、そして保有個人データとなることや、仮名加工情報化・匿名加工情報化されることもある。このため適用条項も動的に変化する。

このようなライフサイクル中の個々の段階・過程ごとに、遵守すべき条項や、生じうるリスク内容が異なりうるし、講じるべき措置内容も異なりうる。安全管理措置を取り上げても、電磁的記録か紙媒体かで異なり、取得時・保管時・廃棄時でも異なる。

その一方、事業者は、安全管理措置の一環として従業者・委託先の監督義務を負う（法24条・25条）。実際に事業者内で、どのように従業者が個人情報等を取り扱っているか、委託先管理の観点からも、「洗い出し」を行う必要がある。

「洗い出し」といっても、個別の個人情報を逐一トレースするという意味ではない。これをすべて完璧に行うことは無理であり、必ずといっていいほど中途で挫折する。あくまでも大まかな流れを主要業務ごとに把握して記録するという意味である。とはいえ、事業者の業務内容も時期によって変化して当然である。本法も改正等によって変化する。したがって、定期的に、そして本法改正時等にはそれに合わせて臨時に、「洗い出し」を更新する必要がある。

3 アセスメント結果の反映

こうしたアセスメントは、適正な管理措置の策定・実施を目的として、その前提として行われるものであるから、その結果は、前述のとおり、法令遵守・リスク管理のため、各過程ごとの管理措置に反映させなければならず、必要に応じて内部規程にも反映させるべきものである。反映させるためには、それに対応して適正な管理措置を選択することが通常であるが、他の選択肢として、必要性が低い個人情報の取得や内部流通を控える、不要情報を定期的に大掃除して消去するなどの措置も、不要なリスク負担を避けるために有用な場合が多い。そうすることは法22条後段（不要となった個人データの消去に関する努力義務）や法35条5項・6項（不要となった保有個人データに関する利用停止等の請求）にも適合する。なお、リスク管理の一環として、サイバー保険の付保によるリスク移転も考えられる。

4 PIA・DPIA

関連するものとして、PIA（Privacy Impact Assessment：個人情報保護評価）がある。個人情報等の取得を伴う事業の開始・変更の際に、個人の権利利益の侵害リスクを低減・回避するために、事前に影響を評価するリスク管理手法である。本法に規定はないが、GDPR 35条はDPIA（Data Protection Impact Assessment：データ保護影響評価）と呼んで、その実施義務が管理者に課される場合を定めている。

その評価実施義務が管理者に課されるのは、特に新技術を用いるような種類の取扱いが高リスクを発生させるおそれがある場合であり（同条1項）、とりわけ、(a) プロファイリングを含め、自動的な取扱いに基づくものであり、かつ、それに基づく判断が自然人に関して法的効果を発生させ、又は、自然人に対して同様の重大な影響を及ぼす、自然人に関する人格的側面の体系的で広範囲な評価の場合、(b) 9条1項に定める特別な種類のデータ又は10条に定める有罪判決・犯罪行為と関連する個人データの大規模な取扱いの場合、又は、(c) 公衆がアクセス可能な場所の、システムによる監視が大規模に行われる場合とする（35条3項）。したがって、わが国の事業者も、GDPRが適用される場合には、DPIAを実施する義務を負う。GDPR 35条7項は、少なくとも評価に含めるべき事項として、(a) 予定されている取扱業務及び取扱いの目的の体系的な記述、(b) その目的に関する取扱業務の必要性及び比例性の評価、(c) 同条1項で定めるデータ主体の権利及び自由に対するリスクの評価、並びに、(d) データ主体及び他の関係者の権利及び正当な利益を考慮に入れた上で、個人データの保護を確保するための、及び、本規則の遵守を立証するための、保護措置、安全管理措置及び仕組を含め、リスクに対処するために予定されている手段とする。

わが国の委員会も令和3年6月30日付けで「PIAの取組の促進について」を公表し、「プライバシー・バイ・デザイン（Privacy by Design)」の実践手法の一つとして、事業の企画・設計段階から個人情報等保護の観点を考慮するプロセスを事業のライフサイクルに組み込むものとして、PIAの促進を呼びかけている。特に本法との抵触が懸念される可能性のある事業を計画するような場合に有用である。

Q4-4　事業者の内部組織編成

Q　本法を遵守するための事業者の内部組織を、どのように構築・編成すべきか。

A　本法上には内部組織の構築に関する規定はなく、その事業者の規模・業種・機関形態にもよるので、ここでは典型例を掲げるにとどめる（図表Q4-4-1）。まず、担当取締役を選任して、その下に個人情報保護の統括責任者を任命し、統括責任者を長とする事務局（個人情報保護担当部門）を設ける。支店・支社や本社の各部署にも部門責任者を設置する。他方、個人情報保護の監査責任者を別途設ける事業者が多い。これらの各組織は既存の社内組織に兼務させるケースも少なくない。以上の諸点は内部規程化すべき事柄である。

解説

1　担当取締役

本法を含めて法令遵守は、法令定款遵守体制（漏えい等は損失危険管理体制の性格を併有）として会社法上の内部統制システムを構成するものであり、それが役員の善管注意義務に由来するものであることは**Q4-1**で前述した。そのため、取締役会としては、機関の形態にもよるが、本法の担当取締役を専任しておくことが適切である。実際にも、個人情報保護を図るためには、「ヒト、モノ、カネ」を動かせる取締役のような立場の者がトップでなければならないはずである。担当取締役は取締役会に報告し、他の取締役は監視義務を負う。

とはいえ、事業者として遵守すべき法令は本法に尽きるものではなく、損失危険管理の点でも同様である。したがって、コンプライアンス担当役員や、BCP（事業継続計画）担当役員等に兼務させている事業者が多い。それによって、限られた経営陣というリソースを有効活用するとともに、当該事業者全体として統一された管理体制を整えようとするものである。

2　個人情報保護統括責任者・事務局

担当取締役がトップであるとしても、遵守のための具体的措置を自ら策定・実施することは非現実的である。そこで、担当取締役が、その下に個人情報保護統括責任者（統括責任者）を選任して、これを統括させる。それに相当する名称であれば他の名称でも足りる。大規模な事業者ではCPO（Chief Privacy Officer）と呼ばれることもある。統括責任者は担当取締役に定期的に報告する。なお、EUのGDPRに登場する管理者・処理者は、前者は本法にいう個人情報取扱事業者、後者は委託先（事業者）に類似した概念であり、特定の職責の者を示す概念ではない。GDPR第4節（37条～39条）では、公的機関や特別な種類のデータ等を取り扱う管理者・処理者は、データ保護オフィサー（Data protection officer：DPO）の選任義務を負い、その連絡先の詳細を公表するとともに、監督機関に対し、それを連絡する義務を負う。

本法に話を戻すと、この統括責任者が自ら内部相談業務に至るまで実務の細部を単独で担当することは、よほど小規模な事業者でなければ、やはり非現実的である。このため、通常は統括責任者が率いる組織として事務局機能を営む部署が必要となる。この統括責任者・事務局は担当取締役の下に置かれるものであるから、コンプライアンス部長・コンプライアンス部に兼任させる事業者が多い。事務局は、統括責任者の指示に基づき、次に述べる部門責任者との間で実施状況を協議すること、内部規程等の内容を定着させるため従業者への教育・啓発活動（マネジメントシステムにいう「D（do）」に該当）を立案して部門責任者に実施させ、その報告を受けること、従業者から取扱い方法に関する相談を受けること、本人からの開示等の請求等への対応などの役割を担う。その際、事業活動がデジタル化されている状況に鑑み、専門的知見を有するシステム部門・セキュリティ部門との連携関係が求められる。

3　部門責任者

統括責任者と事務局を置いても、各地方の支店・支社のような組織の隅々にまで目を行き届かせることは困難極まりない。そのため、各支店・支社にも部門責任者を置くことが現実的である。大規模な企業であれば、本社内の各部署にも部門責任者を置くべきことになる。特に内部管理情報については人事部が大きな役割を果たす。以上を部門責任者と呼ぶことができるが、その名称は各事業者の慣例に従えば足りる。どのような役職の者を部門責任者に充てるかについては事業者の規模・業種による。

4　個人情報保護監査責任者

いくら立派な内部規程等を制定していても、実際に遵守されなければ画餅に帰す。そこで、個人情報保護の監査責任者を設けて遵守状況を確認・監査することが有用となる。マネジメントシステムにいうところの「C（check）」の役割である。統括責任者の措置内容について監査するものであるから、統括責任者の下位ではなく、同格であることが望ましい。内部監査部門を設置している事業者では、内部監査部門に担当させるケースも多い。ただし、内部監査部門が取締役会やコンプライアンス担当役員の下位組織であるとは限らず、代表取締役に直属する組織形態を採用するものもあるから複雑である。この監査結果を踏まえて、担当取締役は見直しを行うことになる。マネジメントシステムにいう「A（act）」に該当する。他の取締役との意見調整を経る必要があるか、報告のみで足りるかについては、事業者の規模等に応じて決定される。

5　緊急時の対応体制

セキュリティに関わる小規模な漏えい等のインシデントであれば、当該事業者が設置するCSIRT（Computer Security Incident Response Team）等のセキュリティ部門と、事務局が共同で対応することで足りる。CSIRTとは、セキュリティ上のインシデント発生時に対応にあたるチームであり、個人情報を含めた事業者の情報資産や情報システムを全般的に対象とする。

これに対し、大規模漏えいのおそれが発覚した場合のように、事業に大きな影響を与える事象が生じた場合には、危機管理本部を編成して事態に対処する危機管理体制を内部規程化している事業者も多い。報告対象事態（**Q2-13**参照）に該当する場合を、その対象としている事業者もある。代表取締役を本部長として取締役全員が全社的対応を行うものである。これは緊急時における事業継続のための方法、手段などを取り決めておくBCP（事業継続計画）の一環である。この場合における担当取締役・統括責任者等が担う役割との内部規程上の整合性を事前に調整しておくことが必要である。報道リリース等との関係で広報部門等とコールセンター対応の関係で苦情処理窓口部門との共同作業も必要となる。原因究明・再発防止のため外部専門家への依頼を要する場合もあり、技術に精通した事業者内のCSIRT等のセキュリティ部門は、この外部専門家と危機管理本部との橋渡し役とともに、業務再開に必要な復旧作業を担当する。

〔図表Q4-4-1〕事業者の内部組織編成の例

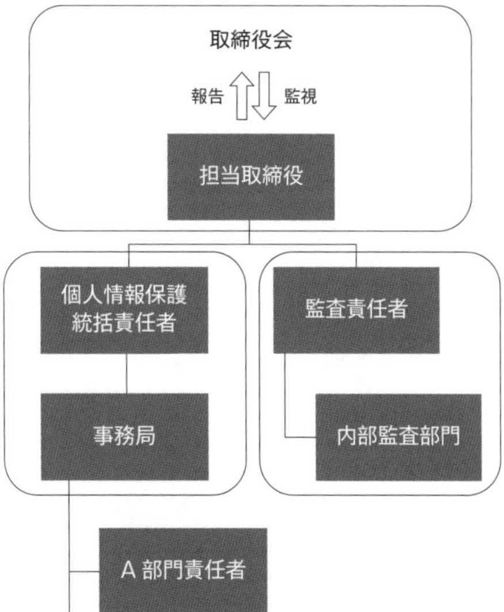

Q4-5　事業者の内部規程

Q　本法を遵守するための事業者の内部規程を、どのように編成すべきか。

A　その事業者の規模・業種にもよるが、Q4-4で論じた内部組織については専ら事業者を名宛人とすることになるのに対し、適正な取扱いについては従業者も名宛人とせざるをえない。

解説

1　内部規程の名宛人

本法が課す義務は事業者を名宛人とするが、実際に個人情報等を取り扱って上記義務を履行するのは主として従業者であるという二面性がある。そのため、事業者の内部規程の内容にも、Q4-4で論じた内部組織については専ら事業者それ自体を名宛人とすることになるのに対し、適正な取扱い方法については従業者も名宛人とせざるをえない。この両者を個人情報保護規程として一本化することも論理的には不可能ではないが、両者を別規程とする方法もある。それによって複雑化を回避するとともに、後者に違反した場合には懲戒処分の対象とすることを明確化するためである。他方、大規模漏えいのおそれが発覚した場合のように、事業に大きな影響を与える事象が生じた場合には、全社的対応が必要となるので、この部分は別の規程とすることもある。いずれにせよ、その事業者の既存の組織や規程との整合性を図る必要があるので、既存の書式ひな形を流用するような対応では形式的にすぎる。

2　内部組織に関する規程

内部組織についての規程は、その事業者が定める既存の組織規程・職務分掌規程・職務権限規程を必要に応じて改正して整備するか、それらと別立ての規程とするか、選択することになる。前者には全社的に規程を一本化しうるという利点があり、後者には個人情報保護分野を個別に明確化しうるという利点があるが、いずれにしても事業者ごとに既存の組織規程等は多様であるから、それに即して検討するほかない。監査責任者を内部監査部門に委ねる場合、その権限・報告先・ピアレビューを含めた手続等も含めて、内部監査規程との整合性が図られているのか確認を要する。

3　従業者向けの個人情報保護規程

個人情報を取り扱う際に従業者に遵守すべき事項を定めるものである（他に規32条1号・35条1号参照）。これを単に従業者向けガイドラインとして策定・公表している事業者もあるが、違反行為に対し懲戒処分が可能か疑わしいことも少なくないので、内部規程化することが望ましい。この点との関係では、従業員の当該内部規程違反行為について、懲戒規程との適正な連動が図られているのかについても、チェックしておく必要がある。さらに注意する必要があるのは、既存の情報機器取扱規程やセキュリティ管理規程との重複・矛盾である。それが存在する場合には解消が必要となる。理解が困難であることに備えて、Q&A等をイントラネットで閲覧可能にしている事業者も少なくない。

この規程内容は、事業者の性格によって多様であるが、本法の条項順に規定する方法、個人情報の取得から廃棄・消去に至るまでのライフサイクルに即して作成する方法等があり、その際にはPDCAサイクルを意識することが有益であり、顧客情報・内部管理情報との区分に留意する必要がある。また、現場で判断が困難な場合も多いので、契約等の手続、内部における相談・問い合わせ先（事務局）も明確化することが望ましい。

4　安全管理措置に関する内部規程上の地位

個人情報保護に関する安全管理措置については、他の情報資産の取扱いと一本化して、セキュリティ管理規程に委ねている事業者もある。そうするかどうかはともかくとしても、インシデント発生時の対応体制・内部手続については、いわゆる「泥縄式」の対応とならないよう、危機管理規程との整合性に配慮しつつ事前に骨子を定めておくべきである。業務用サーバをシャットダウンするかを誰が決定するか、決定者に連絡が取れない場合には次順位の決定者は誰かなど、その内容には実戦を想定した配慮を要する。

5　特段の取扱いを要する個人情報に関する特則規程

個人情報の法令遵守は本法のみで足りるものではなく、特段の取扱いを必要とするものもある。その典型例が、番号法上の特定個人情報、労働安全衛生法上の健康情報等の取扱いである。これらについては特則規程を設けている事業者が少なくない。特定個人情報については、その取得・保有・提供が、番号法が法定する場合に限定して許される点が、通常の個人情報との最大の違いであるので、その点を中心に規程作りをすべきである。後者については厚生労働省サイトに「事業場における労働者の健康情報等の取扱規程を策定するための手引き」が、詳細な解説とともに、取扱規程のひな形を含めてアップロードされているので、それをベースにすることが有用である。さらに、EU の GDPR のような外国法の遵守を要する事業者であれば、それに即した特則規程を設ける必要がある。GDPR をはじめとして諸外国の個人情報保護法制では、域外適用規定を設けているケースも多い。

6　内部規程に関する教育・啓発

せっかく内部規程を整備しても、それが画餅に帰さないよう、従業者に対する教育・啓発が不可欠である。一斉集合型教育では業務が停止してしまい業務に重大な支障が生じるので、各従業者が余裕のある時間に個々に閲覧可能なネットを介したｅラーニングとテストを用いる事業者も近時は増加している。理解を深めた上で、個人情報保護に関する誓約書等を提出してもらうという方法も採用されている。

さらに、フィッシングメール・マルウェア添付メールのような不正メール対策のため、模擬メールを送り付けるなど実地訓練が行われるケースも増加している。漏えいが発生した場合を想定した実地訓練を実施する事業者もある。

7　点検・見直し

最後に、内部規程についても、その実施状況・有効性等を点検し、必要に応じて教育・啓発の強化、内部規程それ自体の内容見直しの要否を定期的に検討すべきである。関係法令が改正された場合も見直しが必要となる。

Q4-6　事業者の対応と他制度

Q　内部規程を整備・運用する上で、本法以外の法令その他の制度との関係を、どのように考慮すべきか。

A　当該制度が法令であれば、本法の個別的適用除外規定に概ね共通する「法令に基づく場合」に該当するとしうることが通常である。その他制度が法令でない場合でも、やはり本法の他の個別的適用除外規定によりうることがあるので、事前に検討しておき、必要に応じて内部規程に盛り込むことが必要である。

解説

1　他制度の考慮

事業者にとってコンプライアンス（法令等遵守）が必要な制度は、本法に尽きるものではない。そのため、当該事業者にとって関連性が深い当該制度が本法との関係でどのように位置付けられるのかについて事前に検討しておき、必要に応じて、本法に関する内部規程その他の内部規程に盛り込むとともに、その内容を従業者に啓発する必要がある。それによって、遵守すべき諸法令全体に関するコンプライアンスを図りうる。以下、解説する。

2　考慮すべき他制度が法令である場合

本法は「法令（条例を含む）に基づく場合」を各義務規定の個別的適用除外としている点で、概ね共通している（法18条3項1号、20条2項1号、27条1項1号、28条1項）。法令には当該個人情報の取扱いの必要性が立法意思として明確化されており、当該法令により保護されるべき権利利益が明確であり、当該法令に照らして合理的範囲に限り取り扱われるものであるため適用除外としたものである。当該法令と本法との適用関係の優劣が明記されているときはそれに従うべきことになるが（例：番号法30条2項）、それが必ずしも明らかでないときは、当該法令の解釈によって決せられる。

3　考慮すべき他制度が法令でない場合

その例として、次のケースが想定される。

近時は各地方公共団体の暴力団排除条例によって、事業者は契約締結時に契約相手が暴力団関係者等（反社会的勢力）でないことを確認する特約を契約書等に定めるよう努めるとともに、当該契約締結後に当該契約相手が暴力団関係者等であることが判明した場合には当該契約を解除するよう努めるものとする内容を含む点で概ね共通している。

暴力団関係者等と疑われる企業等については、警察のほか、暴力団対策法に基づき公安委員会が指定する暴力団追放センターに相談しうるが、契約相手が暴力団関係者の疑いがあると判断した資料（理由）を求められることが多い。そのため、こうした疑いがある者をデータベース化して事業者内で情報共有するケースも登場している。この場合にも、他の利用目的で取得した個人情報の目的外利用、犯歴など要配慮個人情報の取得、個人データの第三者提供との関係を検討することになるが、暴力団排除条例には上記共有に関する明文規定がないので、直ちに「法令（条例を含む）に基づく場合」に該当するとは言い難い。このような場合について、認定個人情報保護団体である全国銀行個人情報保護協議会の個人情報保護指針は、暴力団等の反社会的勢力情報の共有は、要配慮個人情報の取得との関係で、「人の生命、身体または財産の保護のために必要がある場合であって、本人の同意を得ることが困難である場合」に該当するものとしている。法20条2項2号に該当するという趣旨であり、同一文言の法18条3項2号、27条1項2号、28条1項にも該当することになろう。

他方、警察・暴力団追放センターであればともかく、反社認定が不正確であったときは法22条後段（データ内容の正確性の確保等）違反となりうる。法22条後段は努力義務にとどまるが、それが保有個人データに該当すれば、本人による利用停止等請求の対象となる（法35条5項）。開示請求（法33条）を受ける場合も想定しうる。それらの対象情報たる保有個人データへの該当性の有無に関し、政令で除外されるものを定めた令5条の1号・2号・4号のいずれかに該当するものとして、その事業者にとって保有個人データに該当しないとして、開示等の請求対象とならないものと思われる。例えば開示請求を受けた場合、「不開示事由に該当する」ではなく、「そのような貴殿に関する保有個人データは保有していない」と回答すべきことになる。とはいえ、漏えい等や目的外利用が発生した場合には、本法違反だけでなくプライバシー侵害・名誉毀損に該当するおそれもあるので、その管理には万全を要する。

4　営業秘密の保護

以上に関連して、不正競争防止法上の営業秘密保護制度について付言する。

顧客名簿は本法上の個人データに該当し、プライバシー情報にも該当しうる。事業者が漏えい事故を起こした場合、いわば加害者的地位に立たされ、委員会から監督を受けるとともに、顧客名簿に掲載された本人からプライバシー侵害の責任追及を受ける。本法にも個人情報データベース等不正提供等の罪（法179条）が設けられているが、これも本人保護のためのものであって、前記事業者を保護するための制度ではない。

これに対し、不正競争防止法上の営業秘密保護制度は、漏えい被害を受けた事業者を保護するものとなりうる。非公知性、有用性、及び秘密管理性の要件がすべて満たされていれば営業秘密に該当する。顧客名簿には有用性があり、しかも通常は非公知であるから、秘密管理性が認められれば、これに該当しうる。不正行為によって顧客名簿のような営業秘密を侵害された事業者には刑事的保護・民事的保護が及ぶ。顧客名簿を不正に持ち出して名簿屋に売却した行為に営業秘密侵害罪（同法21条）の成立を認めた事例として、東京高判平29・3・21高刑 70巻1号1頁がある。この意味でも、顧客情報の適正管理は保護を受けるために有益といえよう。他方で、営業秘密に関し従業員や取引先に秘密保持を誓約させることがある。しかし、営業秘密は非公知性が要件であるのに対し、個人情報の取扱いは非公知か否かを問わず、しかもその取扱いすべてが対象となるので、本法に従った個人情報の取扱いに関する誓約等は、別の誓約書や条項とするほうが、徒に混乱を招かない点で望ましい。

5　電気通信事業法令和４年改正への対応

以上に関連して、電気通信事業法への対応についても解説する。

もともと同法は、電気通信事業者への該当性の有無を問わず、未遂を含め罰則付きで通信の秘密保護を規定している（同法4条・179条）。保護される通信主体は個人か法人かを問わない。

同法令和4年改正で、検索情報電気通信役務（例：Googleなどの検索サービス）、及び媒介相当電気通信役務（例：SNS）が、総務省令が定める一定規模以上のものに限定して、新たに電気通信事業に関する総務大臣への届出義務の対象となった（同法164条1項3号）。

特定利用者情報の取扱いに関する外部送信規律も設けられた。特定利用者情報とは、電気通信役務に関して取得する利用者に関する情報のうち、通信の秘密に関する情報、又は、利用者を識別することができる情報であって、総務省令で定めるもののいずれかに該当するものをいう（同法27条の5）。同条は、「特定利用者情報を適正に取り扱うべき電気通信事業者」を、総務大臣に指定された事業者としている。指定された事業者は、①情報取扱規程の整備・届出義務（同法27条の6）、②情報取扱方針の策定・公表義務（同法27条の8）、③特定利用者情報の取扱いに関する自己評価の実施義務（同法27条の9）、④特定利用者情報統括管理者の選任・届出義務（同法27条の10）、⑤特定利用者情報が漏えいしたときの報告義務（同法28条1項2号ロ）を負う。

利用者情報の外部送信規制も新設された。対象事業者は、①電気通信事業者又は同法164条1項3号事業（第3号事業）を営む者であり、かつ、②事業の内容・利用者の範囲・利用状況を勘案して、利用者の利益に及ぼす影響が大きいものとして総務省令で定める電気通信役務を提供していることである。対象事業者は、利用者に対して情報送信指令通信を行う際、原則として、①総務省令で定める事項の利用者への通知、又は、②総務省令で定める事項を利用者が容易に知り得る状態に置く措置を講じる必要がある（同法27条の12）。

Q4-7 事業者による公益通報者保護法の活用

Q　公益通報制度は本法の遵守にとって有効か。

A　公益通報者保護法は本法に特化した法律ではないが、その通報対象に本法が含まれる。事業者は公益通報対応業務従事者を指定し、内部公益通報対応体制を整備する義務を負う（ただし常時使用の労働者数が300人以下の事業者では努力義務）。通報への適切な対応をする事業者は、リスクの早期把握・自浄作用の向上を図り、企業価値・社会的信用を向上させうるので、従業者の本法遵守にも役立ちうる。

解説

1　公益通報者保護法と本法

公益通報者保護法は、公益通報者の保護を図るとともに、国民の利益保護に関わる法令遵守を図るための法律である（同法1条）。

この法律にいう「公益通報」とは、①労働者等が、②不正の目的でなく、③役務提供先等について、④「通報対象事実」が、⑤生じ又はまさに生じようとしている旨を、⑥「通報先」に通報することをいう（同法2条1項）。

上記①は通報の主体であり、同項各号が**〔図表Q4-7-1〕**のとおり定める。上記③の「役務提供先」とは、労働者や役員が役務を提供している（退職者の場合は提供していた）事業者という意味であり、具体的には同項各号が同表のとおり定める。公益通報をした者を「公益通報者」という（同条2項）。

上記④の「通報対象事実」とは、ⓐこの法律及び同法「別表」に掲げる対象法律に規定する罪の犯罪行為の事実又は過料の理由とされている事実、又は、ⓑ上記「別表」に掲げる法律の規定に基づく処分に違反することがⓐの事実となる場合における当該処分の理由とされている事実等をいう（同条3項）。上記ⓑは、最終的に刑罰か過料につながる行為という意味である。本法は上記「別表」7号に規定されている（なお「別表」8号の政令委任事項は平成17年政令

〔図表 Q4-7-1〕通報の主体と役務提供先（公益通報者保護法２条１項）

号	通報の主体	定義・退職者等	役務提供先
1	労働者	労働基準法９条にいう労働者をいい、退職から１年以内に通報した者を含む	勤務先
2	派遣労働者	労働者派遣法２条２号にいう派遣労働者－派遣労働終了から１年以内に通報した者を含む	派遣先
3	取引先事業者の労働者・派遣労働者	従事終了から１年以内に通報した者を含む	取引先・派遣先
4	役員	契約に基づき事業を行う場合に、その事業に従事するときにおける当該他の事業者を含む	勤務先・取引先

第146号が定める）。

2 「通報先」と保護要件

上記⑥の「通報先」の種類によって保護要件が異なる（同法3条～5条）。具体的には〔**図表 Q4-7-2**〕のとおりである。要件を満たしていれば、従業者等は、どの通報先にでも公益通報しうる。内部通報を先行させるよう通報先の優先順位を設けるような内部規程を設けることはできず、これを設けた場合には同法3条3号ニの「前二号に定める公益通報をしないことを正当な理由がなくて要求された場合」に該当しうる。

3 公益通報者の保護

「公益通報」をした労働者等は、この保護要件を満たす場合に、ⓐ公益通報をしたことを理由とする解雇の無効・不利益取扱いの禁止（同法3条・5条1項）、ⓑ公益通報者が派遣労働者である場合、公益通報をしたことを理由とする労働者派遣契約の解除の無効・不利益取扱い（例：派遣先から派遣元への派遣労働者の交代請求）の禁止（同法4条・5条2項）、ⓒ公益通報者が役員である場合、公益通報をしたことを理由とする不利益取扱いが禁止される一方、役員を解任されたときは、その解任は無効とはならないが、解任によって生じた損害を賠償請求しうるという保護を受ける。

事業者は、公益通報によって損害を受けたことを理由として、当該公益通報

〔図表 Q4-7-2〕「通報先」と保護要件（公益通報者保護法３条）

号	通報先	保護要件
1	事業者内部（事業者が事前に定めた法律事務所等の者も含む）	通報対象事実が生じ、又はまさに生じようとしていると思料する場合に該当すること
2	行政機関（通報対象事実について処分・勧告等の権限を有する行政機関であって、当該行政機関が事前に定めた者も含む）	①通報対象事実が生じ、若しくはまさに生じようとしていると信ずるに足りる相当の理由がある場合、又は、②通報対象事実が生じ、若しくはまさに生じようとしていると思料し、かつ、次の事項を記載した書面を提出する場合 ⓐ公益通報者の氏名・名称及び住所・居所 ⓑ当該通報対象事実の内容 ⓒ当該通報対象事実が生じ、又はまさに生じようとしていると思料する理由 ⓓ当該通報対象事実について法令に基づく措置その他適当な措置がとられるべきと思料する理由
3	報道機関その他の事業者外部（通報対象事実の発生等を防止するために必要であると認められる者）	上記①、かつ、次のいずれかに該当する場合 ⓐ前二号に定める公益通報をすれば解雇その他不利益な取扱いを受けると信ずるに足りる相当の理由がある場合 ⓑ１号に定める公益通報をすれば当該通報対象事実に係る証拠が隠滅、偽造、又は変造されるおそれがあると信ずるに足りる相当の理由がある場合 ⓒ１号に定める公益通報をすれば、役務提供先が、当該公益通報者について知りえた事項を、当該公益通報者を特定させるものであることを知りながら、正当な理由がなくて漏らすと信ずるに足りる相当の理由がある場合 ⓓ役務提供先から前二号に定める公益通報をしないことを正当な理由がなくて要求された場合 ⓔ書面により１号の公益通報をした日から 20 日経過後も、当該通報対象事実について、当該役務提供先等から調査を行う旨の通知がない場合又は当該役務提供先等が正当な理由がなくて調査を行わない場合 ⓕ個人の生命若しくは身体に対する危害又は個人（事業を行う場合におけるものを除く。以下同じ）の財産に対する損害（回復することができない損害又は著しく多数の個人における多額の損害であって、通報対象事実を直接の原因とするものに限る）が発生し、又は発生する急迫した危険があると信ずるに足りる相当の理由がある場合

をした公益通報者に賠償請求できない（同法7条）。

4　事業者の義務

事業者が公益通報対応業務従事者を指定し（同法11条1項）、内部公益通報対応体制を整備する義務（同条2項）を負う。公益通報者を特定させる事項について、後述のとおり法12条により守秘義務を負う従事者による慎重な管理を行わせるためである。ただし、この両項は、常時使用する労働者数が300人以下の事業者の場合には努力義務にとどまる（同条3項）。

内閣総理大臣は、消費者委員会の意見を聴いた上、必要な指針を定めて公表し、この指針を変更する場合も同様である（同条4項～7項）。この指針として令和3年8月20日内閣府告示第118号が公表されている。

この指針では、同条1項の関係で、事業者は、内部公益通報受付窓口において受け付ける内部公益通報に関して公益通報対応業務を行う者であり、かつ、当該業務に関して公益通報者を特定させる事項を伝達される者を、従事者として定めなければならず、従事者を定める際には、書面により指定をするなど、従事者の地位に就くことが従事者となる者自身に明らかとなる方法により定めなければならないとする。さらに指針は、同条2項の体制整備その他の必要な措置として、**〔図表Q4-7-3〕**の措置をとらなければならないとする。

同法11条1項・2項の実効性確保のために行政措置（助言・指導、勧告及び勧告に従わない場合の公表）が用意されている（同法15条・16条）。

5　本法に基づく労働者等からの苦情処理との関係

以上の結果、同法11条1項・2項による義務と、本法に基づく労働者等からの苦情処理が重なる場合がある。前者の公益通報対応業務従事者又は公益通報対応業務従事者であった者には、罰則付きの守秘義務が課されている（同法12条・21条）。同法の対象法律は本法に限定するものではない。それらの点を考慮すると、公益通報者保護法に関する内部規程と本法に関する内部規程を分けて制定せざるをえない。両法律ともに労働者等からの苦情処理等は人事部門に任せる事業者もあるが、実際には労働者等からの苦情等がどちらに属するものか、判別し難い場合も想定される。公益通報の主体には取引先事業者の労働

〔図表Q4-7-3〕公益通報者保護法11条2項の体制整備その他の必要な措置

部門横断的な公益通報対応業務を行う体制の整備 ・内部公益通報受付窓口の設置等 ・組織の長その他幹部からの独立性の確保に関する措置 ・公益通報対応業務の実施に関する措置 ・公益通報対応業務における利益相反の排除に関する措置
公益通報者を保護する体制の整備 ・不利益な取扱いの防止に関する措置 ・範囲外共有等の防止に関する措置
内部公益通報対応体制を実効的に機能させるための措置 ・労働者等及び役員並びに退職者に対する教育・周知に関する措置 ・是正措置等の通知に関する措置 ・記録の保管、見直し・改善、運用実績の労働者等及び役員への開示に関する措置 ・内部規程の策定及び運用に関する措置

者等や役員も含まれるので、その点でも人事部門に任せることに無理があるケースが想定される。このような理由から、公益通報の窓口を、個人情報等の苦情処理窓口と分離して、どちらに申告するかを労働者等の選択に委ねている事業者も少なくない。

Q4-8　事業者の対応——まとめ

Q　本法を遵守するための事業者の対応全般を、改めて時系列順に整理されたい。

A　本章で述べてきたように、プライバシーポリシー(法定公表事項を含む）の策定・公表、自社で取り扱う個人情報に関するアセスメント、それに基づく管理策の策定、順序は逆になるが、これらを策定・実施するための内部組織の構築、以上を落とし込んだ内部規定の策定、定着のための教育・啓発、遵守事項の運用等に関する確認、それに応じた見直しを、内部体制として確立することが望まれるが、それを実施するための時系列は、必ずしも上記のとおりではない。他方、関連する諸制度を視野に入れつつ対応を進めることが必要不可欠となる。

解説

1　対応の必要性

本法は、あたかも事業法であるかのような形式を採用しているが、銀行法のような個別の専門業種に適用される典型的な事業法とは異なり、実際には民間部門について事業者のほぼすべてに適用されるといっても過言ではない。業種はもとより、組織規模の大小も基本的には無関係である（規模を問わない点は地方公共団体の場合も同様)。近時の相次いだ改正によって本法の規定内容が多様化・複雑化したことに伴い、その内容は急速に難解となっており、本法の正確な理解すら、さらに困難となっている。他方で、従業者の大部分が、多少の程度差はあっても、実際に組織の内外で個人情報を何らかの形で取り扱わざるをえないので影響は大きい。

そのため、本法の対応を「場当たり的」に行うだけでは、どうしても見落としてしまう部分が生じる。それを避けるためには体系的な対応が必要となる。

本法の施行当初は、漏えい等だけをみても、従業者・委託先による、うっかりミスが大部分を占めていた。本法が定着した現在では、内部不正や、高度化・巧妙化するサイバー攻撃によるものが増加しており、それに応じて被害も大規模化しつつあるから、なおさら厳格な措置が必要となっている。

このような観点からすれば、本章で述べてきたようにマネジメントシステムの構築・運用による継続的な保護水準の向上が望まれる。本法との関連でも、仮名加工情報の削除情報等に係る安全管理措置の基準に関する規32条2号、匿名加工情報の加工方法等情報に係る安全管理措置の基準に関する規35条2号は、マネジメントシステムにいうPDCA的な措置を要求している。

個人情報保護に関するJIS Q 15001は、多様な組織が個人情報を適切に管理することを目的とした個人情報保護のためのマネジメントシステムの要求事項を定めた規格である。本法制定以前から設けられてきたものであるが、近時は本法を遵守するためのマネジメントシステムとしての色彩が、より濃厚となっている。同規格の第三者による適合性認証「プライバシーマーク」の取得を目指すことも、組織全体の目標設定という意味で有益である。その認証を取得しなくとも、同規格に盛り込まれた内容に準じたマネジメントシステムの構築を、自己の組織が有する個別的な特質に合わせつつ目指すだけでも、大きな意味がある。

2　事業者の対応方法についての整理

以上の観点に基づいて、本章で述べてきた事業者の対応について、順を追って概要を整理しておく。実際の対応は、ここまで述べてきた時系列とは異なっていること、既に一応整備されている場合と未整備の場合で異なること、事業者の規模・業種等によって異なることに注意されたい。

最初に担当取締役その他の担当役員を選任して、その下に個人情報保護統括責任者（統括責任者）と事務局（いずれも正式確定が未完了の場合には候補）を選定する（既存の役職・部門の併任でも足りることは前述のとおり）。

事務局がプライバシーポリシー（既存なら改正）の原案を策定して、統括責任者の承認を得た上、担当役員が検討・決定して他の役員に報告する（取締役会その他の役員会の承認事項かどうかは当該事業者によって異なる）。併せて組織構成案の骨子についても承認を受ける。新設会社のように、以上の点が未整備の場合には準備会として行ってもよい。

統括責任者の指示に従い事務局はアセスメントを実施する。この段階では完璧を目指すと中途で頓挫するおそれがあるので、あくまでも主たる個人情報の流れについて概要を把握し、その後に継続的な精度の向上に努めることが現実的である。

その結果の概要を担当役員に報告するとともに、当該結果に基づいて、従業者が本法全体に関し遵守すべきルールの原案作りを行う。組織構成案についても、必要に応じて見直して決定する。その際に各関係部門に対し事前に根回しが必要な場合も少なくない。

他の内部規程（組織規程・職務分掌規程・職務権限規程）との整合性を図りつつ、以上のルールを内部規程案として統括責任者を介して担当役員に提示・説明して検討を加え、組織規程等に基づき制定・改正を行う。

決定された内容に基づいて管理措置を講じるとともに、従業者に教育・啓発を行って定着を図る。この教育・啓発は、その後も定期的に行う。本法改正等の場合には必要に応じて臨時にも行う。また、必要があれば実地訓練も実施する。

管理措置の運用状況については、部門責任者から事務局を介して統括責任者が報告を受け、その中に重要な事象があれば担当役員に報告する。

個人情報保護監査責任者（監査責任者）は定期的に確認・監査を実施する。サンプル検査を行い、それによって不十分な点が判明すれば、さらに詳細な監査を行う。

確認・監査の結果については、必要に応じて統括責任者にヒアリングを行うとともに、担当役員に報告する。

担当役員は、報告を受けた確認・監査の結果について、必要に応じて、統括責任者の意見を聴取しつつ見直しを行う。その際、改正等のために役員会への報告で足りるか、承認を要するかについては組織の内部規程に従う。

それ以降は、以上のPDCAサイクルを繰り返すことによって、組織全体における保護水準の継続的向上に努める。

3　最適化の必要性

以上の場合、徒に同業他社その他の事業者が実施している措置を形式的に模倣するのではなく、顧客たる消費者、そして市場の信用を得るために、その趣旨を理解した措置を講じるべきものであることを、あくまでも目標としなければならない。信用を得るためには積み重ねが必要である半面、大規模漏えい等を発生させて信用を失うのは一瞬である。ときには、取り返しがつかない事態に至るケースもある。

とはいえ、どのような対応が適切かについては、個々の事業者の規模、業種、主要な取引形態等が関係するので、画一的に割り切ることはできない。それらの点を踏まえて、対応内容の最適化を図るべきである。

● 著者紹介

岡村　久道（おかむら　ひさみち）

京都大学法学部卒業。弁護士。博士（情報学）。国立情報学研究所客員教授。京都大学大学院医学研究科講師（非常勤）。内閣官房、内閣府、総務省、経済産業省、文部科学省などの委員を歴任。専門は情報法、知的財産法など。

［著書］

会社の内部統制（日本経済新聞出版社、2007）
番号利用法（商事法務、2015）
対談で読み解く　サイバーセキュリティと法律（商事法務、2019）
著作権法〔第5版〕（民事法研究会、2021）
個人情報保護法の知識〔第5版〕（日経文庫、2021）
個人情報保護法〔第4版〕（商事法務、2022）など多数。

法律相談　個人情報保護法

2023年3月31日　初版第1刷発行

著　者　岡　村　久　道

発行者　石　川　雅　規

発行所　株式会社　商　事　法　務

〒103-0027 東京都中央区日本橋 3-6-2
TEL 03-6262-6756・FAX 03-6262-6804〔営業〕
TEL 03-6262-6769〔編集〕
https://www.shojihomu.co.jp/

落丁・乱丁本はお取り替えいたします。
印刷／広研印刷㈱

Printed in Japan

Shojihomu Co., Ltd.

ISBN978-4-7857-3017-8

＊定価はカバーに表示してあります。